● 高校思想政治理论课教学研究丛书 ●

丛书主编　杨金洲　张涛华

民族院校思想政治教育本科专业实习实训"六点合一"育人模式的探索与实践

主编　董杰

副主编　邓纯余　朱磊　米霞

WUHAN UNIVERSITY PRESS

武汉大学出版社

图书在版编目(CIP)数据

民族院校思想政治教育本科专业实习实训"六点合一"育人模式的探索与实践/董杰主编.—武汉：武汉大学出版社,2022.10
高校思想政治理论课教学研究丛书
ISBN 978-7-307-20642-7

Ⅰ.民…　Ⅱ.董…　Ⅲ.民族学院—思想政治教育—教学研究—中国　Ⅳ.G758.4

中国版本图书馆 CIP 数据核字(2019)第 295060 号

责任编辑:黄金涛　　　责任校对:汪欣怡　　　版式设计：马　佳

出版发行：武汉大学出版社　　(430072　武昌　珞珈山)
　　　　　(电子邮箱：cbs22@ whu.edu.cn　网址：www.wdp.com.cn)
印刷:武汉邮科印务有限公司
开本:720×1000　1/16　印张:22　字数:305 千字　插页:1
版次:2022 年 10 月第 1 版　　2022 年 10 月第 1 次印刷
ISBN 978-7-307-20642-7　　定价:85.00 元

目　录

附　录

绪　　论

中南民族大学马克思主义学院现为湖北省重点马克思主义学院，拥有湖北省马克思主义理论重点学科1个，建立了"少数民族大学生思想教育研究中心""民族地区政策和社会发展研究中心""湖北省中国特色社会主义理论研究中心中南民族大学研究基地"3个湖北省重点人文社科研究基地，以及湖北省委讲师团中南民族大学"理论热点面对面"三岔口社区示范点，可为本科专业建设和人才培养提供较强的智力支持与稳定的实践平台。学院于2008年开始招收思想政治教育专业本科生，在校学生近300余人。近年来，学院本科生获得国家级、校级创新研究项目50多项，各类奖励和荣誉70多项。历届本科毕业生考研率和录取率在全校名列前茅。为深入推进我院本科学生实习实训工作，不断加强教学与科研、理论与实践、学校与社会紧密结合，学院于2013年建立恩施市三岔镇实习实训基地，2014年建立阳新县半壁山农场实习实训基地，2017年建立东湖高新区锦绣龙城社区实习实训基地，2019年建立武汉市江岸区百步亭社区实习实训基地，基本实现在校本科生实习实训全覆盖。九年来，这些校外基地对推进我院思想政治教育本科专业学生深入基层，了解社会，把握国情，理论联系实际，提升"能说、能写、能干"的专业综合能力发挥了显著作用。

一、计划落实

学院每年根据学校暑期实践工作计划安排，以集中实习为主，分散实习为辅的指导原则，做好专业学生毕业实习的意向摸底，经与实习基地单位进行细致联系和沟通协调之后，做好确定实习人数、实习时间、实习方案与实习主题等前期工作。

实习学生前往实习基地之前，学院召开本科实习实训工作表彰暨动员大会。对在上一年度实习实训工作中表现突出的先进团队和先进个人进行表彰，对即将进行实习实训的师生提出相关要求。获奖学生代表作实习感言，分享实习的经验和心得。即将赴岗的学生代表作表态发言，指导教师代表介绍实习实训的工作任务，强调注意事项。

按照既定计划，学生分赴恩施市三岔镇、阳新县半壁山农场、武汉市东湖高新区锦绣龙城社区、武汉市江岸区百步亭社区等实习实训基地进行为期15~20天的毕业实习，每个基地都有带队老师进行精细化管理、服务与指导。按照每个实习基地的特点与要求，并结合每个实习小组的实习任务，制订不同的实习方案和实习主题。实习期间，学院领导前往实习基地看望实习学生，加强与实习基地领导群众的联系。根据每个实习小组提交的实习资料以及实习效果来看，都顺利完成了学院预定的实习计划与目的。

二、理念设计

马克思主义学院思想政治教育本科专业培养的人才是面向服务于社会基层和民族地区经济社会发展的"能说、能写、能干"的专业人才。"能说"就是除了一般性的会表达、能表达之外，能用马克思主义理论学科话语体系表达或者宣传马克思主义理论、习近平新时代中国特色社会主义思想；"能写"是指能用马克思主义理论知识撰写调研报告和学术论文；"能干"即能用马克思主义基本原理指导实践。学院根据本专业素养内涵及构成要素，按照基础认知、专业训练和综合应用多个阶段，设计和落实实践教学的具体环节。

首先，在组织管理方面，学院成立实习领导小组，指导和协调学生的实习工作。专业教研室具体负责毕业实习的组织管理和实施。实习领导小组由院长、书记担任组长，分管教学的副院长和学生工作的副书记担任副组长，成员由教研室主任、支部书记、教学秘书、相关年级辅导员等组成。主要任务是：1. 制订实习教学大纲；2. 制定年度实习工作计划及相关人员分组名单；3. 联系、落实实习场所并负责校外实习基地建设；4. 指导和检查实习工作质量，检查实习各环节的完成情况，及时协助解决实习中出现的问题；5. 负责收集、汇总实习的各类教学材料(包括实习计划和总结、实习报告、实习成绩等)；6. 做好实习总结，评定实习成绩并上报学校。

其次，毕业实习安排为集中实习与分散实习相结合，以集中实习为主，并制订了较为完善的实习纪律规章制度，如《中南民族大学马克思主义学院本科生实习管理办法》、《中南民族大马克思主义学院实习实训基地学生守则》、《中南民族大马克思主义学院实习实训奖励办法》等。参加集中实习和分散实习的学生均应自觉遵守学校的校规校纪和实习单位的有关规章制度，维护实习教学秩序和社会安定。实习带队老师是学生实习和学院管理的纽带，对学生的整个过程负有指导和安全管理责任，不得擅自离岗。尤其是对分散毕业实习的学生，要填写安全承诺书，承担相关实习期间的安全管理责任。

最后，对毕业实习成绩进行评定。实习成绩的评定具体由专业教研室按照学校实习相关要求进行评定。对于在实习过程中有以下行为者，毕业实习成绩计不及格。1. 实习缺席累计超过规定实习时间达 1/3 以上；2. 无故不按时上交毕业实习报告和实习作业的；3. 实习中严重违反相关纪律经查证属实。

三、特色提炼

学院积极统筹校内外资源，改革人才培养模式，将专业实践教学与育人相结合，把专业素质提升贯穿于实践教学全过程，取得了一些成绩，形成了一定的特色。

根据专业培养方案和就业市场需求建立实习实训基地。按照本科人才培养的四个方向(研究生、公务员、中学教师、企业政工人员)，学院先后建立了基层政府型、企业型、学校型、社区型等实习实训基地，较好地满足不同学生的实习实训需求，有机地实现了实习实训、专业能力提升与就业升学的对接，实习实训质量得到有力保障。

为提升实习实训效果，对基地指导教师颁发聘书。学生的实习实训效果怎么样，很大程度上依托于实习基地指导老师的主动性和积极性。对指导教师颁发聘书，是一种荣誉，是对其工作的一种认可，极大地增强了实习基地指导老师的责任意识，激发他们尽心指导、积极指导。

以契合实习基地当前需求为切入点推进实习实训工作。为了深化合作，实现互利双赢，学院为实习基地提供了以下服务：一是进行理论宣讲，除了学院专家宣讲之外，还邀请清华大学、中国人民大学、协和医院、中南民族大学法学院等专家为实习点干部群众进行十八大、十九大、社会主义核心价值观、法制教育、新农村社区建设、现代农业、卫生健康、家庭婚姻等专题讲座近 20 余场；二是提供物质支持，学院在恩施市三岔镇三岔口社区建立了三农大讲坛、理论宣传栏、农家书屋，提供电脑、书籍等；三是提供智力支持，学院为恩施三岔镇培训民族干部 20 余人次；为阳新县半壁山农场培训基层干部 7 人次，应邀派出多名专家到半壁山农场太平天国古战场遗址、五七干校旧址、网湖湿地等地考察，为其打造全域旅游等进行专题论证。这些解决实习实训基地地方政府、企业的经济社会发展需求的举措，有利于理顺合作的体制机制，进一步深化战略合作。

在实习过程中，探索出"八个坚持"制度，有效地加强了对实习师生的管理。一是坚持每晚开一个工作感想交流会，每人都发言；二是坚持每人每日写一篇工作日志；三是坚持撰写新闻报道与调研报告；四是坚持遇事多汇报；五是坚持每日不定时不定点巡查；六是坚持与实习单位指导教师加强交流；七是坚持积极主动与学生、其他带队老师沟通；八是坚持为学生做好管理服务。"八个坚持"制度的特色在于有利于培育学生的团队意识与实践精神，锻炼学生的表达能力，提升学生的思维能力与创新意识，激发学生的进取意识，带队老师的责任意识。

以实习为抓手，孵化系列成果。学生一般是顶岗实习，是常规工作，是实习方案中的规定动作。为激发学生深入基层，认识社会的实践热情，还布置了相关社会调研，九年来，师生共同撰写了 20 余篇调研报告。以调研报告为基础，孵化出了毕业论文，国家级、省级、校级创新创业课题，湖北省"挑战杯"大学生课外学术科技作品等多项成果，使学生坚定了专业自信。

实习成果的展示与评比。要求各实习团队将实习心得、实习资料等利用展板等形式进行展示，按照工作篇、生活篇、情谊篇、采风篇等篇章编撰(包括实习方案、实习感想、实习新闻报道、实习活动照片、调研报告等)纸质版材料 1 册存档(提交电子版)。一方面有利于实习资料的收集、整理、存档工作，另一方面也锻炼学生的组织工作能力、实习材料的提炼能力，激发下一届学生热爱实习、勇于实践的热情。

四、实习效果

实现了理论与实际的结合，提高了人才培养的质量。在实习中把理论与实际结合，使学生进一步掌握工作方法和研究方法，视野观念不断得到开拓，知识结构得到合理调整，思想品德素质进一步锤炼，专业意识不断增强，升学择业能力不断提升，理想信念不断夯实，更加坚定了作为一名思想政治工作者的责任感与使命感。事实证明，经过近九届学生实习实训实践来看，参加过集中实习的同学，其交往能力、表达能力、思维方式、为人处世等方面得到了很好的锻炼，尤其是在考研、考公务员、教师招聘的面试环节中取得了优异成绩，用人单位反馈的评价很高；在基地和带队老师的指导下进行的社会调查和科学研究，提高了学生分析问题和解决问题的能力，写作水平不断提高。近九年来，实习学生撰写实习日记 1 万余篇，在恩施市三岔镇官网、阳新县宣传网、长阳县宣传网，百步亭社区网站、学院网站等发布新闻稿和随笔文章共计 100 多篇。这些能力的培养为增强学生升学择业竞争力打下了坚实的基础，提升了人才培养质量。

实现了教学科研与人才培养的结合，提升了学院的美誉度。毕业实习作为教学、科研与人才培养的重要一环，有力促进了学院学科专业建设发展和人才培养，扩大了学校和学院的社会声誉。一是相关报刊、网络宣传我院实习状况，实习师生在相关专业期刊发表了系列实践教学论文；二是学院学生实习生组织的实习团队获得了湖北省优秀实习团队，获得了国家级、省级、校级科研项目；三是学生参与实习的"理论热点面对面"三岔口社区示范点，连续五年获得了湖北省委讲师团优秀示范点；四是学院学生每年考研录取率位居学校前列，其中考研成功的学生绝大部分来自于实习实训的学生中，获得了录取学校的好评。其中，部分"211"、"985"高校将我院列为优质生源基地。

实现了学校与地方的结合，打通了学校服务社会的渠道。学院以湖北省委讲师团中南民族大学"理论热点面对面"三岔口社区示范点等平台为依托，有机实现了与各实习实训基地的良性互动，积极推进师生参与建设。师生不仅深入农户进行调研、街头田间宣传党的政策和理论，而且举行专题讲座、咨询、座谈、访谈、慰问贫困户、帮扶贫困学生、文艺活动等丰富多彩的实习实践活动，深受当地群众欢迎，使实习点成为学生实习实训点、理论宣传点、为民服务点、社情民意观察点、专家学者研究点和民族团结进步教育点，真正实现了"六点合一"。本文主要选取了学生实习实训点、理论宣传点、为民服务点、专家学者研究点和民族团结进步教育点等五个方面进行提炼展示，在"社情民意观察点"方面，主要表现为专家学者对实习点社情民意进行调查走访，并获得中办国办采纳、批示。

五、改进措施

坚决树立起搞好实习实训工作是培养合格人才重要途径的理念。坚持日常理论学习、学校课堂教学是培养合格人才的主要途径，必须常抓不懈。同时，要积极创造条件，合理考虑布点的地域或领域，多争取建设有实质性效果的实习实训基地。在条件允许的前提下，通过延长实习实训的时间、增加实习实训的强度、拓宽实习实训的领域等方面提升学生的社会实践能力和综合素质。

实习实训工作要站在学院的层面、培养优秀人才的高度抓好、抓落实。一是要高度重视实习实训工作，组织专班，健全机构，建设一支热爱实习实训工作的、召之即来，来之能战，战之能胜的实习实训指导教师队伍。二是在实习实训的事情上，既要合理分工，更要求团结合作。学生管理与学生教育本是一家，遇事多沟通、多协调、多补台。三是要多从学生的角度为学生考虑，为学生的将来和前途考虑，为学院的长远发展考虑，为社会的发展考虑，为党培养政治合格人才的事业考虑，要加大投入，精心指导。四是加强对学生实习实训理念的渗透与灌输，做好学生实习前的实习动员等准备工作，课堂上经常讲述实习实训的一些好故事，传播正能量。

选拔好带队老师是实习实训工作取得圆满成功的关键。带队老师既是师长，同时又是同学们实习期间的朋友、亲人。因此，选拔具有良好职业精神和优秀师德师风的教师担任带队老师至关重要。学生在实习过程中，总会遇到这样或那样的问题、困难和困惑，带队老师的及时帮助是学生实习实训圆满完成的思想稳定剂。带队老师做好服务工作，要有责任心、真心、爱心、耐心，在坚持工作基本原则的前提下，与学生融为一体，遇事不推诿，有求必应，尽心尽责做好指导和服务。

整合校内外的各种资源是助推实习实训工作发展不可忽视的力量。实习实训工作的开展，仅仅依靠学院自身的力量是不够的。必须动员学院全体教职工的力量，充分利用好校内资源，大力挖掘校外社会力量共同搞好学院实习实训工作和基地建设。尤其要充分利用校友邦实习实训工作平台等社会资源，提升实习实训工作的现代化水平。

加大基地建设的人力、物力、财力投入，解决好地方政府、企业的经济社会发展需求，以及加强日常往来是深化合作、促进互利双赢，构筑长效机制的有效办法。实习实训基地建设的好不好，长不长久，就在于是否互利共赢。要加强对参与实习实训工作指导教师的业务培训，要为实习基地的指导教师颁发聘书，为实习基地单位举办专家讲座、举办培训班、为实习基地单位经济发展所遇到的现实问题出谋划策等，这是有力推动实习基地单位提高指导积极性、主动性的有力抓手。应加强与实习基地的日常往来，构建畅通的走访机制，这是联络感情，增进了解，加强友谊的一个必不可少的环节。总之，加强与实习基地的全方位战略合作，是推进实习实训基地建设可持续发展的有力保障。

上 篇

第一章　学院本科教育与实习实训基地
基本情况介绍

第一节　学院本科教育基本情况介绍

一、学院定位

学院在本科专业教育上，始终坚持以"能说、能写、能干"为核心竞争力，不断提高人才培养质量，加强本科质量工程建设；以"坚持课堂教学主阵地，扎实学生理论思维，拓宽实践教学主渠道，锻炼学生实干能力"的办学特色，狠抓教学改革和学科建设；秉承以"创新为动力，质量为核心，和谐为基础，发展为目的"的方针，争取在教学与科研的双轨道上走出创新发展、质量发展、和谐发展的进步之路，更好的服务于国家战略需求和民族地区经济社会发展。

二、发展思路与规划

一是进一步明确专业定位，弄清我们要培养具有何种能力的学生；二是促进思政课和专业课教学、思政课教师和专业课教师之间的融合；三是进一步加强和规范实践教学的管理，把知识传授、方法训练与基本技能培养有机结合起来；四是结合时代发展实际，切实做好我院本科专业培养方案的修订和完善工作；五是以"民族思想政治教育学分支学科"建设为依托，将研究成果转化为教学成果渗透到专业教学之中，凸显我院本科专业特色。

三、本科人才培养目标与服务方向

本专业培养具有较高政治素质、道德素质和扎实的马克思主义理论素养，具备哲学、法学、史学、政治学、管理学和教育学等多学科基本理论知识，能在中等以上学校从事马克思主义理论与思想政治教育学科的教学与科研，以及在党政机关、企事业单位中从事思想政治工作的、具有较高创新素质和创新能力的专门人才。

从整个国家的大环境看，国家越来越重视思想政治教育，企业也很看重员工的思想品德，把个人品质作为衡量人力资源大小的重要内容，其就业前景非常乐观，对参加公务员选拔尤为合适。此外，在民族院校里设置这样一个专业有其必然性和特殊性。民族地区对良好思想道德修养的人才有着极大的需求，而且我校向来十分重视培养德智体美劳全面发展的社会建设者和接班人，具有良好的教学传统和教学条件。思想政治教育专业的开设适应了我校学科体系建设的需要，有利于支撑办学实力，提高办学质量，更好地服务于民族地区经济社会发展。

四、本科专业设置情况

马克思主义学院现有一个思想政治教育本科专业，在校学生 340 余人。修业年限 4 年，授予法学学士学位。核心课程为思想政治教育学原理、思想政治教育方法论、思想政治教育案例分析、中国共产党思想政治教育史、马克思主义思想政治教育著作选读、比较思想政治教育学、当代西方思潮与思想教育、思想政治教育心理学、政治学基础、教育学、伦理学等。

五、师资与教学条件

师资队伍数量及结构。思想政治教育专业是马克思主义学院 2008 年开始招生的本科专业，师资队伍的总量、职称结构、学历结构、学缘结构、年龄结构等方面分布合理。目前共有在职教师 20 人。从职称结构上看，教师中教授 6 人，占教师总数的 30.0%；副教授 11 人，占教师总数的 55.0%；高职称教师占专业课教师总数 85.0%；讲师 3 人，占教师总数的 15.0%。从学历结构看，博士学位以上 15 人，占教师总数的 75.0%。从年龄结构看，46~55 岁 9 人，占教师总数的 45.0%；35~45 岁 6 人，占教师总数的 30.0%；35 岁以下 5 人，占教师总数的 25.0%。从学缘结构看，综合院校毕业 13 人，占教师总数的 65.0%，师范院校毕业 7 人，占教师总数的 35.0%；"211 工程"院校毕业 18 人，占教师总数的 90.0%。

人才引进与师资培养。学院按照专业建设目标与发展规划，制定了合理的人才引进计划与师资培养方案。近年来，共引进博士 5 人，教授 1 人，晋升副教授 3 人，选送 2 名教师到国外访学。

本科生主讲教师情况。思想政治教育专业的主讲教师共有 20 名。专业教师紧紧围绕思想政治教育学科展开学术研究，在科研项目、著作、论文等方面取得了较多成果。在专任教师中，在研国家社科基金项目 10 余项，省部级科研项目 40 余项。在省级以上学术刊物发表科研论文 100 余篇。获得省部级以上科研奖励 6 项。

第二节　实习实训基地基本情况介绍

2012 年以来，按照人才培养与专业建设的需要，提升大学生社会实践的质量和效益，结合国家民委的办学方针、政策要求，中南民族大学马克思主义学院与恩施市人民政府签订了大学生实习实训基地共建协议，马克思主义学院的实践基地设在恩施市三岔镇。2013 年，为了进一步扩大实践基地建设的范围和数量，中南民族大学马克思主义学院与阳新县半壁山农场签订了实践基地共建协议。2016 年，学院与武汉市东湖高新区关山街锦绣龙城社区签订了实习实训基地共建协议。2019 年，学院与武汉市江岸区百步亭社区签订了实习实训基地共建协议。

恩施市三岔镇实习实训基地属典型的二高山区域，境内山峦起伏，沟壑交错，地形复杂，风景别致。境内最高海拔 1310 米，最低海拔 369 米。三岔镇东与新塘、沙地交界，南与宣恩万寨相望，西与舞阳坝毗邻，北与白杨、崔坝接壤。国土面积 259.35 平方公里。镇人民政府驻地三岔口集镇。全镇现辖 12 个村、1 个社区、共 65 个村民小组，总人口 4.2 万，农村人口 39499 人。耕地面积 4.43 万亩，其中旱地 3.84 万亩，水田 0.59 万亩。全镇以农业生产为主，主要种植玉米、洋芋、红苕、黄豆、水稻等作物，兼种药材、李子、魔芋、烟叶等，畜牧业生产历史悠久。三岔首次设乡建制始于 1937 年，2017 年 1 月三岔乡人民政府改为三岔镇人民政府。三岔镇人民政府有党政综合办公室、社会服务办公室、精准扶贫办公室、农业服务中心、文体服务中心等多个部门。利用"一条走廊"（总体规划，优势产业，特色民居，生态道路，素质工程），"两个品牌"（三岔傩文化和三岔土豆），"三大工程"（电力保障，水利事业、公路建设），"四个亮点"（莲花池生态旅游园、集镇新区建设、思鹤旅游公园、汾水河旅游港），"五项工作"（党的建设、社会事业、民主法治、文明建设、社会管理）促进三岔镇政府脱贫致富，又快又好的发展。通过党务公开，增加政府的透明度。近年来，三岔镇政府致力于精准扶贫脱贫工作并取得了一定的成果。

阳新县半壁山农场地处长江中游南岸湖北省阳新县境内，位于富河、网湖与长江交汇处。国土总面积 2.65 万亩，其中耕地 1.1 万亩，林地 2000 亩，养殖水面 6200 亩，果园 1000 亩。总人口 6500 人，其中职工 2070 人。年产优质稻 1000 万斤，油料 80 万斤，皮棉 1 万担，鲜鱼 400 万斤，水果 10 万斤，螃蟹 20 万斤。年均实现社会总产值 1.58 亿元。农场已初步形成了农林牧渔全面发展，种、养、加、销一条龙，农、工、贸一体化的经济格局。半壁山农场丰富的历史文化，光辉的发展历程，优美的田园风光，强劲的改革活力，是开展大学生社会实践活动，提升专业素质和思想能力的丰富而宝贵的资源。该实习点坚持贯彻教育与生产劳动相结合的方针，遵循理论教育与实践学习相结合的原则，以培养思想政治教育专业大学生的实践精神和创新精神为目标，组织学生到农场进行参观学习、教学实践、生产劳动、社会调查、志愿服务等社会实践活动，并为当地经济发展规划、社区管理、农业开发、地方文化传承等提供政策建议。

武汉市关东街道办龙城社区位于洪山区与江夏区的交界处，光谷核心地带，中环线内，紧邻两湖大道、近邻南湖、汤逊湖，西面直抵武汉机场，至汉口武广商圈仅 30 分钟车程，距离天河机场也仅 60 分钟车程。交通网络发达，811、583、572、739、570、901 路公交已直达社区，总体规划约 6500 余户，总居住人口约 22000 余人，规模在光谷片区首屈一指。辖区面积 800000 平米，由东湖高新区代管，高新企业和高等院校林立，创新型人才聚集，近年来关东街道办龙城社区提出"服务社区，提升社区管理水平"为基本目标打造安全舒适温馨的社区环境。锦绣龙城社区便利的地理位置，加之独具特色的社情，这是开展大学生社会实践活动，提升专业素质和思想能力的丰富而宝贵的资源。该实习点遵循理论教育与实践学习相结合的原则，坚持以培养思想政治教育专业大学生的实践精神和创新精神为目标，组织学生到龙城社区参观学习、教学实践、社会调查、志愿服务等社会实践活动，并为当地社区管理、社区服务、社区党建等提供建议。

百步亭社区地处武汉市江岸区，社区占地 5.5 平方公里，居住和生活着 18 万多人。规划将建成一个占地 7 平方公里，入住 30 万人的百步亭新城。社区坚持"以人为本、以德为魂、以文为美、以和为贵"的核心理念，做到"组织百步内建立、服务百步内到位、矛盾百步内化解、活动百步内参与"，创建了一个具有中国特色的和谐社区。百步亭社区被评为全国先进基层党组织、全国文明社区示范点、全国三八红旗集体、全国五四红旗团委标兵、全国文化先进社区、全国无毒社区、全国基层民兵预备役工作先进单位、全国物业管理优秀住宅小区，并获得了中国城市管理进步奖、全国和谐社区建设自主创新奖等 100 多项国家级奖项。2003 年，中央宣传部、中央文明办、建设部、文化部四部委联合发文向全国推广百步亭社区经验。2001 年，湖北省文明委、武汉市委市政府分别作出了《向百步亭花园社区学习》的决定。2012 年，湖北省委、武汉市委再次发出了学习推广百步亭社区党建工作法的通知。中央组织部将"全面推广百步亭社区党委工作法"列为 2013 年工作要点。沈阳市开展了"打造北方百步亭"的活动，深圳市发文"学习武汉百步亭"。中央 100 多位部委办领导、全国各地、社会各界以及 20 多个国家的友好人士，120 多万人次亲临百步亭社区视察参观。百步亭成为了全国和谐社区建设的一面旗帜，成为了展示武汉人文风貌的一个窗口，成为了培训社区干部的一所学校。党和国家领导人习近平、李克强、刘云山、俞正声以及温家宝、李长春等对百步亭给予高度评价。习近平总书记在十八大期间看望湖北代表时，亲切接见了社区党委副书记王波，称赞百步亭社区工作做得好。

第二章 专业实践教学的理论研究

第一节 思想政治理论课现场教学的困境与对策

现场教学源于医学教育中的临场教学，随后被运用到农、工、商、军事、体育、管理等其他学科中，发展成为一种新兴的教学组织形式。2010 年，中共中央制定了《2010—2020 年干部教育培训改革纲要》，要求创新干部教育培训，发挥资源优势，推广案例式、体验式、研究式、模拟式教学，开辟实践教育基地，为新时代干部能力培养和党性锻炼提供直观、生动的课堂。2018 年，中共中央颁布《2018—2022 年全国干部教育培训规划》，要求各级党校探索新的干部教育培训方式，加强现场教学基地建设，"以坚定理想信念宗旨为根本，以全面增强执政本领为重点，突出政治训练、政治历练"，"开发一批学习贯彻习近平新时代中国特色社会主义思想的现场教学点。"这一背景之下，思想政治理论课现场教学得到了重视和运用，各级各类学校深入挖掘现场教学资源，精心提炼现场教学主题，合理设计现场教学流程，打造出一批富有校本特色、地域特色的现场教学项目。深入推进思想政治理论课现场教学，需要掌握其实际状况，探索和构建出一种基于实践基地的现场教学模式。

一、思想政治理论课现场教学的内涵与特征

现场教学指的是教师组织学生亲临特定的社会场域，利用现场环境

提供的教学资源，开展对现场事实的参观、体悟、调研、探讨而获得新的认知的教学形式。作为一种新的教学组织形式，现场教学坚持理论联系实际，强调结合事实材料阐幽发微，培养学生发现问题和解决问题的能力。现场教学具有开放性、即视感和流动性，突破了课堂的空间限制，将课堂拓展到与教学内容高度关联的场所即"现场"进行，打破了依靠书本讲授获取知识的教学模式，通过生动而鲜活的现场体验获取知识、提高能力。现场教学中的情境互动、教学互动克服了教学过程中"你讲我听"的灌输式弊端，让学生"零距离"地接触丰富多彩的事实材料，由知识的接受者转变为知识的发现者、分享者。现场教育通过教与学的结合、理与实的相生，集观察、讲解、发问、互动于一体，使学生对教学内容的认识更加直接，感受更加充分，体验更加深刻，理解也更为透彻。

思想政治理论课现场教学中的"现场"包括了承载思想政治教育信息的博物馆、文化馆、展览馆、红色教育基地、旅游景区、企事业单位、地方政府、农村或城市社区、经济开发区、文化创意区等各种场所。思想政治理论课现场教学是借助上述各种"现场"挖掘思想政治教育资源，传递思想政治教育信息，开展思想政治教育活动，实现思想政治教育目标的一种具有情境性、体验性、延展性的教学组织形式。思想政治理论课现场教学通过教育社会化的途径，建立了学校教育的社会支持系统，有助于深化思想政治教育的供给侧结构性改革，提高思想政治理论课的教学实效性。把现场教学引入思想政治理论课教学实践中，有助于引导学生更好地深入社会实际，用心观察，亲身实践，独立思考，以自己亲身的观察和体验消化思想政治理论，在实践中运用马克思主义的基本立场、观点、方法分析和解决现实问题。

思想政治理论课现场教学是将马克思主义原理与中国特色社会主义理论"落地生根"的实践育人活动。其最大的优势在于让学生亲身感受现场，直接经历事实，深度参与实践，自觉体悟道理。其最大的效力在于通过现场教学的"在场性"使抽象的思想理论转化为看得见、摸得着的社会事实，进而克服了理论讲授与现实脱节的问题，赋予了学生全新的实践体验和知识感受。思想政治理论课现场教学过程中，现场成为课堂，事实成为教材，学生成为主体。一方面，把学生带入特定的历史和社会情境，便于引导他们更好地了解社会，更好地认清经济社会发展形势，更好地认识各种错误思想的危害，更好地增强爱党、爱国、爱社会主义的理想信念。另一方面，学生通过亲身实践、现场感受和社会观察，能够深刻地领会马克思主义理论的科学内涵和党的路线、方针、政策的精神实质，感知中国特色社会主义建设取得的成就，增进理论、道路、制度和文化上的自信。

二、思想政治理论课现场教学设计的过程与环节

开展现场教学，要求教师围绕教学主题做好做足课前工夫，科学、合理地设计教学流程，激发学生参与其中的积极性，将学生积累的新知识、新理论和新实践融入教学场景，使学生在沟通交流的过程中增长知识、提高能力。思想政治理论课现场教学模式建构包括了前期准备、中期实施和后期总结等三个阶段和环节。组织思想政治理论课现场教学，需要根据教学要求组成教学团队，集思广益，按照现场教学的基本要求和教学方法，精心准备，反复打磨，不断改进。

思想政治理论课现场教学的前期准备阶段包括确定教学主题、甄选教学基地、设计教学方案、做好动员准备等环节。确定现场教学主题与甄选教学基地要坚持贴近学生、贴近生活、贴近实际的原则，要结合教学需要、学生需要和现场的实际情况，凸显校本特色、地域特色、专业特色，根据思想理论教育、理想信念教育、国情教育、形势与政策教育、榜样教育以及生产劳动、社会参观、社会调研、志愿服务等不同类型的教学内容，选取具有典型性、示范性、针对性、便利性的教学现场。现场教学主题和教学基地确定之后，教师要提前到教学现场调研考察，熟悉现场情况，加强与现场教学基地负责人和相关工作人员的沟通交流，拟定现场教学的最佳线路和适合现场讲授、现场讨论的场所，精

心设计现场教学方案，明确现场教学的目标任务、过程安排、师资配备、教学保障。必要时还要组建教学团队，开展集体备课，做好教学分工。此外，还要重视现场教学的动员工作，告知学生现场教学的安排，明确现场教学的要求和注意事项。

思想政治理论课现场教学中期实施阶段包括现场讲授、现场参观与提问、现场讨论与点评等环节。现场讲授要站在更宏观的角度，以更开阔的视野，更高的理论层次阐述人物、事件、现象发生的社会背景，增强现场讲授的理论性、针对性和代入感。现场参观是为了掌握教学内容，加深学生对书本理论的认识和理解，因而不能走马观花，而要用心看、细致看、带着问题看。现场提问要讲究方式方法，体现积极主动、有效互动。现场讨论与点评阶段，教师要引导学生围绕教学主题积极开展深度研讨，发表感言，畅谈启示，分享收获。提问和研讨环节，思想政治理论课教师要具有强大的气场和掌控能力，能够高效地引导学生提问和讨论，抓住现场教学中师生关注的热点问题，防止出现骚动、冷场、跑题等混乱的情形。此外，点评是现场教学的重要环节。思想政治理论课教师要简明扼要、切中肯綮地对学生的思想观点和表达方式提出自己的见解。现场点评要有一定的深度和层次，善于从现场材料中凝练思想观点，突出教学主题，以小见大、给人启迪，不能蜻蜓点水、隔靴搔痒、泛泛而谈。

思想政治理论课现场教学后期总结阶段包括师生课后的总结与反馈两个方面。现场教学结束后，学生要对现场教学的所见、所想、所感、所悟进行回顾和总结，围绕现场教学主题撰写心得体会。教师要认真听取学生、教学团队以及现场教学基地负责人的反馈意见，了解他们对教学过程设计、教学基地建设、现场讲授效果、现场讨论情况的看法，总结现场教学的经验与反思现场教学的不足。

三、思想政治理论课现场教学存在的问题和困境

现场教学适应了新形势下思想政治理论课教学改革的趋势和要

求。近年来，现场教学得到了学校以及老师的认可和重视，但与现场教学的目标要求相比，思想政治理论课现场教学还存在着一些问题与困境。

突出的"剧场效应"。剧场效应是指戏剧演出所激起的观众的审美反应的状况。传播学认为，剧场是一个高强度的感知领域和天然的审美场所。优秀演员的表演和良好的剧场环境能够迅速激发观众的兴趣，使他们情不自禁地沉醉其中，甚或进一步参与剧情创造。剧场的环境和演员的现场表演让观众获得了暂时的精神愉悦，获得了瞬间的心理补偿与精神满足。思想政治理论课现场教学过程中，这种现场情境和教师的现场教学同样具有这种效应。如，红色文化场景极易唤醒学生强烈的历史厚重感、社会责任感，但这一目标却也往往存在着时过境迁而渐渐淡化甚或遗忘的问题。现场教学过程中，由于组织管理不够细致，教学方式单一，课程内容与现场教学融合不够充分，缺乏组织力量之间的深度合作，一些现场教学在"现场"便沦为了应景之作、应时之需。这些情形直接加剧了思想政治理论课现场教学的"剧场效应"。

组织管理上的"现实难"问题。一是现场教学组织实施产生的车费、餐饮费、住宿费、门票、教学基地的参观讲解费、专家授课费，带来了教学经费负担问题。二是大班授课与现场教学人数的受限问题。思想政治理论课一般教学人数都在100人左右，这与实践基地的教学容量产生了矛盾。三是现场教学的师资能力不足问题。现场教学对授课者的教学组织能力、课程资源开发能力、教学设计能力有着很高的要求，如何在现场教学过程中实现时空转换、话语转换和角色互换，要求教育者具有一定的实践经验和知识积累。四是现场教学资源的共享难问题。尽管全社会提供了富有思想政治教育价值和资源的众多"现场"，但无论哪一类现场教学资源，其开发和利用都不能由学校和老师单方面说了算，组织协同往往制约着思想政治理论课现场教学的质量提升。

实践行动上的"偏差"。现场教学要求将课堂延伸到现场，通过教学时空的转换创造新的教学环境。但其改变的只是教学的组织形式，而不是教学的目标要求。现场教学过程中，由于一些思想政治理论课教师在教学设计上"重现场、轻教学"，在教学组织上"重单打、轻协同"，在教学方法上"重技巧、轻研究"，导致现场教学的准备不够充分、过程不够完整、保障不够有力、安排不够精心。更为严重的情形是，一些思想政治理论课教师在现场教学过程中简单应付，或一走了之，把现场教学等同于一般性的参观考察或社会调研；或一推了之，把现场教学活动外包给校外实践基地的解说员。现场教学变身参观考察、旅游度假，导致效果大打折扣，形象受到污损，影响了思想政治理论课现场教学的品牌效应。

四、提升思想政治理论课现场教学效果的思路和措施

精彩的现场教学是教师倾心编排、师生合力谋划、社会协同参与的共同结果。克服思想政治理论课现场教学面临的问题与困境，提高思想政治理论课现场教学的效果，需要建立"大思政"的格局，提高师生的认知与行为能力，重视在现场教学的力量整合与精心设计上下功夫，多途径增加师生的知识储备、心理准备和经验积累，建立现场教学基地与师生之间共建共享共赢的长效机制，巩固和扩大思想政治理论课现场教学的效果，宣传和推广示范性现场教学项目。

提高思想政治理论课教师现场教学的胜任力。现场教学作为教师精心编排、学生倾心参与的开放式课堂，要求教师具有灵活的现场处置能力、扎实的理论功底以及熟练的操作技巧。思想政治理论课教师现场教学的胜任力体现为坚定的政治取向、厚实的理论根基、饱满的教学热情、丰富的实践经验。思想政治理论课教师面对现场教学环境要做到"走进去""走出来""讲政治""接地气"，要充分认识到现场教学反哺课堂教学研究的教育实践价值，乐于积极地探索"学校+社会"双元互动的现场教学模式，不断地提升实践教学创新的意识和能力。现场教学过程中，思想政治理论课教师要有准确的角色定位，既要做好"总导演"，

掌握现场教学的"总开关",又要扮演好编剧、演员和服务员的角色;既要熟练地掌握现场教学的流程,注重开展前期沟通、现场调研和行动研究,做到研究学生与熟悉现场的统一,又要精心设计教学流程,精心制造教学场景,精心撰写教学讲稿,及时地回应学生的思想困惑,及时地化解现场教学面临的具体问题,及时地总结思想政治理论课现场教学的得失成败。

增强学生的主体地位,提高思想政治理论课现场教学的吸引力。学生的主体地位赋予了现场教学的生命力。思想政治理论课现场教学过程中,学生通过集体学习、头脑风暴和交流互动实现理论与实践的相互转化,树立正确的思想观点,纠正思想行为的偏差。只有增强师生的在场意识,实现双方共同参与课前准备,共同营造学习氛围,共同开展深度学习,共同参与课程总结,才能避免教学活动中的"孤岛"现象和信息不对称问题,保证现场教学的完整性和实效性。为此教师要了解和尊重学生的需求,结合社会热点与学生关注的焦点设定现场教学主题,科学合理地编制现场教学方案,以倾情服务、真诚交流、严格考评做好现场教学的保障工作,创设实践育人的环境和氛围。尤其要紧扣思想政治理论课教学大纲,坚持看、听、思、悟的统一,在教学内容上融入典型案例、融入参观调研、融入创新思维,建立感悟+体验、专题+案例、调研+研讨的实践教学模式,探索访谈教学、专家讲学、专题研讨、行动学习、翻转课堂、社会劳动等方法在现场教学过程中的运用,利用现场教学中的"多边互动"激发学生去学习、去领悟、去发现、去交流、去创造。

促进现场教学要素之间的协同,完善思想政治理论课现场教学评价体系。针对现场教学过程中存在的问题,学校要从协同论的角度谋求创新、寻求解法,把握现场教学的协同特征,从管理优化与机制保障、专题选择与特色教学、师资优化与队伍联动等方面整合教育资源,形成教育合力。一是要建立"大思政"的格局体系,将思想政治理论课现场教学与学生的实践教学、专业实习、校园活动结合起来,将思政课程与课程思政统合起来。二是要重视现场教学的教师队伍建设，从实践基地遴选优秀师资，组建现场教学团队，鼓励优秀教师参与现场教学，通过制度激励、舆论引导调动思想政治理论课教师开展现场教学的积极性。三是要加强现场教学相关的学习交流，可以邀请现场教学示范项目的负责人传经送宝，也可以到井冈山干部学院、延安干部学院、浦东干部学院等干部教育培训单位实地取经。四是注重教学反馈和总结，针对现场教学基地创建、现场教学流程、现场教学互动、现场教学服务等内容开展问卷调查和献计献策活动，通过学生评教、专家指导、教师自评等方式反馈现场教学效果，建立基地、学校、教师、学生等协同参与现场教学的社会支持系统和多元评价体系。

第二节　多重实践观视野下实践教学的重构

伴随着人类实践的发展，曾经出现过不同的实践观，不同实践观在指导实践活动中的地位和发挥作用是有差异的。实践教学作为重要的实践活动，不可避免地受到相应的实践观指导和影响，实践教学中出现的问题也是根源于相应的实践范式或实践观。在以"创新精神和实践能力培养"为教育追求的今天，要克服单一实践观指导的实践教学弊端，唯一选择就是借助于多重实践理性的观照，并加以整合和贯通，重构实践教学体系。①

一、道德实践观、技术实践观、交往实践观

在原始社会和奴隶社会的早期，人类的自我意识不够清晰，泛化的实践占主导地位。随着人类生产力有了较大发展和自我意识的逐渐形成，人类关注的重点从"天道"转向了"人道，道德实践取代了泛化实

---

①　焦金平等.多重实践观视野下实践教学的重构[J].学术界，2015(9).文章分析了职业教育领域实践教学体系建构的问题，对于认识思想政治教育实践育人有着重要的借鉴。内容有删减和改动。编者注。

践。道德实践观主导下的实践强调道德修身和社会规范，但具有明显的权威性和强迫性，导致大部分实践者沦为僵化礼教的牺牲品和社会的顺民。近代社会，随着资本主义生产关系的萌芽和工业生产的迅速发展，技术理性占据主导地位，主导着社会生活。技术实践观强调生产效率，但容易导致仅重视工具选择，忽略目的价值的反思。在反思和批判技术理性指导实践出现问题的基础上，有人提出交往实践观。交往实践观强调实践主体之间的平等、自由的交往，克服了技术实践见物不见人的缺陷。但这种交往理性试图用语言实践代替丰富多彩的其他实践，因而存在着一定的片面性。

二、理论教学与实践教学关系的重构

理论教学和实践教学关系问题，影响着教育发展，尤其在大学发展历史中这种关系的痕迹最明显。大学教育一直以来重视知识与理论教学，轻视实践教学，甚至将实践教学理论化。赫胥黎曾多次批评将实践教学理论化问题，他说："我已经发现，而且有充分理由悲叹的是，解剖学被当做一门科学那样进行讲授，包括尸体解剖和观察，以及严格的训练，而生理学的教授却被当做是书本上和根据传说而来的东西。"①20世纪以来，在现象学、维特斯坦哲学以及哈贝马斯等西方马克思主义影响下，理论和实践关系的理解发生了变化，在他们看来科学不是知识的唯一形式，实践也不等于科学知识应用，理论只是一种实践之知，实践之知是实践的一部分。纯粹将实践教学作为理论教学的手段和补充，必然漠视实践是理论的唯一来源，在理论上陷入了技术理性的片面性。

克服技术实践观的片面性，必须重构理论教学与实践教学的关系，改变理论教学一统天下的局面，确立实践教学为核心的新型教学关系。

---

① 托·亨·赫胥黎. 科学与教育[M]. 单中惠等译. 北京：人民教育出版社，1990：200-201.

　　首先，以多重实践观为基础，以实践教学为核心建构现代新型的课程与教学体系。在传统知识教学的影响下，以往的课程方案和教学设计以知识为中心，理论教学为主导。从多重实践观整合角度来建构新的课程与教学体系，要求坚守实践教学的目的是创新精神和实践能力的培养，这种精神和能力是个体在现实的专业实践中表现出来的智慧和态度的整合，实践教学的功能不再仅仅停留在验证和巩固知识、完善技能方面，知识学习成为"次好的"，理论的功能是指导实践能力的培养，因此理论教学应坚持"实用、足够"为原则。实践教学不是一般的教学形式或方式，也不是单纯教学活动，若把实践教学理解为理论教学以外，所有实践活动又扩大了实践教学的外延，若将其和实践性教学等同起来也存在问题，毕竟实践是实践教学的"本质"，对实践性教学而言，实践只是"工具"。

　　其次，从多重实践观的角度来看，各种实践形式和活动之间并不是孤立的，彼此间存在内在联系，围绕着实践能力培养，相互配合，相辅相成，构成一个有机的实践教学体系。这里的实践教学体系主要指实践教学各要素构成的有机联系整体，包括实践教学活动的目标、内容、管理和支持服务等。过去实践教学体系仅仅关注实践教学内容。20 世纪90 年代中后期，以《职业教育法》颁布为契机，我国职业教育得到长足发展，但如何摆脱传统重知识轻技能以及普通高校过分强调理论教学的影响，建构科学的实践教学体系成为了一个热点问题。面对知识经济对教育提出的新要求，各普通高校也积极开展了课程与教学体系的改革。国内有学者提出理论教学内容和实践教学内容相互联系，这在理论上承认了实践教学和理论教学具有平等地位，但实质上有无被形式化值得进一步探究。

　　再次，从多重实践观的角度来看，在课程与教学实施过程中要更加强调理论教学的实践化，理论知识显性化。提高对实践教学重要性的认识和在整个教学中的比例，要借助多重实践观的思想改造理论教学。就目前情况而言，增加实践教学的分量，尤其是课时比例已经很受限了，而理论教学实践化的潜力却存在无穷的拓展空间。这种理论教学实践化就是以实践能力培养为宗旨，改造知识授受为基础的理论课。经验证明，将理论课程转变为实践课程不仅是可能的，而且对于激发学生的学习动机，改变探究能力不足以及增强信心和成就感，具有非常重要的意义。目前值得纠正的认识是将实践教学仅仅看作是实习、实训和实验等环节，将其功能仅仅停留在技能的操作与训练上，实践教学与技能训练之间存在一一映射关系等。这些理解过于狭窄和片面，应该强调教学中学生自身创造性应变能力培养以及自我行动调节的重要性。因此应该将实践教学视为理念加以解读，这样能更好地指导教学改革，实现应用型人才培养的目标。

三、实践教学途径的重构

为了克服实践教学中存在的问题，提高教学质量，必须批判单一实践观指导实践教学的弊端，克服道德实践观、技术实践观、交往实践观的片面性，克服价值理性、技术理性和语言理性的片面性。美国人类学家 J·莱夫等人认为，知识栖身于实践共同体中，实践共同体的文化实践是它的"藏身之处"，参与到实践文化中是学习的一个认识论原则。[①]学习不是通过教学中所传递的知识而进行的，也不是借助于复制他人的作品而进行的，学习是在周边共同体的学习型课程中通过向心性的参与而发生的。实践者的参与更重要的是再生产了身份和实践共同体本身，而不仅仅是知识、技能和一般体验。开展实践教学，应该整合多重实践观，重构实践教学体系，解决以下几方面的问题：

第一，化解传统教学机制中心化趋向，营造积极的参与氛围。传统教学机制中心化趋向指的是"以规定正确实践的形式从事直接指导型教学"，使得实践教学具有一种受限制的参与特性。当教学实践服从于规

① L. 莱芙. 情境学习：合法的边缘性参与[M]. 王文静译. 上海：华东师范大学出版社，2004：47.

定的教学目标，而学习者的身份成为要改变的对象，学习者的学习是为了外在目标的实现。当不断加深的参与过程不是学习的基本动机时，这种动机便由内在激励变成了外在激励，这种情况容易导致主动参与变成被动参与，同时参与的积极性和持久性会大大降低。为了保证参与的热情，要弱化教学中心化趋势，其目的是在教学和参与之间寻找到平衡点，要确保实践活动朝向人才培养目标，也要确保学习者能够积极参与。因此，实践教学的教师要调整好自己的角色，成为民主的管理者、主动的协调者、行动的研究者和开放的评价者。

第二，实践共同体是实践教学开展的重要阵地和内容。参与是一种赋权，一种责任。它既是对共同活动的参与，也是参与实践共同体。这里的"共同体"可以是一群具有共同目标人走在一起，形成一种紧密的关系，也可以是一种松散的团体，不一定是共同在场、定义明确相互认同的团体。实践教学不仅要考虑让学生参与共同体，参与什么样的共同体以及如何构建共同体也很关键。学生对许多实验不感兴趣，很大程度上是因为他们参与的不是科学家的共同体，从事的实践活动也与真正现实需要的不同。验证性实验和模拟实习尽管具有一定的操作性价值，发挥技术理性要求，但脱离情境的操作训练的价值是受限的。

第三，实践教学中首先要解决参与专业实践的合法性问题。很多的实践教学形式没有取得良好的效果，往往是因为没有真正解决合法参与问题。教育实习中，通过高校和实习学校共同努力和协商，实习生深入课堂进行实习，这表面上赋予了合法参与的身份和权力。实际上，很多实习生在实习过程中，鉴于指导教师因担心影响教学进度和教学效果，而"不放心"和"不赋权"的现象很常见，实习生因为不能按照自己的理解进行上课，直接影响参与的热情和积极性。这种赋权只是形式上合法，而参与过程中实质性的合法问题没有真正解决，没有获得有效途径进入实践共同体中，因而也不能有效参与实践活动。

第四，要创造条件使实践者从实践边缘走向实践中心。无论是实践共同体的建立，还是学生由实践边缘走向实践中心都存在较大挑战。解决学生合法参与学习方式与传统教学模式之间的矛盾，需要秉承实践教学为中心组织和设计各种教学活动，将各个阶段的教学活动进行统合，形成一个系统的、有机的整体，将集中实践教学与课程实践教学有机统一起来，构建全程教育实习模式。另外，实践教学总量是有限的，但理论课程的实践化却是无限的，教师如何二次开发课程内容，将其实践化处理是提高实践教学质量的主要途径。

可见，在多重实践观基础上重构实践活动，要在整个课程体系中确立实践教学的中心地位；要实现各种实践教学形式和活动之间的配合和补充，构成有机的实践教学体系；要以实践能力培养为核心，观照实践的不同维度，既要培养学生的实践行为规范和身份认同，又要加强专业经验获取，促进反思能力的提高，还要观照实践的意义之维，尊重学生使命体验；要防止实践教学局限于技术运用与语言沟通，运用各种方法建构实践教学共同体，创造条件促进学生由实践边缘走向实践共同体中心。

第三节　高校思想政治理论课嵌入式
实践教学的路径选择

习近平总书记在全国高校思想政治工作会议和学校思想政治理论课教师座谈会上讲话中分别强调"各类课程与思想政治理论课同向同行，形成协同效应""重视思政课的实践性，把思政小课堂同社会大课堂结合起来"，充分体现了党中央对思想政治理论课的高度重视。长期以来，受师资、场地、经费、设施等软硬件的制约，高校思想政治理论课实践教学存在着有"教学"而少"实践"或者有"实践"而少"教学"的困境。高校思想政治理论课作为国家"重点课程"，只能加强，绝对不能削弱；实践教学作为高校思想政治理论课教学不可或缺的重要组成部分，必须创新方式，绝不能墨守成规。这不仅关系到高校思想政治理论课的说服力与实效性，更是事关党和国家事业发展全局的重大战略问题。

一、何以可能：高校思想政治理论课实践教学嵌入专业课实践教学的逻辑

何为"嵌入"？"嵌"即"把东西卡在空隙里"①，"嵌入"并不等同于"渗透"，更有别于"融合"。"嵌入"的本质意蕴在于事物双方在某一部分或某一区域有着共同的或显或隐的相似性或特质，在不改变事物双方性质前提下，一事物以此借助另一事物展开、实现某种意图或活动。思想政治理论课实践教学嵌入专业课实践教学是指在不改变各自课程属性、教学体系的前提下，思想政治理论课实践教学以某种形式、某种载体，借助专业课实践教学空间达成实现思想政治理论课实践教学的功能和目的。思想政治理论课实践教学与专业课实践教学虽为两种不同的教学体系，但从理论、现实、政策三维逻辑来看，思想政治理论课实践教学嵌入专业课实践教学是可能可行的。

嵌入性理论为思想政治理论课实践教学嵌入专业课实践教学提供了理论逻辑。"嵌入性理论"是新经济社会学研究的一个核心理论，目前已被国内外学者广泛应用于社会学、管理学、政治学、信息学等领域。Polanyi 在《大转型：我们时代的经济与政治起源》一文中最早使用了"嵌入"一词，旨在表达经济行为不是孤立存在的，它是从属于政治、宗教等社会关系网络的②，"社会关系被嵌入经济体系之中"③。美国社会学家 Granovetter 拓展了"嵌入"的内涵，他认为经济行为和其他社会行为都嵌在真实的、正在运作的社会关系系统之中，④"大多数人类行动都

---

① 新华字典[M]. 北京：商务印书馆，2012：403.
② 卡尔·波兰尼. 大转型：我们时代的经济与政治起源[M]. 冯刚，刘阳，译. 杭州：浙江人民出版社，2007：15.
③ 卡尔·波兰尼. 大转型：我们时代的经济与政治起源[M]. 冯刚，刘阳，译. 杭州：浙江人民出版社，2007：50.
④ 马克·格兰诺维特. 镶嵌：社会网与经济行动[M]. 罗家德，等，译. 社会科学文献出版社，2015：8.

几乎是嵌入在个人关系之中的，包括经济行动"①。随着嵌入理论研究的不断深入，研究者已不再将嵌入性作为一种单纯的理论展开研究，而是将"嵌入性"作为一种全新的思路和方法用于解释其他社会行为和活动。如祖琼(Zukin)和迪马吉奥(Dimaggio)的结构嵌入性、认知嵌入性、文化嵌入性与政治嵌入性框架②，安德森(Andersson)、福斯格伦(Forsgren)和霍尔姆(Holm)的业务嵌入性与技术嵌入性框架③，尤其是由格兰诺维特(Granovetter)提出的以经济学中的网络分析为理论基础的结构嵌入性和以社会学研究中的社会资本研究为理论基石的关系嵌入性分析框架最具代表性，前者侧重强调网络内主体的结构特征，后者侧重强调网络的关系特征。这些嵌入性理论的研究，虽角度和侧重点不同，但都共同强调"嵌入"双方或多方在相互"建构"、相互"生成"、相互"扎根"的过程中，形成一个相互影响、相互作用、相互适应，各取所需的趋于稳定的新系统。④ 虽然"嵌入性理论"在概念内涵、研究领域等方面仍存在不足和局限，但它逐渐成为了一个完整的理论体系和理论分析工具，尤其适用于从双边、多边到复杂的结构性关系变化，这为思想政治理论课实践教学嵌入专业课实践教学提供了重要的理论分析框架和方法论思路。

两者的内在联系为思想政治理论课实践教学嵌入专业课实践教学提供了现实逻辑。思想政治理论课实践教学本质上是对理论教学的"实践性"印证或体现过程，具有思想性、理论性、意识形态性和价值引领性等本质特征。思想政治理论课实践教学不等同于单纯的思想政治理论课实践性环节，"只有被纳入课程计划的学生社会实践活动才能属于思想政治

---

① Granovetter Mark. Economic Action and Social Structure: the Problem of Embeddedness[J]. The American Journal of Sociology, 1985, (3).

② Sharon Zukin, Dimaggio. Structures of Capital: The Social Organization of the Economy[M]. Cambridge, MA: Cambridge University Press, 1990: 979-996.

③ Andersson U, Forsgren M, Holm U. The Strategic Impact of External Networks: Susidiary Performance and Competence Development in the Multinational Corporation[J]. Strategic Management Journal, 2001, (11).

④ 兰建平，苗文斌：嵌入性理论研究综述，技术经济，2009(1).

理论课的实践教学"①, 是实践性学习与研究性学习并重的教学活动。专业课实践教学则是指基于专业操作基础之上的知识、技能、素养获得的一种教学活动, 主要包括实践课程教学、课程实践教学、毕业实习实训等类型, 其本质特征在于知识性与技能性。故此, 思想政治理论课是一门使人"作为人、成为人"的课, 专业课是一门使人"成为某一类人"的课。前者使人追问生命、意义、价值、真理、信念、信仰, 让学生认识个人与社会的关系, 其主要目标是为谁培养人, 如何培养人, 怎样培养人的问题, 指向的是"育人"; 后者使人探究概念、规则、定义、公式、定理或规律, 让人形成认识事物的逻辑推理思维、判断选择能力和技术运用能力, 目标是解决做什么, 怎样做, 能不能做的问题, 主要指向"育才"。培养"又红又专"的社会主义人才是我国高等教育的主要任务, "育才"与"育人"是高校课程教育教学的两个联系紧密的方面。因此, 在专业课实践教学中贯穿思想政治理论课的价值引领显得尤为重要; 而思想政治理论课实践教学要实现自己的价值和发挥应有的功能, 必须依托学生的专业教学, 才能有效实现, 两者相辅相成, 相互促进。思想政治理论课与专业课两者之间的内在勾连, 为思想政治理论课实践教学嵌入专业课实践教学提供了现实可能性。

系列文件规章的颁布为思想政治理论课实践教学嵌入专业课实践教学提供了政策逻辑。党的十八大以来, 围绕高校思想政治理论课建设, 中央部委下发了系列指导性文件。2015 年 9 月 10 日, 教育部印发《高等学校思想政治理论课建设标准》文件, 指出要把实践教学作为考量课程建设成效的重要标准, 规定了高校思想政治理论课实践教学的学分, 要求"实践教学覆盖全体学生"。2017 年 9 月 14 日, 教育部印发《高等学校马克思主义学院建设标准(2017 年本)》的通知, 指出高校思想政治理论课实践教学原则上覆盖全体在校学生, 并要建设相对稳定的校外教

---

① 汤俪瑾, 思想政治理论课实践教学的基本原则和具体环节, 思想理论教育导刊, 2014(1).

学实践基地。2019 年 8 月 14 日，中办国办印发《关于深化新时代学校思想政治理论课改革创新的若干意见》指出，各类课程同思政课建设的协同效应不强，要"解决好各类课程与思政课相互配合的问题，发挥所有课程育人功能，构建全面覆盖、类型丰富、层次递进、相互支撑的课程体系，使各类课程与思政课同向同行，形成协同效应"。2019 年 9 月 2 日，中共教育部党组关于印发《"新时代高校思想政治理论课创优行动"工作方案》的通知中提出积极建设"思政课程+课程思政"大格局，使各类课程与思政课同向同行，形成协同效应。2020 年 1 月 16 日，《新时代高等学校思想政治理论课教师队伍建设规定》(中华人民共和国教育部令第 46 号)中的第四条明确要求高等学校应当调动广大教职工参与思想政治理论教育的积极性、主动性，动员各方面力量支持、配合思政课教师开展教学科研、组织学生社会实践等工作，提升思政课教学效果。这一系列文件和举措的出台，对深入、持久推进高校思想政治理论课建设发挥着指导性作用，也为思想政治理论课实践教学嵌入专业课实践教学提供了政策支持和舆论导向。

二、何以必须：高校思想政治理论课实践教学嵌入专业课实践教学的要旨

在高校现有教学体系和组织中，长期以来存在着一个刻板印象：马克思主义学院是思想政治理论课教学的主要承担单位，思想政治理论课堂是思想政治理论课教育教学的主渠道和主阵地。这导致思想政治理论课教学与专业课教学往往是两条"平行线"，实践教学更是如此。事实上，无论是从师资力量、教学经费、教学投入、教学设施等来说，专业课教学有着更为厚实的基础和广阔的空间，将思想政治理论课实践教学嵌入专业课实践教学可以解决诸多现实困境和难题。

思想政治理论课实践教学在师资经费方面有更足的来源。中办、国办以及教育部下发的相关文件中指出，高校要严格按照师生比不低于1：350 的比例核定和配齐专职思政课教师。但从实际情况来看，受师资

供给矛盾等因素制约，目前绝大部分高校较难实现 1：350 的师生比，高校思想政治理论课教学大多采取合班上大课、系统讲授的方式。教师要组织学生进行课堂专题讨论、演讲活动、案例教学、阅读实践、研究实践的难度较大，组织校外社会实践教学难度更大。另外，目前高校思想政治理论课生均经费虽然有所提高，但思政课教师的学术交流、实践研修、学生的社会实践教学等费用都包含其中，经费不充裕。部分高校对实践教学的经费投入不足，落实不到位，用到学生方面的实践教学活动、创新创业、教学软硬件建设经费等方面显得捉襟见肘。相对而言，专业课有着较为充足的实践教学经费支持和合理的管理组织体系。尤其是理工类、文体艺术类专业教学经费在国家"一流专业""一流课程"建设等战略支撑下，来源广、支持力度大。因此，将思想政治理论课实践教学嵌入专业课实践教学之中，有利于借助专业课实践教学师资力量承担起部分思想政治理论课实践教学功能，同时也盘活了专业课教学经费的有效利用率。

思想政治理论课实践教学在实体依托方面有更多的选择。目前，高校思想政治理论课实践教学的开展仍存在流于形式的弊端，内容与方式上的重复现象比较普遍。坚持开门办思政课，推动思政课实践教学与学生社会实践活动、志愿服务活动结合，思政小课堂和社会大课堂结合的格局还远未形成。党政机关、企事业单位与高校思想政治理论课实践教学的对接，融合缺乏长效机制。部分高校思想政治理论课实践教学由于受到场地、师资、经费和学生人数等限制，建立独立的思想政治理论课实践教学基地的成本较大，并无固定的实践教学基地。思想政治理论课实践教学往往缺乏实体的依托，走马参观式的多，深度体验式的少，面对不同学科专业的学生，也难免缺乏丰富性与契合性。另外，往往存在着只"挂牌"而不"建设"、只有"代表"而无"全体"参与的现象，很难真正担负起实践教学功能，作用发挥不甚明显。高校在专业课实践教学方面投入较大，无论是校内外社会实践活动，还是实习实训基地建设，往往做得十分成熟和规范，尤其是在高校一流专业建设"双万计划"的带动下，专业课实践教学成效明显。因此，将思想政治理论课实践教学嵌入专业课实践教学之中，可以充分利用专业课的实践教学基地、实践教学活动进行"实体式"的思想政治理论课实践教学。

思想政治理论课实践教学在针对性方面有更强的实招。当下思想政治理论课实践教学流于形式抑或收效不明显的一个重要问题在于脱离了学生的"专业生活场"。思想政治理论课教学目标、教学内容等具有思想性、理论性和意识形态性特点，思想政治理论课实践教学是为确证这些属性特点服务的；专业课教学目标、教学内容等具有专业性、特定性和专属性特点，专业课实践教学是直接为解决学生的专业技能、操作应用服务的。当思想政治理论课实践教学脱离学生的"专业生活场"时，必然导致两者"隔靴搔痒"，甚至"隔河相望"。因此，思想政治理论课实践教学除了利用常规的社会调查、参观考察、社会服务、劳动锻炼等外，如能将思想政治理论课实践教学与不同的学院、学科、专业背景联系起来，根据四门课程的特点和学生实际，利用不同学科专业特点优势，从他们的专业角度嵌入，不仅有效增加思想政治理论课实践教学渠道，也有利于形成与专业特点相匹配的思想政治理论课实践教学模式，激发师生的广泛参与度，增强针对性。

思想政治理论课实践教学在价值引领方面有更好的发挥。思想政治理论课是高校立德树人，是培养什么样的人，为谁培养人，如何培养人的重要抓手，在育人方面有着自身强大的思想优势、理论优势、组织优势和政策优势。高校培养的人才应当是社会主义的建设者和接班人，而当下部分学生过于重视专业知识和技能，而忽视思想品德的锤炼和铸就；强调的是个体价值的实现，而轻视社会价值的展现。思想政治理论课实践教学侧重于"育人"，专业课实践教学侧重于"育才"，实际上两者是相辅相成的。知识的互补性特点为思想政治理论课实践教学嵌入专业课实践教学提供了可能性，同时也可以弥补专业课教学长期以来在"育人"方面存在的短板。因此，将思想政治理论课实践教学嵌入专业课实践教学，借助专业课实践教学资源的同时，也能充分利用思想政治理论课实践教学的自身优势与特点对专业课实践教学进行正确价值导向和引领，从而培育与型塑学生和谐的心灵、健康的情感与健全的人格，坚定社会主义核心价值观自信，使学生的个体价值与社会价值展现得到有机统一。

概言之，思想政治理论课实践教学嵌入专业课实践教学能有效整合场地、队伍、经费等实践教学资源，利于形成教育教学合力，实现价值引领，增强思想政治理论课实践教学实效性，使得两者相得益彰，从而有效形成"思政课程"与"课程思政"双向互动、融为一体的良性格局。

三、何以实现：高校思想政治理论课实践教学嵌入专业课实践教学的策略

在现实境遇中，由于受课程性质的规制，思想政治理论课实践教学与专业课实践教学实为两种不同的课程教学体系，在教学目标、教学内容、教学规模和教学管理等方面缺乏对接性，思想政治理论课实践教学嵌入专业课实践教学自然面临诸多困境与挑战。应从嵌入的原则、要素、路径和机制等方面予以破解。

确立嵌入的原则。一是系统性原则。高校思想政治理论课包括《马克思主义基本原理概论》、《毛泽东思想和中国特色社会主义理论体系概论》、《中国近现代史纲要》、《思想道德修养与法律基础》等课程，这些课程的教学目标、教学内容各有侧重，其实践教学也应有所差异，嵌入专业课实践教学时，要顶层设计，形成一盘棋，整体性嵌入，避免各自为战。另外，还要充分考虑到教学环境、两个不同教学组织体系及其相互信赖的合作关系等对嵌入的影响。二是合力原则。嵌入双方共同着力，在嵌入主体、嵌入客体和嵌入过程等方面相互配合，共同发力。三是针对性原则。目前，高校思想政治理论课实践教学效果不显著的一个主要原因在于没有实施分类分层教学，分类即紧密结合不同学科专业性质特点；分层即充分考虑不同年级群体特征。因此，思想政治理论课实践教学嵌入专业课实践教学时，应加强嵌入的针对性，从而提升实践教

学的实效性。

厘清嵌入的要素和结构。从主客体关系上看，高校思想政治理论课实践教学嵌入专业课实践教学有主体层面的嵌入，包括教师、学生、管理者以及参与推动高校思想政治理论课实践教学的一切社会群体、个人；还有客体的层面嵌入，包括教学目标、内容和方法等一切可以表征思想政治理论课实践教学元素及其意蕴的存在物以及连接主客体交互关系的中介层面的嵌入，即软硬件设施、技术以及资金支持等。作为嵌入性理论经典分析框架的结构嵌入性和关系嵌入性观点，对高校思想政治理论课实践教学嵌入专业课实践教学的结构和要素有着一定的启发。Burt 提出"结构洞"（structural hole）观点，认为处于结构洞位置的组织能获得对两个未联结组织的控制利益。Granovetter 提出用互动频率、亲密程度、关系持续时间以及相互服务的内容四个指标来衡量关系的联系强弱。这对高校思想政治理论课实践教学嵌入专业课实践教学的要素和结构具有一定的借鉴意义。在嵌入的过程中，要充分理清高校思想政治理论课实践教学与专业课实践教学的关系强弱，把握高校思想政治理论课实践教学嵌入专业课实践教学的"结构洞"位置，使得两者的教学结构处于相对协调状态。

打造嵌入的支点。找准支点或者嵌入点是高校思想政治理论课实践教学有效嵌入专业课实践教学的关键性因素。"支点"的把握必须注意三点：一是思想政治理论课实践教学嵌入专业课实践教学的"联系点"，以某种形式、某种载体使两者有机结合，不改变嵌入双方的课程性质与教学体系；二是思想政治理论课实践教学借助专业课实践教学空间的"依托点"，要更多考量不同学生的学科专业背景，以此设计和优化思想政治理论课的实践教学形式；三是实现思想政治理论课实践教学功能和价值的"激活点"。基于高校思想政治理论课实践教学嵌入专业课实践教学的"支点"的特性，要充分结合不同学院、学科和专业特点，从实践教学项目化或品牌化出发，设计高校思想政治理论课实践教学与专业课实践教学紧密结合的支点或嵌入点。项目化或品牌化的实践教学是充分考察了思想政治理论课实践教学与专业课实践教学各自的特点，将交叉的人、事、理以及时空等元素进行再糅合，再把握，因而更具有独特性、针对性和实效性，感召力与吸引力更强。

搭建嵌入的机制。高校思想政治理论课实践教学嵌入专业课实践教学不是两类课程本身的就能完成的工作，还需要科学合理的运行机制做强有力地保障。一是支持机制。相对于完备的理论课教学体系、组织体系、管理体系等而言，实践课教学体系、组织体系、管理体系等严密性还不够。高校应成立独立的"实践教学部（处）"专门机构，负责指导、协调和统筹全校各类课程的实践教学，学院应成立实践教学教研室，负责本单位实践教学的具体实施，形成学校"实践教学部（处）"与学院实践教学教研室相互依托，共生共长的保障支持机制。二是激励机制。学校单独设计、制定高校思想政治理论课实践教学嵌入专业课实践教学的激励措施，合理核定工作量，提高教学工作报酬，对思想政治理论课实践教学嵌入专业课实践教学过程中有突出业绩和贡献的教学管理人员进行表彰。三是联动机制。建立学校职能部门与学院、学院与学院、思政课教师与专业课教师之间的三级联动机制，在思想政治理论课实践教学嵌入专业课实践教学方面进行整体设计，集体备课、共同推进。四是评价机制。围绕思想政治理论课实践教学嵌入专业课实践教学，在对嵌入效果进行量化评价的基础上，对嵌入的系统要素如实践教学主体、教学客体、教学介体与教学情境及其相互的关系进行优化，形成"全员育人、全程育人、全方位育人"的教学生态。

第四节　实践基地育人项目的实效性研究

实践育人是学校人才培养的重要组织形式，在人才培养中具有重要的教育价值。发挥学校实践育人的特殊育人作用，将学校实践育人工作落实落细，需要制订实践育人培养方案、明确实践育人主体责任、规划实践育人实施途径、统筹实践育人组织形式、完善实践育人保障体系。

结合近年来三岔镇社会实践基地建设情况，对马克思主义学院思想政治教育专业社会实践育人的成效进行了调查。调查表明，我院学生对社会实践育人功能的认知较为全面和积极，但该群体社会实践的实际参与状况尚未完全满足其功能需求，社会实践的育人功能需要进一步增强。如何拓展基地建设及其实践育人的功能，扩展实践育人的活动渠道，增强社会实践的社会支持，需要形成常态化、科学化的实践育人模式，提高实践育人的社会化、专业化水平，形成网络化的实践资源保障体系。

一、实践育人项目实效性评价的思路及方法

实践育人涉及参与实践的学生、导师、实践基地、学校相关组织部门等诸多因素。调研坚持以生为本，围绕目标定位，着眼未来发展，聚焦实践育人效果的影响因素，关注实践育人目标的实现程度，重视实践基地学生的反馈评价。实践基地建设已经构建了包括院系评价、导师评价、实践单位评价在内的综合性实践质量评价体系，但由于学生是实践教育的直接对象，对社会实践的效果评价应紧紧围绕该实践教育的目标定位来开展。为此，研究需要关注参与实践的学生在思想品质、综合素质、科研能力等方面取得的成效，通过验证指标体系与实践效果之间的联系，分析影响实践育人成效的关键因素，有针对性地提出进一步加强和改进实践基地建设与实践育人的对策。研究以学院思想政治教育专业2016级和2017级本科生为抽样框，以参加实践基地实习实训与实践项目的同学为分析对象，以等距抽样的方式抽取样本框，发放自填式问卷收集资料，运用SPSS软件进行数据分析。调查共发放问卷61份，回收有效问卷61份，有效回收率为100%。男女生比例分别为22.95%和77.04%，来自农村、小城镇、大中城市的学生比例分别占比为40.98%、40.98%，18.03%，学生党员比例为16%。

二、实践基地育人效果调研的内容及其基本情况

对社会实践的总体评价。调研表明，85.24%的学生表示通过社会

实践收获很大或较大，表示"有一定收获"的学生占 8.19%，表示"收获较小"的占 6.55%。按照各方面收获的大小排序，88.52% 的学生认为社会实践为学生提供了实际工作岗位锻炼的机会，有助于提升自身的职业能力和职业竞争力；81.97% 的学生认为社会实践为不同学科的学生提供了在校期间难以获得的交流机会，有利于不同思维、观点和方法的碰撞，激发创新灵感；78.69% 的学生认为通过社会实践提高了综合能力；73.77% 的学生认为通过参加社会实践提高了自身的思想素质；59.02% 的学生表示社会实践期间的工作有利于提高自身的专业素养；还有 1.64% 的同学认为自己无收获。

在思想素质和综合能力提升方面，85.25% 的学生表示通过社会实践有效提升了人际交往能力；85.25% 的学生表示通过社会实践加深了对行业和社会的认识；70.49% 的学生表示通过社会实践增强了社会责任感；88.52% 的学生认为社会实践提升了自己的语言表达能力和团队合作能力。在专业素养和科研能力方面，77.05% 学生认为社会实践有利于培养理论联系实际的科学作风；80.33% 的学生认为社会实践有利于学生发现自身知识和能力的不足，从而明确今后学习的努力方向；54.1% 的学生认为社会实践有利于增强自己的独立研究能力；67.21% 的学生表示通过社会实践看到了本专业的实际应用价值，增加了专业认可度；47.54% 的学生表示在社会实践中通过自己独立解决技术问题，增强了科研的信心；72.13% 的学生认为社会实践有利于激发创新思维；57.38% 的学生表示社会实践对于自身的大创课题研究具有启发意义，另有 1.64% 认为无意义。

参与意愿。86.89% 的学生表示愿意参加社会实践，持"无所谓"态度和明确表示"不愿意参加"的分别占比 4.92% 和 8.2%。参与意愿的较强学生中，68.75% 的认为收获很大和较大，表示"无所谓"和"不愿意参加"的学生中，收获很大和较大的分别为 33.33% 和 20%，比例显著低于参与意愿强的学生。这说明参与意愿与实践收获呈现出明显的正相关。为了了解学生参与意愿的影响因素，我们对不愿意参加社会实践的

61 名学生的情况进行了进一步分析，其中超过半数的学生是因为受到一些先验性看法的影响，如 20% 的学生主观"认为没有必要必修"，35% 的"听之前参加过实践的同学反馈，认为实践收获较少"；另外，有 45% 的学生由于非主观性的原因影响了社会实践的参与意愿，10% 的学生因为学习压力大，20% 的学生是因为地域因素，15% 的学生是因为社会实践与自己的计划时间冲突。而对比不同情况下的实践收获可以发现，由于非主观性原因不愿意参加社会实践的学生在实践结束后有 50% 表示收获"很大"和"较大"，而由于先验性原因不愿意参加社会实践的学生，表示收获"很大"和"较大"的仅为 25%。

实践项目的反馈。学生选择实践项目的主要因素，统计影响作用"很大"和"较大"因素分别为：实践项目与研究方向的匹配度 80.33%、实践基地口碑(42.62%)以及为将来就业提前了解情况(68.85%)。40.98% 的学生选择项目时首先考虑地域因素。从学生选中的实践项目来看，有 52.46% 的学生表示实际选中的实践项目与自己的专业和职业规划方向的匹配度不高。实践项目的专业匹配度与实践收获进行交叉分析发现，项目的专业匹配度对于实践收获具有显著影响。如表 2-1 所示，参与专业匹配度高的实践项目的学生，认为其在各方面收获"很大"和"较大"的比例明显高于参与专业匹配度低的实践项目的学生的比例，特别对专业意识和职业素养的提升方面尤为明显。通过对学生的进一步深度访谈发现，三岔镇岗位见习和社会调研等实践项目得到了学生的一致认可，学生大多能够将自身专业知识、才智学识放入民生实际中检验历练。实践基地开展的实践序列活动具有与专业匹配的特点，有利于自己发挥专业优势，在其相对熟悉的专业领域接受面向具体问题的综合性训练，有利于自己获得多方面的积极体验与能力积累，增强专业自信。

导师的支持和参与情况。① 调研发现，导师对于社会实践具有高支

---

① 此处的指导老师系三岔镇安排的实践指导老师，而不是指实践团队带队的专业指导老师。编者注。

持度、中指导度、低阻碍度的特点。根据调研，85.25%的同学表示导师支持自己参加社会实践，14.75%的同学表示导师对自己参加社会实践持"无所谓"态度，没有同学表示导师不支持自己参加实践活动。通过对比分析发现，导师的支持度对于博士生参与社会实践的意愿具有重要影响，得到导师支持的学生有94.23%表示愿意参加社会实践，而持"无所谓"和"不支持"态度的导师，其学生的参与意愿分别只有44.44%和0。调研还发现，有47.54%的导师在学生在实践期间会继续布置其他工作任务。从导师参与指导实践的情况来看，29.51%的学生表示在选择项目过程中得到了导师的指导，54.1%的学生在实践期间会与导师就实践情况进行沟通。从整体情况看，在社会实践中得到导师指导的学生认为实践收获"很大"和"较大"的比例分别为40%和26.67%，而没有得到导师指导的学生其收获"很大"和"较大"的比例只有15%和13.33%。进一步对这两组学生的调查表明，在思想素质、综合能力、职业素养、学科交叉和科研能力五个方面的收获情况，得到导师指导的学生认为在各方面实践收获"很大"和"较大"的比例均高于没有得到导师指导的学生。

三、思想政治教育专业学生对实践育人功能实现途径的调查①

关于社会实践功能的认知。调研对象中，有97.5%的人认为"必须参加"和"愿意尝试"。克里特量表统计分析表明，"对个人成长和发展有促进作用""社会实践是走进社会、服务社会的重要途径""与专业学习形成相互补充"得分分别为4.18、4.16、4.02。项目必要性评价均在4.02分以上。其中"专业实习""课程学习实践"和"公益活动"的认同度处于前列位置。调研对象对实践活动的功能有较为普遍的认同。参加实践活动的目的以提高实践能力和社会适应能力为主，同时涉及精神、情感、能力、物质等多元取向(参见表1)。

---

① 李金发，鄢万春.大学生社会实践育人功能实现途径的调查研究[J].国家教育行政学院学报，2013(5).

表1　　　　　　　　实践项目的必要性评价和项目功能认同度

实践项目		必要性评价		
		均值	标准差	方差
生产劳动实践	农业生产	3.66	0.772	0.596
	商业服务活动	3.72	0.777	0.604
	学校勤工俭学	3.84	0.879	0.773
	专业实习劳动	4.36	0.731	0.534
科学探索实践	课程学习实践	4.18	0.742	0.550
	社会调查	4.23	0.668	0.446
	学术竞赛活动	4.03	0.752	0.566
	科技发明	3.54	0.905	0.819
社会活动实践	军事训练	3.59	0.844	0.713
	学生管理服务	3.98	0.764	0.583
	创业类竞赛	3.87	0.763	0.583
	素质拓展活动	4.16	0.840	0.706
	基层活动("三下乡")	4.13	0.866	0.749
	公益活动(志愿服务)	4.28	0.839	0.704
	走访参观活动	4.25	0.767	0.589

　　参与社会实践的意愿与现状。社会实践活动中，学生表示比较感兴趣的均在20%及以上的比例，其中6项被选比例在30%以上，另有"三下乡""专业实习劳动""课程学习实践"等三项被选比例在55%以上。实际参与情况也比较积极，参与项目呈现多样化的特点。值得注意的是，参与意愿与实际参与情况比较而言，"商业服务活动""学术类竞赛

活动""创业类竞赛活动"三项差距较大，实际参与的人数比例较参与意愿人数比例低出12个左右的百分点。在组织形式方面，学生社会实践活动的参与意愿和实际参与情况呈现多样化特点。由"社会团体或企事业单位组织""学生社团组织""本专业教师组织"的社会实践活动，学生实际参与人数比例较拥有参与意愿的人数比例分别低出14.74、18.39、9.83个百分点。在参与同伴上，"和外校学生一起""和国际友人一起""和本专业教师或辅导员一起""和亲朋好友一起""和其他社会人士一起"开展社会实践活动，学生实际参与人数比例较拥有参与意愿的人数比例分别低出11.48、9.83、22.96、18.04、6.55个百分点。在参与时间上，对于"节假日""课程实习期间"，学生实际参与人数比例较拥有参与意愿的人数比例分别低出1.64 、9.83个百分点。"平时的周末"参与实践活动的学生多了13.11个百分点(参见表2)。

表2　　　　　　**各项实践活动的参与意愿与实际参与**

实践项目		实际参与情况			
		愿意	不愿意	愿意	不愿意
组织形式	自争取实践机会	29	32	21	40
	同学间自发组织	31	30	29	32
	本专业教师组织	40	21	34	27
	由学院统一组织	43	18	45	16
	市场中介组织	4	57	5	56
	国际国内学术机构组织	21	40	7	54
	学生社团组织	32	29	22	39
	社会团体或企事业单位	26	35	17	44
	其他	2	59	3	58

续表

实践项目		实际参与情况			
		愿意	不愿意	愿意	不愿意
团队构成	自一人前往	10	51	6	55
	班级同学一起	45	16	41	20
	本校同学一起	37	24	37	24
	和外校学生一起	16	45	9	52
	和教师或辅导员一起	37	24	23	38
	和社会人士一起	10	51	6	55
	和国际友人一起	10	51	4	57
	和亲朋好友一起	22	39	11	50
	其他	0	61	2	59
实践时间	课程实习期间	28	33	22	39
	一般课余时间都行	19	42	17	44
	平时的周末	17	44	25	36
	节假日	10	51	9	52
	寒暑假期间	53	8	46	15
	其他	0	61	1	60

对社会实践育人功能的评价。学生对社会实践育人功能有着较为积极的评价。有91.8%的学生认为"非常重要"和"比较重要",有6.56%的人认为"不是很重要",其余选择"一般重要"。问卷要求学生在各项具体的育人功能上选择不超过三个的较为突出的社会实践活动类别,各活动类别的比例高低参见表3。以表3中所列39项育人功能共计117个入选机会为基数,计算各项社会实践活动出现的频次比例,可得出被调查者对其功能显著性的评价概况。统计表明,在被访者看来,"志愿服务等社会公益活动""学生管理服务工作""专业实习劳动""课程学习实践"和"社会调查"育人功能发挥较为全面和深入,而"学校勤工俭学"

"创业类竞赛活动""科技发明""工农业生产""走访参观活动"的育人功能相对局限。前者的贴近性更强、学生参与广泛，后者或门槛较高，或互动性不强。学生们对改进和完善社会实践活动的期望较大，被认为育人功能较为显著的"专业实习劳动""课程学习实践""社会调查"在该题中的被选比例也较高。

表3　　　　　　　　学生社会实践活动功能实现的评价

生产劳动实践项目：工农业生产；商业服务活动；学校勤工俭学；专业实习劳动

科学探索实践项目：课程学习实践；社会调查；学术类竞赛活动；科技发明

社会活动实践项目：军事训练；学生管理和服务；创业类竞赛；素质拓展和文体活动；

下基层（"三下乡""四进社区"）；公益活动（志愿服务）；走访参观

1. 丰富知识结构

	比例前三选项				比例前三选项		
专业学术知识	4	5	7	对时代特点、国情社情的认识	6	2	13
人文、艺术类知识	6	12	5	对自己优、缺点的认识	4	5	10
对广大基层社区的了解	6	13	15/1	对他人性格特征的了解	10	12	6
对社会组织和团体的了解	6	2	10				

2. 提高能力素质

科学研究能力	7	8	5	分析和解决问题的能力	6	10	4
艺术鉴赏能力	12	15	4	与人和谐相处的能力	6	10	4
语言表达能力	6	10	2	对他人性格特征的了解	6	10	12
书面表达能力	6	5	4				

3. 培养思想情感

对专业或课程的热爱	4	5	7	对他人的认同和信任	10	6	3
对科学精神和人文精神的认同	8	7	4/5	对自己的接纳、认同和信任等	4	5	6
对广大基层群众的热爱	13	14	1	对社会主义事业的信念和信心	6	4	9
对基层管理干部的理解和尊敬	13	6	15	对党和政府的爱戴、信任	6	13	15
对国家和社会的责任感	6	13	8				

续表

4. 促进学生涯发展							
	比例前三选项				比例前三选项		
提高了专业素养	4	5	6	增添了欢笑和乐趣	14	4	5
加深对大学的理解	4	10	3	增强耐挫能力	4	5	6
更加明确奋斗目标	4	5	6	为职业发展提供经验	4	5	3/6
帮助建立良好人际关系	13	12	6	培养了良好的行为习惯	4	10	3/5
使自己每天更有成就感	5	4	7				
5. 增强学生组织活力							
提高组织凝聚力	10	6	12	提高了组织效率	4	10	5/6
培养了合作精神	6	4	13	提升了组织形象	5	4	6
增强了集体荣誉感	4	6	10/13	获得了学校和社会的赞誉	6	5	7/14
增强组织团结	6	10	4				

四、进一步加强学校实践基地育人的要求

从调研的整体情况看，学生对实践育人功能的认知全面、认同度高，参与意愿强烈，具有良好的主体意识和行为倾向，为实践育人功能的实现提供了基础。实践基地开展的系列实践活动在提高学生的思想品质、综合素质、专业能力等方面发挥了积极的作用，实现了学校实践育人的目标。调研也反映出一些问题。如，学生实践参与状况与参与意愿呈现多样化的特点，实践需求丰富多样。学生们更喜欢一些社会性、专业性强的实践项目，更希望实现实践基地育人活动的常态化，改变集中短训的情形。对此需要进一步完善实践基地建设机制，优化实践基地的育人环境，提升实践基地育人的质量和水平。其中最为关键的任务主要包括以下两个方面：

提升基地实践项目的匹配度及其社会化和专业化水平，引导学生积极主动地参与社会实践。实践意愿直接影响他们的实践收获，特别是一

些先验性的否定倾向对于实践效果的负面影响尤为突出。学生的学习意愿或学习态度往往来自于学生对教学内容与自身关系的认识，来自于学生对于必要性的情绪反应。调研和访谈发现，一些学生对于提高自身全面素质与自身未来发展的关系认识不足。由于实践项目的专业匹配度很大程度上影响学生在实践期间各方面的收获。因此，提高实践项目的匹配度，是进一步提升社会实践质量的重要抓手。社会实践项目的匹配过程涉及基地、院系、教师和学生形成合力才能将工作做好。一方面要加强对学生的指导，使之能够以专业眼光审视实践项目；一方面要通过更加科学的工作体系、更加规范的工作流程、更加精细的工作环节，做好基地、学院、指导老师和学生四方力量的协同，提升实践项目的供给能力和指导水平，进一步加强基地的建设管理，提高带队老师和实践指导老师对社会实践的重视程度，充分发挥校地对接的优势，发挥实践项目对于评先评优的激励作用，为学生提供更多专业对口且能承载实践育人功能的实践项目。

增强实践基地建设的社会支持，形成日常化、网络化、科学化的社会实践模式。学生是社会实践活动的参与者和受益者，但参与主体却是多元的，也是分散的，甚至是无意识的。专业课教师、德育教师到各种社会组织的管理者以及学生群体自身，都是实践育人功能实现的推动者。只有加强学生社会实践的顶层设计和制度安排，最大范围、最大限度增强活动参与各方的教育或自我教育意识，才能扩展社会实践的活动渠道，使学生的实践行为由自觉、自发走向自主、自省，全员、全方位地实现实践育人功能。当前，学校实践育人已告别粗放型的组织方式，学生对社会实践项目的数量、规模、层次、质量有着更高的期待和要求。只有加强校企合作、校地合作，引进信息化的资源平台和专业化的资源，实现科学研究、社会服务与人才培养的紧密结合，才能不断地革新学校社会实践的内容和方式，创新学术交流、社会服务、文化建设等社会实践项目，强化学校实践育人的功能，使学校实践育人活动更加贴近社会、贴近时代、贴近学生。

第三章 实习实训"六点合一"育人模式的理念

第一节 目标、意义与基本思路

中南民族大学马克思主义学院自 2008 年创办思想政治教育专业以来，一以贯之坚持立德树人目标，深入推进思政本科专业人才培养模式改革。该理念的提出源于 2012 年学院思政本科专业教学的改革，即由狠抓理论教学向注重理论教学与实践教学并举转变，突出人才培养方案中实践教学学分课时比重，强化实践育人的功能。经过近七年的探索与实践，总结出了民族院校思政本科专业实习实训"六点合一"育人理念。

一、目标和意义

通过创新实习实训实习工作方式，拓展实习实训工作内容，健全实习实训工作体系，不断推进大学生实践能力、创新精神和社会责任感的培养，解决好专业学习与社会实践的紧密融合、高校立德树人与社会发展需求的有机对接，使专业学生成为理想信念坚定、责任意识强、勇于担当的时代新人。

本理念的意义主要有以下四个方面：一是实习实训所提供的实践平台，有利于推动学生深入基层、认识社会、了解国情，加强理论与实际的联系，使学生做到"能说、能写、能干"，有利于提升学院人才培养质量和推进学生就业升学；二是有利于学院师生开展科学研究、理论宣讲、社会服务，实现产学研的有机结合；三是利用民族院校自身资源优势和特色，在民族地区和城市社区开展民族团结进步教育活动，有利于巩固和发展平等、团结、互助、和谐的社会主义民族关系；四是有利于扩大学校学院办学的社会影响力。

二、基本思路

围绕学生实习实训，由点到面，由面到整体，将学生实习实训基地由实习实训点逐步拓展升级为理论宣讲点、社情民意观测点、为民服务点、科学研究点和民族团结进步教育示范点，这些"点"从不同角度层面充分发挥实习实训基地在实践育人中的功能和作用，形成系统综合的育人体系，着力培养实习学生的综合素质能力。

顶岗实习育人。自 2013 年以来，学院思想政治教育本科学生分批到实习基地进行集中实习实训，实习时间不得少于 15 天，基本上实现了全员集中实习实训。为达到学生全员实习的要求，学院采取了分批次的顶岗实习方式，实习基地为每名实习学生匹配指导教师，实现一对一的指导方式。顶岗实习有着明确的职责和任务要求，虽有指导教师的支持，但需要实习学生独立地开展工作，对学生能力锻炼的作用很大，育人效果十分明显。几年来，参加基地实践的同学撰写实习日志 1 万余篇，调研报告 20 余篇。先后获国家级、省级和校级学生创新训练项目20 余项，校级优秀实践团队 5 个，省委讲师团优秀调研报告 3 篇，校级优秀实习生 20 人次。参加社会实践团队的学生考入 985 高校研究生的人数不断增加，报考地方公务员、选调生的成功率也不断提升。

理论宣讲育人。为提升实习实训育人质量，实习实训期间，学院每年邀请中共中央党校、清华大学、武汉大学、中国人民大学、中南民族大学、武汉市协和医院等单位的专家学者为实习点干部群众做十八大、十九大精神，社会主义核心价值观教育、法制教育，新农村社区建设，乡村振兴战略，现代农业，卫生健康等专题讲座，实习学生参与其中；与此同时，学院要求实习实训学生利用自身学科专业优势，成立宣讲小分队，结合实习基地实际，分赴机关、社区、学校、村组进行面对面的理论宣讲，在向基地干群宣传党的政策方针时，自我理论素养、表达能力、学习意识和政治觉悟不断增强。这两种理论宣讲形式相互补充，相互促进，使学生用科学的理论武装头脑，坚定理想信念。

社情民意观测育人。实习实训是学生深入基层、了解国情的重要途径，是人生步入社会的第一站，由"校园人"转变为"社会人"，也是教师将理论与实际相结合、实现立德树人的重要途径。实习实训师生在实习基地进行顶岗实习、社会调查、走访座谈、困难帮扶等活动，不断了解民情民意，增强责任感和使命感，从而进一步激发学习研究热情，明确人生目标和价值追求。

为民服务育人。学院为实习基地培训民族干部、社区干部，应邀派出专家为实习基地乡村战略振兴建设、全域旅游规划、学校教育和社区党建提供现场指导咨询等，为实习点建立理论宣传栏、农家书屋，提供电脑等办公用品，以及资助留守儿童、社区基础建设等，这些解决实习实训基地地方政府、企业、社区的经济社会发展需求的举措，进一步促进了校地互利互信，增强了实习实训基地单位对实习学生指导的热情，提升了实习学生的社会责任意识。实习实训工作机制运转顺畅高效，实习实训育人效果得到进一步加强。

科学研究育人。在实习实训方案中，学院特别重视专业学生的社会调查研究能力。实习学生在调查研究过程中，加深了对专业理论知识的理解和掌握，学会了必要的调查访谈方法，提高了学生的理论素养和专业技能，增强了学生的抗挫折能力，培养了学生的学科意识，提升了学生的专业自信。

民族团结进步教育活动育人。学院实习实训以习近平新时代中国特色社会主义思想为指导，结合民族院校实际，擦亮"民族"品牌底色，本着为少数民族和民族地区经济社会发展培养德智体美劳全面发展优秀人才的目标，坚持民族院校思政本科专业实习实训育人导向，实习师生通过民族文化进校园、进社区，庆"七一"文艺汇演、与少数民族留守儿童"结对子"、参观考察民族地区革命传统教育基地等活动形式，不断扩大民族团结宣传活动的影响力，在实习基地唱响民族团结进步好声音，讲好民族团结进步好故事，传播民族团结进步正能量，学生实习实训工作开展更有特色、更有成效。

第二节　相关成果及创新点

一、相关成果

构建了专业实习实训"六点合一"综合育人体系。实习实训基地被打造升级为学生实习实训点、理论宣讲点、社情民意观测点、为民服务点、专家学者研究点和民族团结进步教育示范点"六点合一"的育人综合体，这种育人体系不断成熟完善。

形成了系列优秀调研报告。从2013年以来，实习实训师生共撰写调研报告20余篇，其中1篇调研成果获得中办国办批示，3篇获得湖北省优秀学士学位论文。

提炼了"八个坚持"工作方法。带队老师在日常工作中要做好"八个坚持"：一是要坚持每日开一个工作感想交流会，每人都发言；二是坚持督促实习学生每日写一篇工作日志；三是坚持每日不定时不定点巡查；四是坚持与实习单位指导教师加强交流与回访；五是坚持为学生做好后勤服务工作；六是坚持指导学生进行调查研究和撰写新闻报道；七是坚持积极主动与学生、其他带队老师沟通；八是坚持遇事多汇报。

培育师生。1人获得湖北省委讲师团首席专家称号、3人入选湖北省高校马克思主义中青年理论家培育计划。学生获得各级各类创新创业课题20余项，11人次获得省级以上竞赛一、二、三等奖，多名学生考上"985"、"211"高校研究生，学院连续五年获得中南民族大学升学就业先进单位称号。

构筑了深化合作、互利共赢的长效机制。实习实训基地建设的好不好，长不长久，就在于是否共赢。要加强对参与实习实训工作指导教师的业务培训，为实习基地的指导教师颁发聘书，为实习基地的单位举办专家讲座、举办干部培训班、为实习基地单位经济社会发展所遇到的现实问题出谋划策，等等。这是有力推动实习基地单位提高指导积极性、主动性的有力抓手。加强与实习基地单位的日常往来，促进日常交流，构建畅通的回访机制，联络感情，增进了解，加强了互信。

二、理念的创新点

育人思路创新。结合民族院校实际，擦亮"民族"品牌底色，将本科专业实习实训点，逐步打造升级为学生实习实训点、理论宣讲点、社情民意观测点、为民服务点、专家学者研究点和民族团结进步教育示范点六点合一的育人综合体，将本科专业实习实训由单一的教学功能，向教学功能、实践功能与育人功能融为一体的思路转变；将实习实训工作由育人与基地单位党的建设相结合，推动地方精神文明建设，着力挖潜和彰显实习实训的功能"附加值"。

育人方法创新。为推进"六点合一"育人的综合功能，主要采取了以下方式方法：一是借力学院省部级科研基地平台，如"少数民族大学生思想教育研究中心"、"民族地区政策和社会发展研究中心"、湖北省中国特色社会主义理论研究中心中南民族大学研究基地、湖北省委讲师团"理论热点面对面"恩施市三岔口社区示范点等为本科专业实习实训工作提供智力支持和实践平台，助推实习实训育人效果和质量。二是校地合作开展科学研究，在推进产学研有机衔接和成果转化过程中，充分发挥实习实训基地在人才培养中的重要作用。如对基层党组织建设、城镇化发展、民间文化挖掘整理、三农问题、社区与农村思想政治工作、社会主义核心价值观培育与践行、生态环境保护等的调查研究，较好地解决了实习教学需求与实习单位需求相互脱节、大学生创新创业能力培养与经济社会发展需求脱节的矛盾。三是提升实习育人效果，对基地指导教师颁发聘书。学生的实习实训效果怎么样，很大程度上有赖于实习基地指导老师的主动性和积极性。对指导教师颁发聘书，是一种荣誉，可以激发他们尽心指导、积极指导，形成和谐共生的"师徒关系"，提升育人效果。

育人机制创新。建立学院与地方政府、企业、社区、学校分工合作、共同管理、共建共享的实习基地组织管理体系。双方分别成立实习领导小组和实习管理机构，建立实习教学和人才培养合作的长效机制；邀请基地的专家参与制定实习实训培养方案和教学计划，建设实习实训课程体系，设计实习实训教学内容；共同组建实习实训教师队伍，由基地经验丰富的专业技术人员和高级管理人员担任实习指导教师，并定期到我校讲学或接受培训；基地定期接受我校师生到基地挂职锻炼或顶岗工作，提高我校师生的实践能力等。

第三节　成果的推广应用

一是实现了理论与实际的结合，增强了学生的综合能力，提高了人才的培养质量。在实习实训的具体工作中，学生向基地指导老师、向干部群众学习的过程中，极大地提高了自我的综合能力。事实证明，参加过集中实习实训的同学，其科研能力、交往能力、写作能力、表达能力、思维方式、为人处事等方面等到了很好的锻炼。近九年来，实习学生撰写实习日志1万余篇，撰写调研报告20余篇，获得国家级、省部级和校级创新创业课题20余项。在县市宣传网、《恩施日报》、《黄石日报》、《中国民族报》、《光明日报》客户端等发表新闻稿和随笔文章共计100余篇。这些能力的培养为学生就业择业能力提升打下了良好的基础，尤其是在考研、考公务员、教师的面试环节中取得了不错的成绩，近八年考研年均录取率为32.32%，96.15%的用人单位对我院毕业生的工作表现评价较高。2013—2017年连续五年被评为中南民族大学毕业生就业工作先进单位。因此，在实习中把理论与实际结合，使学生的知识结构得到合理调整，思想品德得到锤炼，专业意识和专业自信得到增强，更加坚定了其社会责任感与历史使命感。经过七届学生实习实训的实践来看，这种效果十分明显。

二是实现了校地结合，学校服务社会的好路子。实习实训点的师生、专家学者紧紧围绕地方基层党建、意识形态安全、城镇化发展、民间文化挖掘整理、乡村战略振兴、社区治理、社会主义核心价值观培育与践行、生态环境保护等方面的需求，积极深入街头田间进行走访调研，开展专题讲座、项目指导、座谈访谈、慰问帮扶、文艺汇演等丰富多彩的实习实践活动，在宣传党的政策和理论的同时，为民族地区社会经济发展提供智力与物质支持，深受当地群众欢迎，使实习点成为学生实习实训点、理论宣传点、为民服务点、社情民意观测点、专家学者研究点和民族团结进步教育示范点，真正实现了"六点统一"。

三是实习实训产生了良好的社会影响。本成果经过近五年的实践探索与经验提炼，逐渐形成实习实训工作体系化、模式化。中南民族大学教务处在校友邦实践教学平台宣传学院实习实训工作特色，并向校内其他学院推广；部分高校如贵州财经大学、北方民族大学、四川外国语大学、湖南人文科技学院、湖北经济学院、九江学院、三明学院、海南热带海洋学院的马克思主义学院等来我院交流借鉴实习实训工作经验。国家部委、省市相关报刊、网络如中国民族报、中国社会科学网等宣传介绍我院实习成果经验；实习实训基地恩施市三岔口社区连续五年获得了湖北省委讲师团"理论热点面对面"优秀示范点。

中　篇

第四章 实习实训

马克思主义学院专业实习经历了由分散实习为主，发展到集中实习为主、分散实习为辅、再到全员集中实习的过程。自 2013 年以来，马克思主义学院思想政治教育本科学生分批次到实习基地进行集中实习实训，实习时间基本控制在 15 至 20 天范围内。学院为每个实习小组指派 1~2 名带队老师，实习基地为每名实习学生匹配指导教师，实现一对一的指导方式。学生的实习实训采取顶岗实习的方式。顶岗实习有着明确的职责和任务要求，虽有指导教师的支持，但需要实习学生独立地开展工作，对学生能力的锻炼作用很大，育人效果十分明显。自 2013 年以来，各个实习点的实习实践活动开展得丰富多彩，现选取部分实习实训活动情况进行简要的介绍。

第一节 恩施市三岔镇实习实训

我院实习实训队伍进驻恩施市三岔乡

发布时间：2013-06-28

6 月 24 日上午，在董杰、朱磊两位老师的带队下，我院 2010 级思想政治教育专业首批 12 名学生正式进驻恩施市三岔乡实习实训基地，双方就如何开展首批实习实训举行了简短而又热烈的座谈会。恩施市市委宣传部理论研究室向成娥主任、三岔乡党政职能部门、三岔口社区负责人以及村干部共 20 多人参加了座谈。

　　简单的欢迎仪式过后，我院思想政治教育教研室主任董杰老师对我院实习实训学生的基本情况、组织纪律问题、工作责任心问题、安全问题、科学研究问题、三岔口社区"理论热点面对面"建设以及近期专家讲座等问题作了说明。实习队员们也都做了自我介绍。三岔乡党委书记、人大主席彭必武同志对同学们的到来表示欢迎，希望同学们能在农村工作形态转变的大环境下，立足基层，在实习实训过程中认真思考，努力提高自身的思想认识和业务水平。

实习实训队伍进驻恩施市三岔乡座谈会

　　会后，各实习实训队员与自己实习所在部门领导——见面，实现了顺利对接。

　　我院党委、行政高度重视思想政治教育本科专业实习实训基地建设，于 5 月 11 日签署了三岔乡实习实训基地按建设协议。按照我院计划，第一批实习实训队员将开展为期 15 天的实习锻炼，并将广泛开展城镇化、民族民间文化、社会主义核心价值体系建设、社区建设等相关课题调研实践活动。

（编辑：董杰　来源：中南民族大学马克思主义学院）

马克思主义学院实习实训队深入三岔口社区开展调研活动

发布时间：2013-07-08

6月29日上午，马克思主义学院2010级思想政治教育专业本科学生实习实训队深入三岔口社区，就中国特色社会主义理论宣传与社区文化建设活动开展情况进行调研。

队员在讲解调查问卷

在调研活动过程中，同学们深入大街小巷，挨家挨户发放调查问卷，得到当地群众的积极配合与支持。同学们一边发放问卷，一边为群众耐心讲解，使他们对中国特色社会主义理论体系的基本内容，对社区文化建设重要意义的理解更为全面、深入。"纸上得来终觉浅，绝知此事要躬行"，深入基层、直面群众的社会实践活动，使同学们收获颇多，既为三岔人民的淳朴热情所感动，也对如何推进中国特色社会主义理论大众化，如何使基层社区文化活动更加贴近群众，有了更深入的思考。

据悉，为进一步做好三岔乡"理论热点面对面"示范点建设，使基层理论宣传教育和社区文化建设更具针对性与实效性，马克思主义学院发起了此次调研。本次调研的目的一方面是了解群众对中国特色社会主

群众认真阅读调查问卷

义理论的认知程度与获知途径，另一方面是了解社区文化建设活动开展的情况及其面临的问题。

（编辑：雷依　来源：中南民族大学马克思主义学院）

马克思主义学院实习实训队
拜访湖北省三才板非物质文化遗产传承人

发布时间：2013-07-08

近日，马克思主义学院三岔乡实践队慕名来到恩施"三才板"代表性传承人杨洪顺家中，体验非物质文化遗产的魅力。

队员们学习表演要点

杨老热情接待了来访的实践队成员。为使大家进一步感受传统文化的独特魅力，杨老不顾年近七旬，即兴表演了一段"三才板"和莲香剧目。大家对杨老的艺术造诣赞不绝口，还在杨老的指导下学习了"三才板"和莲香的表演要点。在交流中，同学们为杨老"德艺双馨"的艺术品格深深打动，并对民间非物质文化遗产的形成与现状有了更深刻的认识。

与杨洪顺先生的合影

此次走访，大家真切体会到了土家民间艺术的博大精深，也感受到了保护民间艺术的责任与使命。

（编辑：雷依　来源：中南民族大学马克思主义学院）

三岔乡实习实训学员的"灿烂周末"

发布时间：2013-07-15

7月13日，我院三岔实习实训队第二批学员在阎院长及指导老师的带领下，在三岔口社区及周边农村地区，开展了关于"三农"问题的系列调研活动。

调研分两个小组进行。一组由阎院长和三岔口社区曾书记带队，深入到农村干部群众家中进行了走访。面对农村基层干部、贫困户、蔬菜大户、农家乐老板、生猪养殖大户，调研组通过访谈、汇报、宣讲等形式，认真倾听了农民反映的生活中遇到的困难，分享了新型农民创业致富的经验智慧，深入了解了农民发展的愿望、农村发展的实情、农业发展的成就，并在调研中积极宣讲了党的新农村建设的政策。另一组由张涛华老师带队，围绕三岔口社区建设的现状进行了问卷调查，初步积累了关于农村社区建设研究的重要资料。通过调研活动，同学们认识到，深入农村，真实地了解到农村建设的实际情况，有利于更好地认识农村及农村工作，在丰富人生阅历的同时锻炼了人际交流、社会调研的能力。

7月14日下午，第二批学员在三岔乡政府灯光球场组织了一场别致的篮球友谊赛。邓纯余老师带领的"邓队"与张涛华老师带领的"张队"进行了生动活泼的PK。比赛中，队员们各显风采，尤其是女队员们，巾帼不畏须眉，刚柔并济，现场高潮不断。比赛增强了同学们的团队合作精神，加强了师生之间的情感交流，增进了师生之间的友谊。

"灿烂周末"，精彩华章！

（编辑：王忠丽　来源：中南民族大学马克思主义学院）

走进三岔小学作励志演讲

发布时间：2014-07-03

7月2日下午，碧空如洗。中南民族大学马克思主义学院"筑梦三岔"实习实训团队来到三岔乡中心小学开展励志演讲活动。团队成员许玮捷、姜昱洲与学校200多名学生分享了他们的成长故事，激励山村的孩子们勇于追梦。生动的故事，动情的演说，使孩子们懂得了如何学会坚持，怎样拥有自信，如何培养兴趣。

走进三岔小学

实习实训团队还为三岔小学的师生奉献了精美的民族音乐和舞蹈。蓝天下，沐浴着雨后骄阳，操场上一场大学生和小朋友的集体舞蹈生动地演绎着"手拉手、心连心、共成长"，这一份浓情爱意已然在孩子们和实习实训团队成员的心中铸就永恒！

在三岔小学开展活动

此次活动是"我与三岔面对面"实践项目方案的重要组成部分。活动得到了三岔乡政府、三岔小学领导的支持和帮助。

（编辑：黄萍　王秋葵　来源：中南民族大学马克思主义学院）

马克思主义学院三岔实践团队交接大会圆满完成

发布时间：2014-07-10

2014年7月8日是个值得纪念的日子，中南民族大学马克思主义学院三岔实践一队"筑梦三岔"团队完成了为期半个月的实习，第二队"初行者"团队也在当日到达恩施市三岔乡，短暂热情的寒暄过后，两队在所住地客厅开展了交接大会。会议由一队带队老师邓纯余、二队带队老师张春枝、张燚主持，学生代表姜煜洲、黄萍等发言。

会议在轻松、融洽的气氛里开始。邓老师用他一贯的淡定幽默的口吻，为二队分享了这半个月带队实习的宝贵经验，开门见山提到的就是安全问题。安全大于天，不论是交通还是饮食都要万分留意。其次是与同学们切身相关的实习的目的问题，用三个字来总结就是看、听、做。

一队与二队成员在三岔乡政府门口合影留念

要以专业之眼看全看透；要真正把领导干部、乡亲以及带队老师的话谨记于心，时刻把团队精神放在首位；要明确自己的担子，认真完成上级交给的任务。邓老师还提醒大家，三岔乡是我院理论热点面对面社情民意观察点，师生们要注意这方面的调查实践。

学生代表们随后分享了他们的实习经验。比起半个月前，同学们发言时普遍落落大方，逻辑清晰，条理分明，这让二队的同学切实感受到了实习给同学们带来的进步，也更让二队的同学对接下来的实习工作多了几分期许。一队成员面对许久未见的同学，还分享了很多在实习过程里发生的趣事。这从一个侧面也反映了这半个月的相处，同学的关系更加亲密了。

作为思政专业的学子，要学会有意识有目的地践行自身，把所学所获在实践中历练，以期得到更进一层次的提高。筑梦三岔，未来因梦而精彩；初行者，初行大不同，我路我做主！愿二队能延续一队优良作风，发挥马院学子精神，在三岔走好踏入社会的第一步！

（编辑：熊贵雨　来源：中南民族大学马克思主义学院）

67

马克思主义学院"思想先锋队"
三岔乡实习基地实习活动正式启动

发布时间：2015-06-30

"热烈欢迎，中南民族大学马克思主义学院的同学们到三岔乡进行实习!"6月24日上午，中南民族大学马克思主义学院"思想先锋队"三岔乡实习基地实习活动于三岔乡政府正式启动，三岔乡的汪盛松乡长、欧顺权主任出席了本次启动会议，出席本次启动会议的还有：中南民族大学马克思主义学院的张涛华老师、邓纯余老师及参加实习的"思想先锋队"的全体队员。

会议中，同学们依次进行自我介绍，汪盛松乡长根据每个人的特长，对同学们的工作进行分工，同时他还对参加实习的同学们提出了四个方面的注意事项：第一，不管组织什么活动，要以"理论热点面对面"为中心，同学们要积极参与；第二，有什么困难，及时沟通，保障沟通渠道畅通；第三，工作和生活中注意安全，一方面是交通安全，一方面是小心虫、蛇等；第四，严格遵守作息时间，节约用水用电。欧顺权主任又向大家讲述了饮食方面的事宜。

中南民族大学的张涛华老师和邓纯余老师向参加实习的同学们提出相应的要求，张涛华老师首先介绍了本次实习学生的基本情况，有学生会主要干部、学院助理等，同时也提出了一切行动听指挥的要求。邓纯余老师主要强调了三点：第一，感谢。感谢三岔乡政府提供的宝贵的实习机会，感谢三岔乡政府和人民的热情款待。第二，珍惜。珍惜实习机会，珍惜与指导老师的情缘，和指导老师无缝工作。第三，努力。全面发展自己，做好分内之事，完满完成好学校老师和指导老师的工作。

会上，中南民族大学马克思主义学院的老师与三岔乡政府领导共同向各位指导老师颁发聘书。

（编辑：唐栋梁 来源：中南民族大学马克思主义学院）

我院"思想先锋"实习团队参观土家族博物馆、土家女儿城
发布时间：2015-07-02

6月28日，我院2012级师生组成的"思想先锋队"在恩施市参观了土家族博物馆、土家女儿城，深入了解土家文化。

参观土家女儿城

当天，中南民大实习团队来到恩施市后，分别参观了中国土家族博物馆、恩施州博物馆、土家女儿城。在博物馆，通过博物馆讲解员的讲解和馆内陈列的展品和文物，同学们熟悉了恩施土家文化发展的历史轨迹。在女儿城，同学们了解到农历7月12日，女儿城将举办土家族女儿相亲会，这被誉为"东方情人节"的土家女儿会将继续被传承。

此次活动同学们通过参观、实地体验，感受了土家悠久的历史文化，领略了别样的民族风情。

（编辑：詹丽娟　来源：中南民族大学马克思主义学院）

感受农村基层党建与社会治理的一次生动实践
——记"思想先锋"实习团队参加三岔乡党建 94 周年大会
发布时间：2015-07-02

7 月 1 日，"思想先锋"实习团队在恩施参加了三岔乡庆祝中国共产党建党 94 周年大会。会上，乡党委政府领导进行了优秀共产党员、先进党员标兵的表彰大会，并就"三严三实"进行了主题汇报。

三岔乡召开庆祝建党 94 周年大会

同学们通过参加本次党建大会，感受了乡党委报告的生动、深刻，以及农村基层大会矫健的步伐。两位退休老党员的事迹亲切感人，让我们理解了一名共产党员必须诚心履职，做好本职工作，下决心排难，精心破解工作中的难题，自觉践行社会主义核心价值观。会议最后，乡党委政府就下一阶段精准扶贫、"六五"普法验收、农村"小五长"突出信访问题治理、土地确权以及整治无事酒等当前重点工作进行了安排部署。

整个会议紧张有序，对相关工作部署严密而细致，让我们感受到了中国社会现代化的前景，聆听到了基层老党员的感人事迹，倾听到了民族地区治理的声音。

"思想先锋"实习团队的部分队员担任了本次会议的组织、新闻、后勤服务等工作。

（编辑：唐栋梁 来源：中南民族大学马克思主义学院）

"思想先锋队"亲近乡村

发布时间：2015-07-02

"毛主席教导我们说，知识青年到农村去!"在激昂的音乐声中，6月27日，中南民族大学马克思主义学院2012级师生们组成的"思想先锋"实习团队深入乡村，体现农家风情，感受农村生活。

同学们在田间除草

实习团队到田间地头跟村民亲切交谈，在玉米种植地中同村们详细了解当地农业种植、农业结构等情况。同学们还饶有趣味地开展了田野劳动，帮助村民挖洋芋，在花生地除杂草，体验了一下真实的农村生活。通过劳动，大家都体会到劳动的快乐，感触颇深。

"思想先锋"小分队还深入农户家中，了解当地空巢老人、留守儿童的生活现状。

"思想先锋"小队深入农户交

通过本次亲近乡村活动，同学们对农村生活有了亲身体会，对农村地区空巢老人、留守儿童问题有了更深刻的认识。

(编辑：唐栋梁 王徐雪 来源：中南民族大学马克思主义学院)

我院师生抵达恩施三岔开展实习工作

发布时间：2016-06-24

6月21日，三岔乡迎来中南民族大学马克思主义学院的第四批实习生。此次参加培训的实习生共计23名，他们将被分配到茅坝村、乡精准扶贫办等村(居)和乡镇单位进行为期20天的实习工作。

在召开的交流会上，三岔乡党委宣传(统战)委员、副乡长王安胜同志代表三岔乡人民政府欢迎各位实习生的到来，并结合三岔乡近阶段工

作部署对实习活动提成了具体要求。我院实习带队老师邓纯余老师勉励各位学生要常怀感恩之心，安心工作，服从安排，积极培养社会实践能力。

王胜安提出此次实习，是"学"和"做"的有机结合。三岔乡会在安全上保障好、生活上照顾好到三岔来实习的学生，同时也希望各位实习生在工作上踏踏实实做事，勤勤恳恳工作，勤学习，带着问题去思考。通过这次实习工作锻炼自己、提高自己，学习"团结、务实、传承、高远"的三岔精神。在自己的人生上添上浓墨重彩的一笔。

见面会上，各单位实习指导老师与同学们进行了初步沟通交流。

（编辑：耿嘉、熊壮 来源：中南民族大学马克思主义学院）

副校长赴恩施三岔镇慰问实习实训师生

发布时间：2017-07-05

7月3日下午，中南民族大学副校长、恩施州人民政府副州长李俊杰赴恩施三岔镇慰问实习实训的师生一行人，并就高校与地方的合作与发展同三岔人民政府干部进行深入的交流。一方面，他对同学们明显的进步感到欣慰；另一方面，他对同学们提出新的要求，不仅要在三岔实习与学习，更要把三岔的新理念、新模式、新发展传播出去，把理论运用于实践当中。同时，他强调，要把中南民族大学在三岔镇驻点的实习实训基地与"理论热点面对面"示范点提升到更高水平。

（编辑：谢青蝶 来源：中南民族大学马克思主义学院）

学院领导带队赴三岔慰问实习实训师生

发布时间：2018-07-05

6月30日，我院杨金洲院长、张瑞敏老师、张燚老师一行五人专程赴三岔镇政府，慰问我院实习实训师生，与各位师生座谈交流。

在座谈会上，同学们依次讲述参加实习实训以来在基层工作的所见所闻所感，表示在过去一段时间内的实习收获很大、感受很深，并会在接下来的时间内认真向乡镇领导干部群众学习，努力将自身所学专业知识与基层实际相结合。院长杨金洲在听取了同学们的汇报后作了发言，他对三岔镇领导给予实习实训师生的关心和帮助表示感谢，对学生们的进步感到由衷的高兴。

杨院长希望同学们珍惜实习机会，更深入地扎根于三岔镇党建与精准扶贫具体工作中，认真细致、保质保量完成任务，及时记录、总结交流思考，提高自己的学习与研究能力，维护学校形象，遵守纪律，顺利返校。

（编辑：杨玉婷　仁青卓玛　来源：中南民族大学马克思主义学院）

2015级思政专业暑期实习实训工作有序开展

发布时间：2018-07-20

2015级暑期集中实习工作于6月25日至7月10日间开展。实习师生开赴恩施市三岔镇实习基地进行为期半个月的实习实训。暑期实习实训工作适逢建党九十七周年，各实习分队师生都积极投入所在基层党组织的党建工作，在实践学习的同时加强党性修养，提高政治觉悟。

杨胜才副校长一行在三岔镇实习基地与实习师生座谈

　　三岔镇实习分队全体师生积极投入该镇开展的"不忘初心，牢记使命"纪念建党九十七周年系列党建活动。通过烈士陵园缅怀先烈、红歌声中颂党恩、书写纯正党风等活动，在革命传统教育中传承红色基因，铭记革命精神。实习期间学生们积极协助基层干部进行精准扶贫入户调查、危房改造明白卡发放、易地扶贫信息录入等工作。杨胜才副校长、杨金洲院长等人赴三岔镇对实习学生进行了慰问，并提出工作要求，希望学生们将理论与实践相结合，向基层干部学习，向群众学习。

（编辑：彭伟 来源：中南民族大学马克思主义学院）

我院 2016 级学生到恩施三岔镇开展实习实训活动

发布时间：2019-07-02

　　6 月 24 日，我院带队老师米霞，覃小林带领 2016 级 15 名本科生前往恩施三岔镇开展毕业实习实训工作。当晚，三岔镇武装部部长陈佳主持召开实习工作指导会议，镇党委书记查忠权出席此次会议。

陈佳部长代表三岔镇党政领导班子对我院实习队师生的到来表示欢迎，他指出今年是三岔镇脱贫攻坚，全面建成小康社会的决胜阶段，希望实习小分队一切听从指挥，服从领导，协助开展乡风文明引领活动。覃小林老师作为带队老师发言，希望同学们珍惜三岔镇政府提供的实习平台，认真踏实，创造性开展工作。三岔镇党委书记查忠权在发言中对实习小分队提出殷切希望，鼓励大家积极主动开展工作，提升和锻炼各方面的能力。我院实习学生纷纷表示自己将下定决心在实习工作中服从组织安排，认真工作，在三岔镇"扣好人生的第一颗扣子"。

6月25日上午，我院实习队员郑玥、贺丹跟随三岔燕子坝村支部

副书记、纪检书记王仲新下乡走访，对燕子坝村贫困户进行户底摸查，深入了解贫困户家庭情况。

6月25日下午，我院实习队员黄春丽、张翔跟随党政办主任吴伦鑫，联络员胡艳萍先后前往王家村、燕子坝，对各村村委电子政务平台的建立情况及过程中出现的问题进行排查。

　　6月26日，茅坝村商书记与有关干部为获悉预建机场气候观测站所占村民树木数量，前往二龙寺地区进行树木统计，我院实习队员邓志坤一同前往。

　　6月26日，我院实习队员在燕子坝村委会参加村民协调会议，学习做调解工作。

　　6月26日，我院实习队员孟恩希跟随三岔镇三岔口社区居委会委

员舒覃宗吐走访了水井槽组的几户农家，排查厕所安装问题。

6月27日，我院实习队员邹欢通过社区居委会的联系，走访三岔口社区水井槽组的"好婆媳"胡茂珍与吴伦艳，对和谐社区、和谐家庭、和谐人际关系的构建进行调研。

（编辑：冯晓露、韦宇薇　来源：中南民族大学马克思主义学院）

第二节　阳新县半壁山农场实习实训

学院召开2014年本科生毕业实习动员会

发布时间：2014-06-25

6月20日上午，马克思主义学院2014年本科生毕业实习动员会在文一楼411报告厅举行。党委书记李从浩、院长阎占定、副院长张瑞敏和赵继伟、党委副书记刘红娟等学院领导集体出席了动员会，大会由刘红娟副书记主持，思想政治教育专业教研室全体教师和学院2011级本科生参加了大会。

大会首先由赵继伟副院长宣读实习分组名单并做作动员报告，报告认为，实习是同学们检验所学知识和提高自身才干的重要过程，是理论同实践相结合的重要契机。大家要在保障日常衣食住行等方面安全基础上，牢固树立纪律意识和责任意识，谦虚学习，努力工作，"听话，出活，开创性地工作，为实习实训基地带去新气象、新活力"。

院长阎占定对 2013 年的实习工作进行了回顾和小结，对学院 2014届毕业生考研就业的形势进行了传达，鼓励大家在实习中提高自身综合素质，增强就业能力，把 2014 年的学生实习以及湖北省"理论热点面对面"示范点的建设工作做好。

党委书记李从浩对实习的具体组织提了工作要求。他要求学生们做好"转角色、转作风、转思想"三个转变，要从学生转变为社会人，变"骄娇二气"为脚踏实地，以学习的态度多看多思；要求带队教师以身作则，严加管理，确保实习工作的开展安全、愉快而又富有成效。在 2013 年实习工作中，学院各族学生纷纷扎根基层，开展村和社区助理、基层调研、文化宣传和交流等丰富多样的活动，获得了高度的社会评价。2014 年，作为校唯一统一安排学生毕业实习的人文社科学院，学院党委行政立足人才培养，花大力气重点建设了恩施三岔乡、阳新半壁山农场和长阳县委党校三个实习实训点，期待取得更好的成绩。

（编辑：罗高峰　来源：中南民族大学马克思主义学院）

我院赴阳新半壁山农场洽谈实习实训事宜

发布时间：2014-05-20

近日，为进一步加强我院思想政治教育本科专业学生实习实训基地建设，提升学院的专业建设水平和服务社会的能力，院党委副书记刘红娟、副院长赵继伟、思想政治教育教研室董杰、张涛华、邓纯余等老师赴黄石市阳新县半壁山农场洽谈我院本科生实习实训基地建设事宜。

半壁山农场场长、党委书记尹孝燃、副场长、党委副书记毛卫平等领导对我院老师的到来进行了热情接待。毛卫平副书记首先向马克思主义学院领导和老师介绍了半壁山农场的基本地理概貌和社会经济发展情况，并带领我院老师参观了网湖、半壁山古遗址等当地人文景观。随后，双方就合作建设中南民族大学马克思主义学院大学生实习实训基地进行了洽谈，并达成了基本共识。

半壁山农场建于 1960 年，是老一辈农垦人响应党的号召，在渺无人烟的荒野上舍生忘死，筑堤造田，筚路蓝缕，拓垦荒原的时代杰作。50 多年来，农场不断稳固农业的基础地位，形成了现代农场的田园化格局，按照区域化、专业化、企业化、市场化的现代农业发展要求，建立了粮棉油、水产、水果、蔬菜等具有一定规模的生产基地，培育了一大批农业专业生产大户，初步形成了农林牧渔全面发展，种、养、加、销一条龙，农、工、贸一体化的经济格局。

半壁山农场丰富的历史文化、光辉的发展历程，优美的田园风光，强劲的改革活力，是开展大学生社会实践活动，提升专业素质和思想能力的丰富而宝贵的资源。遴选半壁山农场作为大学生实习实训基地，有利于进一步丰富我院大学生实践基地的类型，拓展思想政治教育专业建设的发展空间。

（编辑：邓纯余 来源：中南民族大学马克思主义学院）

我院学生实习实训队进驻阳新县半壁山农场

发布时间：2014-06-25

6 月 23 日上午，在张瑞敏副院长、刘红娟副书记及董杰老师的带队下，我院 2011 级思想政治教育专业 10 名学生进驻黄石市阳新县半壁山农场实习实训基地开展为期 15 天的毕业实习。半壁山农场党委书记、场长尹孝然，副书记、副场长毛卫平等党政领导热情接待了我院师生一行。双方首先就如何开展实习工作进行了简短的交流。刘红娟副书记、张瑞敏副院长首先代表学院对实习实训基地的建立向半壁山农场党委、政府表示感谢，接着依次对我院学生实习实训期间如何融入当地群众生产生活，如何遵守基层政府组织纪律、工作纪律，如何增强自我安全意识及其按质按量完成调查研究等问题作了详细的说明。

毛卫平副书记对同学们的到来表示热烈欢迎，希望同学们能够尽快适应农村基层工作，转换大学生角色，尽快融入社会，在实习实训过程中努力提高自身思想认识与实践能力，做到学有所获。同时，毛书记围绕半壁山农场近期私房摸底统计、危房改造、户籍排查、城镇文化建设、宣传栏创办、提炼村规民约等工作对同学们的实习岗位、实习工作以及实习要求做了具体详细的部署。会议完后，我院与半壁山农场举行了实习实训基地授牌仪式。

我院党委行政高度重视思想政治教育本科专业毕业实习实训工作。目前，我院共建立了恩施市三岔乡、阳新县半壁山农场、长阳县委党校三个毕业实习实训基地，满足了我院绝大部分本科学生毕业实习的要求。半壁山农场实习实训基地的建立对于进一步丰富我院毕业实习实训基地类型，拓宽学生深入基层，了解社情民意渠道，提升学生专业能力和社会实践能力，促进大学生成长成才将具有十分积极的作用。

（编辑：蒋再敬 来源：中南民族大学马克思主义学院）

"红红脸、排排毒"：我院实习学生参加半壁山农场民主生活会

发布时间：2014-06-30

6月26日，适逢半壁山农场开展民主生活会，我院10名实习学生受邀分别参加了半壁山农场相关职能部门、各大队、街道居委会的民主生活会。

会上，党员们在进行批评与自我批评时，剖析十分全面、深刻。在谈及农场的环境治理、饮水水质、财务公开、政策执行等问题，对农场领导班子的工作方式、作风提出了批评和建议。老党员一致认为，半壁山从一片芦苇荡、沼泽地发展到现在的万亩良田，农场的开拓者们付出了几代人的青春热血，并表示"任何时间，任何地方，只要农场对我们这一批人有需要，我们每一个同志都会毫不犹豫地挺身而出！

我院部分学生在会上发言。在盛家湾大队民主生活会上，作为一名年轻党员，罗艳林同学通过批评与自我批评，指出自身还存在许多不足，应积极向老领导、老干部学习，尤其要坚持群众路线，在工作中做一名合格党员。王丹丹同学作为一名入党积极分子，深信老党员们的农场精神将指导自己逐步走向党的怀抱。在梅家墩大队民主生活会上，何

基生同学认为开民主生活会的目的是通过批评与自我批评的形式进行思想上的交流，以此促进内部团结。在马家坨大队民主生活会上，吴汇玲同学认为当地党员群众对农场具有深厚感情，深刻地感受到群众有话敢说，有处可说。

同学们通过参加半壁山农场各单位的民主生活会，体会到了基层工作的繁杂和艰辛，感受很多，纷纷表示要向农场老干部、老党员们无私奉献、敢于担当的精神学习，认为如何做到理论联系实际，如何发扬集体在前、个人在后的奉献精神，如何提高"能说、能写、能干"的社会实践能力，值得当代大学生深思。

据悉，半壁山农场民主生活会每年在全场范围内集中开展两次，目的主要是让党员、干部进行批评与自我批评，切实贯彻党的群众路线，不断改进工作作风。

（编辑：罗艳林 王丹丹 何基生 吴汇玲　来源：中南民族大学马克思主义学院）

千言万语化作一路顺风
——我院实习师生与半壁山农场共同举办联谊欢送晚会
发布时间：2014-07-10

7月6日晚7点，我院实习师生与半壁山农场共同举办了一场简朴而又隆重的联谊欢送晚会。半壁山农场党政领导班子全体成员、机关干部、各大队支书、主任参加晚会并演出节目，农场老党员、群众代表等数百人到场观看。

晚会演出现场，半壁山农场尹孝然书记、毛卫平副书记、冯祥星副书记分别对我院学子在实习期间的表现给予了高度评价，并一一通过演唱表达祝福。我院学生陈运鹏、何基生一首《父亲》的演唱，情真意切，借以感谢实习期间农场长辈们父亲般的关怀；董杰老师与王丹丹同学的诗朗诵《半壁山，我向你走来》，通过讴歌半壁山农场的历史、人文、自然风光及其现实追梦，表达了对半壁山农场的依依不舍和深深祝福；蒋再敬等7人自编自演的广场舞《小苹果》青春四射，为晚会带来无限

联谊欢送晚会

欢乐气氛。在众多节目中，我院师生共同参与演出的《竹竿舞》活力十足，引来阵阵热烈的掌声，并在与农场各位领导上台学跳竹竿舞的互动形式中，将晚会推向高潮。

晚会最后，我院学生共同演唱《明天会更好》。人生之路漫长遥远，我们要做的还有很多，不管昨天与今天过得如何，我们都要祝愿明天会更好，祝愿半壁山农场明天会更好，也祝愿马院全体师生明天会更好。

在 15 天的实习期间，我院学生协助农场工作人员进行了六个大队和一个街道居委会的下乡入户调查，涉及人口 7000 余人，参加了基层民主生活会、建党 93 周年庆祝大会，同时筹划设计了半壁山农场宣传栏。我院董杰老师还为农场全体党员干部上过一次党课。15 天的时间虽然短暂却很宝贵，同学们在亲身的基层工作体验中收获很多，并与半壁山农场的领导、群众们结下了深厚的友谊。

据悉，半壁山农场还将挑选部分实习生活照片，制作成精美的影集作为礼物赠送我院实习师生。

（编辑：蒋再敬　来源：中南民族大学马克思主义学院）

阳新县半壁山农场实习实训剪影

发布时间：2015-07-10

2015 年 6 月 23 日至 7 月 8 日，中南民族大学马克思主义学院"壁水天合"团队在黄石市阳新县半壁山农场进行了为期 15 天的实习实训活动。实习期间，实习团队积极主动配合农场的工作安排，顺利完成半壁山农场布置的任务，并且与半壁山人民结下了深厚的情谊。实习实训期间，"壁水天合"实习实训小队主要进行了八项活动。

半壁山农场三面环水，有长江、富河、网湖，防汛压力大。6 月 24 日，实习实训小队跟随半壁山农场主要领导干部到富河大堤一同参加防汛工作。

6月25日，实习实训小队在农场和学校领导的带领下进入半壁山农场中心小学、中心中学进行教育见习。周梦媛和雷莹莹两位同学共同为五年级讲授了一节语文课，张克宇等九位同学以"我的青春我作主和青春我想对你说"为主题，为八年级学生举行了一场别开生面的主题班会。

6月28日，在祝家庄陈福林书记的带领下，赵纯怡、张莉娅、张克宇、兰伟霞一行4人作为实习实训小队的代表前去看望祝家庄"百岁老人"王亚仁老人。

　　7月1日，半壁山农场在场部会议大厅召开"纪念建党94周年基层党建表彰暨党风廉政建设"大会，实习实训小队全体师生参加了这次会议。会议最后，我院董杰老师为农场全体党员进行了"践行三严三实，加强党员干部作风建设"的讲座。

　　7月2日，实习实训小队在喻长青校长的带领下，分三个小组对半壁山农场学校学生进行家访。

　　7月5日，在半壁山农场团委书记邓继昌的带领下，实习实训小队一行6人参加了由半壁山农场共青团举行的少年儿童"希望家园"活动。

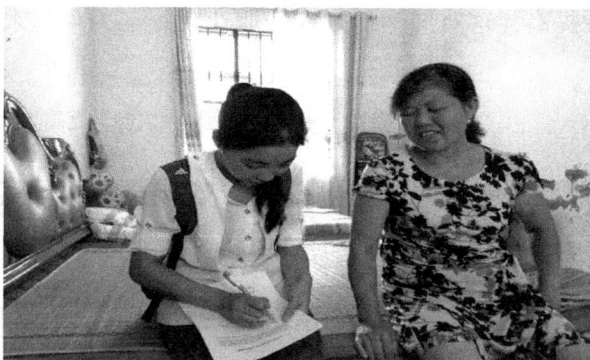

在实习实训期间，团队同学坚持进行关于"留守儿童""留守妇女""留守老人"问题的问卷调查和访谈，顺利完成了"三留问题"社会调研任务，并且形成三份调查报告。

7月6日晚7:30，实习实训小队与半壁山农场共同举办了"心系半壁山，共筑两地情"文艺联欢晚会。我院实习学生出色的表演了"摆手舞""绿色国际时装秀""民族歌曲串烧""半壁山欢迎你"等五个节目，赢得了农场干部群众的高度评价。

通过此次实习实训，同学们切身体验到了基层干部的工作模式，见识到了基层群众的生活状态，感受到了基层教育的困难挑战，从中学习和领悟到许多新的知识，同学们的"能说、能写、能干"的能力得到了很大提高，这对同学们未来的职业规划与人生追求有着重要影响。

（编辑：董杰　来源：中南民族大学马克思主义学院）

我院13级本科生赴阳新半壁山农场开展实习实训
发布时间：2016-06-24

6月20日，在董杰、覃小林两位老师的带领下，我院思想政治教育专业13级15名学生赶赴实习实训基地——阳新县半壁山农场开展为期15天的实习实训。

实习队抵达阳新后，半壁山农场团委书记邓继昌同志受农场党委副书记毛卫平委托，到火车站迎接，并转达了农场班子对实习同学的热烈欢迎。午间，毛卫平、邓春广、王旭东等场领导一行到实习住宿地财政所看望慰问实习师生，勉励同学们积极转变角色，尽快融入基层，将所学知识理论运用到基层实践中；突出青年气质，彰显民大风采，让自己的实习历程在充实中度过。

6月21日上午，我院实习实训师生与半壁山农场领导在农场会议室召开实习指导老师见面会暨聘请仪式。会议由半壁山农场党委常委、

纪委书记邓春广同志主持。会上，邓春广宣读了本次实习岗位安排并就各岗位工作做了简要说明；董杰老师就本次实习实训主题方案与各位实习指导老师进行了交流衔接并为新聘指导老师颁发聘书。半壁山农场党委副书记冯祥星出席会议，并对我院学生在农场实习期间的工作做了安排部署。冯书记依据农场实际，对实习实训学生提出了几点建议：一是树立基层意识，加快角色转变；二是突出专业特色，服务地方发展；三是加强品牌构建，打造优势平台。

阳新县半壁山农场是我院于2014年建立的实习实训基地，截至目前已有三批学生先后在此开展实习实训。实习岗位涵盖农场党政机关、中学、小学、幼儿园、大队、农科所、社区等，基本满足了我院学生实习实训的需要，为培养我院学子"能说、能写、能干"的专业能力，提升理论与实践工作水平搭建了有效平台。

（编辑：汪伟平 来源：中南民族大学马克思主义学院）

勇立潮头，展青年风采；敢于担当，彰民大精神
——马克思主义学院阳新半壁山实习分队参战地方抗洪抢险
发布时间：2016-07-08

马克思主义学院实习实训基地——阳新县半壁山管理区（湖北省国有半壁山农场）位于长江中游南岸位于富河、网湖与长江交汇处。入夏

以来，受连续强降雨影响，半壁山农场辖区涨水明显，江堤危险系数不断上升，地方防洪抗险压力增高。6 月 20 日，马克思主义学院思想政治教育 2013 级师生一行 17 人赴该地开展实习实训。

　　6 月 25 日至 7 月 1 日，受连续暴雨影响，阳新半壁山农场江堤出现严重险情，江堤渗水严重，部分堤端出现漫水现象。面对险情，半壁山农场积极行动，迅速启动应急预案，组织干部群众连夜赴江堤开展防

汛抗险工作。6月30日，正在半壁山农场开展实习实训的马克思主义学院师生闻讯江堤险情，主动向半壁山农场抗洪抢险指挥部请战，要求深入一线，参与当地抗洪抢险。汛情就是命令，30日下午，马克思主义学院实习实训师生根据分工，在防汛指挥部分发编织袋，并携带编织袋前往王港湖堤开展抢险。在防汛指挥部安排下，实习实训师生积极配合当地抢险队伍，填土、牵袋、运袋，将填满泥土的草袋严严实实地填堵在湖边，严防洪水没过堤坝。

7月2日晚，半壁山农场党委书记尹孝然、副书记毛卫平及其他党政班子领导赴马克思主义学院实习实训基地看望慰问实习师生，并对马克思主义学院实习师生积极参与抢险表示衷心的感谢。尹孝然指出：马克思主义学院实习师生主动请战，积极防汛，进一步展现了该校青年学

生敢于担当、奋发有为的青年形象；进一步展现了中南民族大学培育优秀社会人的成功；进一步增强了院校与地方的友谊。希望实习实训师生能够进一步发扬"敢于吃苦，积极有为"的农场精神，在后期实习实训工作中积极作为，展现民大风采。

据悉，阳新宣传网、半壁山农场网站、《黄石日报》等多家媒体对马克思主义学院实习实训工作开展系列报道。马克思主义学院实习实训分队在实习期间在顶岗实习的同时，已开展"民族文化进校园""关爱留守儿童——希望家园""校园趣味运动会"等具有民族特色的实践活动，后期，计划结合自身专业优势及农场实际，以"两学一做"为契机，以十八届三中、四中、五中及习近平总书记系列重要讲话为内容，向当地干部群众、党员团员开展理论宣讲。

（编辑：董杰　来源：中南民族大学马克思主义学院）

我院暑期集中实习工作全面展开

发布时间：2017-06-26

为进一步提升我院本科生的培养质量，提高学生的社会实践水平，增强学生的创新创业能力，学院安排 2014 级思政专业三批次学生前往实习实训基地开展集中实习工作。目前，三支实习实训小分队均已顺利抵达相应的实习实训基地，暑期集中实习工作已经全面展开。

半壁山农场实习实训团队一行 14 人在董杰老师的带领下于 6 月 19 日上午顺利抵达实习实训基地，农场方面举行热烈的见面会与我院师生进行实习实训工作对接。农场党委书记毛卫平在致辞中回顾了前几届毕业实习的基本情况，勉励大家继续为农场的发展献计献策，并要求农场下属各单位及指导老师务必确保实习学生的安全，积极支持我院实习实训工作。董杰老师代表该实习队就本次实习实训方案"理论宣讲与民族文化进半壁"做了详细的介绍，衷心希望学院与农场在实习实训合作机制上达到共赢。

半壁山农场为我院师生举行热烈的实习实训工作对接见面会

（编辑：彭伟、董芮侠、谢青蝶　来源：中南民族大学马克思主义学院）

2015 级思政专业暑期实习实训工作有序开展

发布时间：2018-07-20

2015 级暑期集中实习工作于 6 月 25 日至 7 月 10 日开展。实习师生们开赴阳新县半壁山农场实习基地进行为期半个月的实习实训。暑期实习实训工作适逢建党九十七周年，各实习分队师生都积极投入所在基层党组织的党建工作，在实践学习的同时加强党性修养，提高政治觉悟。

半壁山实习分队全体师生与农场全体党员干部开展了以"不忘初心，推进改革"为主题的七一党日活动。师生们通过集体重温入党誓词，聆听阳新县委组织部负责人肖龙军同志所作的关于加强基层党建工作、阳新县委党校副校长石军同志所作的关于认真学习党章的两场党课主题报告，以及围绕两场党课进行分组讨论等方式进行了理论学习，对如何做合格党员、如何强化党的领导、如何推进农场企业化改革有了新的领悟。

暑期实习实训工作成效显著，学生们在思想上加强了党的理论学

半壁山农场实习分队开展七一主题党日活动

习，提高了党性修养和政治觉悟，在实践中加深了对基层、对乡村、对社会的了解，培养了良好的专业技能、责任意识、创新能力和敬业精神，为学生毕业后顺利走出社会，走上工作岗位打下了坚实的基础。

（编辑：董杰 来源：中南民族大学马克思主义学院）

我院2016级本科生赴半壁山农场实习实训工作顺利展开

发布时间：2019-07-02

2019年6月24日，由邓纯余、揭佳新老师带队的十六名本科生在阳新县半壁山农场负责同志的带领下，顺利到达实习基地，开始为期半个月的实习实训工作。

在实习工作对接会议上，半壁山农场的负责同志对我院实习生的到来表示热烈欢迎，对农场的运行状况、实习岗位及职责等做了详细介绍，对实习生提出了具体的工作要求，希望实习生们在工作中了解半壁山农场的发展状况，为农场未来的发展献计献策。

我院实践队成员按照各自的分工安排到工作岗位报到。钱明庆等三名同学分配到农场小学做教学工作，马雪婷等六名同学分配到社区做服务工作，王悦等七名同学分配到政府机关做行政助理工作。秉持着勤学好问的学习态度，目前实习生们都已经进入工作状态，坚守在自己的实习岗位上，每天都有收获。

(编辑：李玉珍、揭家新　来源：中南民族大学马克思主义学院)

第三节　武汉市东湖高新区关东街锦绣龙城实习实训

我院与锦绣龙城社区举行实习实训基地合作签约及揭牌仪式

发布时间：2017-05-19

2017 年 5 月 17 日上午，中南民族大学马克思主义学院锦绣龙城社区实习实训基地合作签约暨揭牌仪式在东湖高新区关东街道锦绣龙城社区居委会隆重举行。

学院副院长赵继伟、思政教研部主任董杰、支部书记米霞、实习实训基地驻点教师朱磊，东湖高新区关东街道党建办公室主任、锦绣龙城社区负责人参加签约揭牌仪式。

签约仪式上，赵继伟介绍了我院实习实训基地建设的基本情况和未来规划。他表示，此次签约将为我院发挥独有智库优势、服务地方党建建设、丰富社区文化生活提供良好契机，也是我院致力为地方经济社会发展提供社会服务的进一步尝试，相信双方都能实现互利共赢的良好愿景。

东湖高新区关东街道党建办负责人表示，实习实训基地落户龙城社

区，是地方与高校牵手合作的一件大好事、大实事，街道将全力支持实习实训基地建设。锦绣龙城社区负责人表示，社区工作细致繁杂，党建工作、志愿服务等多项事务都急需高校提供智力支持、灌输新鲜血液，非常感谢我院能选择龙城社区作为学生实习实训基地，非常欢迎我院学子前来龙城社区锻炼成长，非常期待双方能进一步深化合作。

（编辑：朱磊　来源：中南民族大学马克思主义学院）

院领导赴锦绣龙城社区座谈交流

发布时间：2018-06-14

6月12日下午，院长杨金洲、副院长张涛华带领教师及学生代表一行6人，赴武汉市东湖高新区关东街道锦绣龙城社区，就推动实习实训基地品牌化建设、校地合作典型示范效应作用发挥、高校优势资源有效对接社区需求等事项，与社区党政负责同志进行了友好、坦诚、深入的沟通与交流。

锦绣龙城社区党支部书记、主任杜传富对杨院长一行的到来表示热烈欢迎和真诚感谢，对2014级思想政治教育学生的实习工作表示高度肯定，并对双方合作关系的深化、社区形象品牌的提升和实习实训基地

的优化等充满期待。

杨金洲院长对社区的大力支持表示衷心的感谢，并详细介绍了我院对于锦绣龙城社区建设方面的规划设想。他表示，学院将贯彻"以文化人"这条主线，以此次毕业实习为契机，着眼社区发展短板并结合我院培养人才模式，从社区党建、志愿服务、党群关系等方面开展深度合作，充分发挥我院的专业特色优势，为我院在促进地方经济社会发展和提供社会服务等方面迈出更为坚实的步伐。

（编辑：马新勇 来源：中南民族大学马克思主义学院）

2015 级思政专业暑期实习实训工作有序开展

发布时间：2018-07-20

2015 级暑期集中实习工作于 6 月 25 日至 7 月 10 日开展。实习师生们开赴锦绣龙城社区实习基地进行为期半个月的实习实训。暑期实习实训工作适逢建党九十七周年，各实习分队师生都积极投入所在基层党组织的党建工作，在实践学习的同时加强党性修养，提高政治觉悟。

锦绣龙城实习分队的工作主要围绕社区党建展开。实习队员积极投身锦绣龙城社区第一网格党支部党员纳新暨预备党员转正大会以及龙城社区"建党九十七周年"文艺晚会的筹备工作，并在主题党日活动中邀请阎占定教授做了"实施乡村振兴战略，走中国特色社会主义乡村振兴道路"的专题报告。师生们以实际行动贯彻"两学一做"的工作要求，在基层党建工作中将党性修养与理论水平提升到了新的高度。

龙城社区实习分队积极参与社区举办的建党九十七周年文艺演出

（编辑：彭伟　来源：中南民族大学马克思主义学院）

我院 2016 级本科生实习实训走进龙城社区

发布时间：2019-07-02

2019 年 6 月 24 日，我院教师朱磊、王维带领部分 2016 级本科生前往关东街龙城社区进行为期十五天的实习实训，锻炼学生理论联系实践的能力，引领学生适应从学校到社会角色的转换。

一周以来，实习生们迅速进入工作状态，先后完成了"一标三实"人员信息采集、迎七一建党 98 周年文艺汇演筹备、社区周末大扫除等工作。在"一标三实"信息采集过程中，实习生们在居委会工作人员带领下挨家挨户开展工作，由于龙城社区体量大、人口多，信息采集持续时间长，工作量重，也遇到了少数居民不理解、不配合等问题，工作难度大，但实习生们通过不懈努力顺利的解决了各项难题，交流沟通和应变能力得到了提升。在迎七一建党 98 周年文艺汇演的筹备工作中，实习生们积极参与到节目排演、现场协调、全程摄影及新闻稿撰写等各项事宜中，在提升了自身各方面能力的同时，对于社会主义文化事业在社区的发展以及社区思想政治教育工作的落实有了更直观的认识和感受。在社区周末大扫除这一志愿服务过程中，实习生们身体力行，在社区宣传推广"垃圾分类"政策，对于社区卫生文明与环境治理的重要性以及现阶段政策推行上的不易之处有了更深刻的认识。

在一周的实习过程中，实习生们通过完成不同工作任务，积极参与城市社区治理，对社区工作有了更深的认识，不仅增强了理论与实践结合的能力，提高了动手能力和服务意识，而且也提升了作为当代大学生应有的社会认知水平和社会责任意识。同时实习生们也发现了在城市社区治理中存在的一些问题。对此，实习生们表示在接下来的实习工作中，将应用自己所学的理论知识，针对相关的问题提出一些可供参考的解决办法，为建设和谐社区贡献自己的力量。

我院实习学生在龙城社区积极开展实习实训工作

（编辑：马淑珍、彭伟　来源：中南民族大学马克思主义学院）

锦绣龙城社区来院交流校地共建事宜

发布时间：2019-07-13

7月12日下午，我院实习实训基地武汉东湖新技术开发区关东街道龙城社区支部书记杜传富、支部委员谈娟、陈聪一行人到访我院，为我院龙城社区实习实训临时党支部颁发"居民满意的先锋党支部"匾额，院领导杨金洲、梅喜萍、董杰，思政教研部邓纯余、朱磊老师一同出席授匾仪式。

双方就我院学生在龙城社区实习情况展开交流，杜传富书记回顾我院学生实习实训良好表现，对学院与实习学生表示感谢，并就社区工作展开分享，希望为社区更好发展和学生进步与我院建立长期合作。院领导杨金洲、梅喜萍等就我院发展情况与本科生教育情况进行介绍，并表示通过三年实习实训的总结，希望双方可以通过更多形式促进学院与龙城社区深化合作，探索校地共建共赢的常态化机制。

（编辑：马淑珍　来源：中南民族大学马克思主义学院）

第四节　武汉市江岸区百步亭社区实习实训

学院与百步亭社区共建实习实训基地

发布时间：2019-04-16

为进一步增强我院本科学生专业素养与实践能力，提升人才培养质量，4月12日下午，学院党委书记魏大江、副院长董杰、思政教研部主任邓纯余、支部书记朱磊、副主任彭菊花老师带领 2016 级思想政治教育专业本科生前往百步亭社区参加实践教学活动暨实习实训基地挂牌仪式。百步亭社区党委副书记、管委会常务副主任李菱，社区党委委员、党办副主任夏玮，社区管委会办公室副主任童华山等出席挂牌仪式。

　　百步亭社区与我院师生在社区党群服务中心一楼会议室举行了实习实训基地挂牌仪式。李菱代表社区致辞，她对我院师生的到来表示热烈欢迎，希望今后多加强校地交往交流，利用双方资源优势，实现合作共赢，共同推进社区建设和学校人才培养。我院 16 级马淑珍同学发言，认为实习实训对提升学生的专业素养十分重要，表达了对百步亭社区的感谢和做好实习实训的决心。魏大江书记高度赞扬了百步亭社区所取得的成就，感谢百步亭社区为学院人才培养提供了有利的平台，欢迎百步亭社区领导到学校学院考察交流。

　　在挂牌仪式前，百步亭社区工作人员带领我院师生亲身体验了"怡康苑"小区的"亭文化"建设情况，参观了社区服务大厅、图书馆、党课室、心理咨询中心、道德大讲堂等丰富多彩的党群活动室，师生在感受百步亭社区建设成就的过程中，上了一堂生动的社区思想政治工作课。

　　据悉，武汉市江岸区百步亭社区曾荣获全国先进基层党组织、全国

文明社区、全国和谐社区示范社区、全国无毒社区等100多项国家级荣誉。2003年中央宣传部、中央文明办、建设部、文化部四部委联合发文向全国推广百步亭社区经验，2013年中组部向全国推广百步亭社区党建工作法。我院与百步亭社区共建实习实训基地，将有利于推动学院实践教学发展，促进学生专业综合素质提升，也为学院师生调查研究、理论宣讲、服务社会拓展新途径。

（编辑：马淑珍　来源：中南民族大学马克思主义学院）

我院2016级本科生在全国文明社区百步亭开展实习实训工作

发布时间：2019-07-14

为了提高我院本科生的专业素养，丰富社会实践经验，6月24日上午，我院2016级20名本科生在彭菊花、曾红宇两位老师的带领下到武汉市江岸区荣获"全国先进基层党组织""全国文明社区""全国和谐社区示范社区""全国无毒社区"的百步亭社区开展为期17天的实习实训工作。据悉，我院20名学生共分为10组到百步亭党群服务中心和9个分居委会。在前期的实习实训中，同学们对各自工作地点和基层工作有了基本的了解，也在深入社区、服务社区、走进群众、服务群众的实践过程中增长知识、锤炼本领、强化服务意识。同学们协助社区开展"社区主题党日"活动，在各自所属苑区进行"微邻里"信息登记、宣传"一感一律一率一评价"测评工作，开展"清洁家园""治理共享单车乱停乱放"、"关爱社区弱势群体"、"暑期社区学生托管班"等活动，在这些活动和工作中，同学们和社区居民形成了紧密联系，也获得居委会领导和社区居民的一致好评。我院思想政治教育教研部党支部也因此荣获百步亭居民满意的"双进双服务"党支部。院党委副书记梅喜萍、副院长董杰代表学院慰问实习实训师生，董杰希望同学们珍惜本次到百步亭实习实训的机会，认真负责、保质保量地完成任务，努力将自身所学专业知识与基层实际相结合，在实习实训工作中增长知识、练就本领，让社区群众检验我们的人才培养质量，让实践检验我们教育教学的成色。同学们也表示在接下来的工作中，将以更加饱满的热情和带有问题意识投入到工作中去。用专业知识去聚焦问题，在平凡的工作岗位中施展才华，竞展风采。梅喜萍、董杰还参加了百步亭社区纪念建党98周年暨"不忘初心牢记使命"先进事迹报告会，梅喜萍代表学院上台领取百步亭居民满意的"双进双服务"党支部的荣誉。

（编辑：徐怀泽、张润　来源：中南民族大学马克思主义学院）

2017级思政专业本科生实践教学走进百步亭社区

发布时间：2019-12-26

近日，马克思主义学院2017级思想政治教育专业本科生70余人在邓纯余、彭菊花两位老师的带领下，走访参观了百步亭社区，了解百步亭社区治理和党建情况。

师生一行首先来到了社区党员群众服务中心，了解百步亭社区近年来强化"红色引领"，健全基层组织体系，培育"红色头雁"，发挥带头示范作用的社区治理经验。随着社区宣讲师的娓娓道来，同学们对社区正在大力实施的"红色引擎"工程，创新社会治理的"1314"模式和社区党建工作法都有了一定的了解和感受。

师生一行还深入了解社区里的全国文明家庭和荆楚模范家庭，其中有开国元勋之女"再难也不向国家提要求"的李英声家庭，"日记婆婆""一天不做好事就难受"的余洪芝家庭等。师生观看了百步亭社区的宣传片，走访了谈心吧、家事调解站、社区图书馆、"爱社区·江岸社区管家"app运营大数据中心等。参观完党员群众服务中心后，师生一行来到了小区怡康苑北区，实地了解居民们的生活区。在这里，大家听取了宣讲师对社区垃圾分类情况的介绍，随后深入该小区，走访了"婆媳互夸"同心亭，摄影协会等社区社团，观览了摄影作品展、书画作品展等公共活动空间。

此次参观走访百步亭社区，是17级学生社区思想政治教育课的课外实践，通过实地走访百步亭社区这一全国文明社区，同学们了解了社区治理的实际情况，加深了对课堂理论知识的理解，促进了知识的融会贯通，体现了理论联系实际的教学理念，很好的达到了实践教学的目的和效果。

（编辑：石振宇　来源：中南民族大学马克思主义学院）

第五章　理　论　宣　讲

　　学院结合思想政治教育专业本科学生和各实习实训基地实际状况，邀请相关专家以及实习实训师生在恩施市三岔镇、阳新县半壁山农场、武汉市东湖高新区关东街锦绣龙城社区等实习基地开展以习近平新时代中国特色社会主义思想为主题的理论宣讲，目的在于传播党的重大创新理论与政策，提高思想政治教育学生的理论素养，增强专业自信，并加深各实习实训基地所在基层政府、社区、乡村干部群众对于习近平新时代中国特色社会主义的理解。2013 年 5 月，中南民族大学马克思主义学院承担了湖北省委宣传部、湖北省委讲师团部署的全省"理论热点面对面"恩施市三岔口社区示范点建设任务。因此，理论宣讲主要以恩施市三岔镇实习实训基地为主。

第一节　专家学者理论宣讲

　　实践育人基地的建立，有力地促进了地方经济社会的发展，深化了校地之间的合作共赢，提高了学院思想政治教育专业的办学水平，打造了思想政治教育实践育人的品牌，促进了思想政治教育专业学生的全面发展。实践育人基地成立以来，学院师生坚持教学相长、共境共舞、伴飞成长的育人理念，先后组建了"印象三岔""筑梦三岔""思想先锋""青桐微讲团""星火微讲团""半壁江山""壁水天合""碧水思新""半壁微讲团"等大学生实习实训团队访村入户，走进田间地头，开展了丰富多彩的实践育人活动。实习实训团队依托省委讲师团构建的"理论政策宣传、社情民意观测、专家学者调研、学生实习实训、为民办事服务"的"五点一体"模式，开展一系列的理论宣讲活动。

中南民族大学湖北省委讲师团、
中南民族大学恩施市三岔口社区
"理论热点面对面"示范点培训班开班

2012年9月25日，湖北省委讲师团、中南民族大学恩施市三岔口社区"理论热点面对面"示范点培训班与广东连南瑶族自治县第二期科级领导干部培训班和在我校同时开班。连南县委书记、县人大常委会主任雷玉春，恩施市委理论信息中心副主任向成娥，校领导赵文、继教学院院长郎军萍、副院长张文华参加了开班仪式。开班仪式由郎军萍院长主持。

赵文对培训班学员表示热烈欢迎，并简要介绍了中南民族大学干部培训工作开展的情况。他说，此次培训班对于科学推进连南县、恩施三岔口社区新农村建设和生态文明建设具有重要意义，希望大家积极交流、深入思考、学有所用。

雷玉春对中南民族大学举办此次培训班表示衷心感谢，他勉励学员们努力做到三个转变：从工作状态向学习状态转变，从领导干部向学生角色转变，从平常生活状态向集体生活状态转变。希望大家珍惜机会、遵守纪律、虚心学习，结合本职工作多思考、多切磋、多借鉴，真正做到学有所获，学以致用。

据悉，本期培训班为期4天，采用专题讲座和现场教学方式，围绕民族地区经济发展、湖北省扶持武陵山区发展经验介绍、领导科学与艺术、生态文明建设等多个专题开展讲座，并安排了到湖北鄂州长港镇新农村建设先进村进行现场教学。

"理论热点面对面"示范点培训干部座谈会圆满举行

为认真落实湖北省委讲师团和我校恩施市三岔口社区"理论热点面对面"示范点建设责任目标，中南民族大学马克思主义学院联合继续教育学院开展恩施市三岔口干部培训工作。2012年9月25日，马克思主义学院在501会议室召开座谈会，与恩施市选派的参训干部交流学习。座谈会由院党委书记李从浩主持，院长阎占定、党委副书记刘红娟、副院长张瑞敏及学院思想政治教育专业暑期实习带队老师一同出席会议。恩施市委理论信息中心副主任向成娥三岔乡党委委员、副乡长汪盛松等九位参训干部与会。

座谈会伊始，李从浩书记向此次参训干部表达了热烈的欢迎和真挚的感谢，并希望双方互相交流学习，促进校地合作。恩施市委理论信息中心的向成娥主任表示，三岔口社区"理论热点面对面"示范点建设实施两年多以来，成效显著，中南民族大学马克思主义学院的安排细致，设置合理，有特色，既接地气又突出重点，明年双方都应投入更大的力度，让示范点建设更加成熟。希望今后校地两方合作结对建设过程中，"理论热点面对面"示范点能够成为更加富有成效的载体，让高校和地方互动共赢。

随队参训的宣传委员汪盛松副乡长亦谈了自己的看法。他从介绍三岔乡的基本情况入手，继而过渡到校地合作上，深情回忆起两年多以来学生下乡实习实训的种种难忘之事。他特别强调，他们地方最看重的是两年多里高校学生给基层带来的建议和变化，以及学生和地方负责人之间的深厚友谊。同时还传达了希望学生下乡人数增至20人和实习时间延长为一个月以便更早更好融入当地的意见。

院长阎占定教授代表我院向示范点提了几点建议。一是继续把学生实习实训的基地扎根基层并落实建设好；二是希望能把示范点范围扩大，提供更多的机会给予学生，内容和方式也要随之更加丰富创新；三是扩大宣传，努力将示范点推广出去，接下来会请专家教授前往三岔实地考察。

座谈会上，双方与会人员针对示范点建设纷纷畅所欲言，提出众多想法建议，并对此进行协调商讨，达成了诸多共识。

据悉，该次短期培训在接下来的四天时间里，安排了民族地区经济发展专题讲座、现场教学、领导科学与艺术专题讲座、武陵山区经济建设专题讲座和生态文明建设专题讲座等培训内容，由华中科技大学及我校的专家教授分别进行教学讲授。

院长阎占定教授应邀恩施市做宣讲，
三岔乡示点建设举行挂牌仪式

2012年12月18日上午，我院院长阎占定教授为恩施市1000多名干部做了十八大精神的宣讲报告。报告以"盛世盛会、新纲领、新征程"为主题，紧密联系国际国内大局，紧密联系改革开放和社会主义现代化建设实践，紧密联系干部群众工作实际，对十八大报告的新思想、新观点、新概念、新表述，对全面贯彻落实科学发展观的根本要求，对全面建成小康社会的奋斗目标和战略任务等，进行了深入系统解读。恩施市的新闻报道中称："整场宣讲辅导内涵丰富、论述精辟、深入浅出，具有很强的理论性、针对性和指导性，报告紧扣主题、结合实际，深入浅出、生动深刻，启发思维、提振精神，使听众深受教育和启发，对恩施市深入学习宣传贯彻党的十八大精神具有很强的指导意义。"

下午我校和省委讲师团对口建设的"理论热点面对面"示范点恩施三岔乡梨子坝村举行了挂牌仪式。阎占定院长和省委讲师团、恩施市市委宣传部和三岔乡领导，共同参加了挂牌仪式，并为该乡基层干部做了一场学习十八大精神的辅导报告。

（编辑：办公室　来源：中国硒都网讯）

理论热点面对面系列讲座：乡风文明漫谈

2014年10月18日下午，中南民族大学马克思主义学院教授、硕士生导师尹旦萍为社区居民进行了"新农村、新风尚"的主题讲座。尹教授从社会主义新农村建设以及农村社区建设与管理的视角，分析了新农村、新风尚的时代内涵与发展要求，结合社区民主管理与经济发展、家庭建设与乡风文明等问题进行了生动而详实的阐释。

讲座理趣相生。漫谈中有恢宏大气的道理，有真挚感人的故事。精彩的讲座赢得了社区居民的广泛认同。一些老党员听了后说到，这次讲座让老话题有了新味道，新感觉、新收获，真是受益匪浅，对个人、家庭和社区都后有启发。

讲座在情真意切的对话与聊天中结束。

示范点专家深入农户进行调研和理论宣讲活动

2016年8月17日上午，在"理论宣讲进农家"的活动中，阎占定院长结合农村发展实际，用通俗易懂的语言深入浅出地为村民们介绍了习近平总书记关于"三农"工作的新思想，解读了国家最新的农业政策，阐释了中国特色的农业现代化道路，并提出了农业要实现市场化与科技化、要培育新型农民、要发展生态农业等观点。张燚副教授以"七一"讲话精神为切入点，结合自身经历，与村民们分享了农村快速发展带来的亲身感受，介绍了的"十三五"规划的主要内容以及农村综合性改革方案的基本精神，增进了村民们对国家政策的了解。李天路老师十分关心村民们的身体情况，着重向村民们介绍了一系列的健康养生之道，并为村民们亲自示范，得到了村民们的积极认可，许多村民表示以后会坚持做养生操。

活动期间，专家组成员还进行了"民族地区农村文化扶贫状况"为主题的社会调研活动。通过发放问卷、访谈、座谈、搜集资料等方式，充分了解三岔乡的文化建设情况，为进一步提出"文化扶贫"的对策积

113

累了丰富的资料。

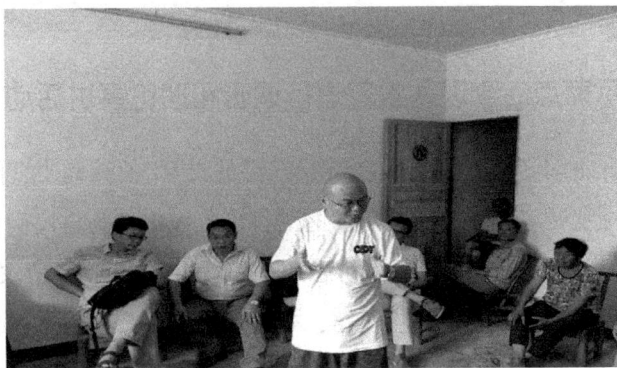

十八届六中全会精神进三岔

2016 年 12 月 9 日 10 点整，中南民族大学马克思主义学院院长阎占定教授在恩施市三岔乡人民政府做了"理论热点面对面——学习贯彻十八届六中全会精神"的讲座，来自恩施市三岔乡的一百五十多名领导干部参与了此次讲座。讲座中，阎占定教授总结过去一年的工作报告，围绕十八届六中全会的议题和重要成果，对于全面从严治党，规范党内政治生活，加强党的自我能力建设，以习近平总书记为核心，全面建成小康社会做了深刻的分析，生动形象的论证了坚持党的 4 条路线的必要性。

讲座中，阎教授将理论和实际结合起来，运用各种实例将讲座进行了生动的阐述，让参加讲座的各级干部对十八届六中全会的所有精神有了更加深层次的了解，这次精彩的讲座在全场的热烈掌声中圆满结束。

三岔口社区"理论热点面对面"座谈会

2016 年 12 月 10 日上午，示范点专家阎占定教授、张瑞敏教授、刘启春教授、易新涛教授、李学保教授、邓纯余副教授、张燚副教授及研究生等一行 9 人在三岔口社区与当地领导召开"理论热点面对面"

工作座谈会议，恩施市委宣传部副部长邱凌、理论中心主任华敏、三岔乡谭海燕乡长、朱永庆副乡长、社区第一书记刘荆等参加了工作会议。会议就乡和社区领导换届后的工作安排进行了讨论和对接。

会上，阎占定教授对于过去一年以来，三岔口社区"理论热点面对面"工作做了总结，对于理论宣讲员的挑选、固定提出了新的看法，鼓励大家多提出一些好的想法，扩大"理论热点面对面示范点"的辐射作用。恩施市委宣传部副部长邱凌感谢中南民族大学马克思主义学院理论宣讲团教授一直以来对于三岔乡"理论热点面对面示范基地"所做的工作，对于三岔乡目前在政治经济文化上所取得的进步表示高兴。会议在加强理论与实际相联系，提供技术支持，延长学生实习时间等方面达成共识。

专家与社区"百姓宣讲团"成员座谈

三岔乡毛坝村理论宣讲座谈会

　　2016 年 12 月 10 日下午，阎占定教授、李学保教授一行人来到三岔乡毛坝村，同当地干部一起开展理论宣讲座谈会活动。他们对于农村土地所有权、精准扶贫、农村干部群众思想政治教育等问题进行了深刻的讨论。

三岔乡莲花池村理论宣讲座谈会

　　12 月 10 日下午，张瑞敏教授、易新涛教授、张燚教授一行人来到三岔乡莲花池村同当地干部一起开展理论宣讲座谈会活动。他们对于农村土地所有权、政府帮扶、精准扶贫的政策导向等问题进行了深刻的讨论，对于发动广大农民群众自主参与到农村建设方面形成了共识。

示范点专家深入基层宣讲新时代乡村振兴战略

按照示范点建设计划任务，在恩施市委宣传部的精心组织和乡镇、社区的大力帮助下，中南民族大学马克思主义学者宣讲队于 2016 年 1 月 4—7 日正式开赴恩施，集中宣讲新时代乡村振兴战略。此次集中宣讲小分队由阎占定教授、易新涛教授、邓纯余副教授、董杰副教授、张燚副教授等 5 位专家组和三位研究生同学组成。4 日上午到达恩施后，宣讲小分队不顾旅途劳累，来到省委讲师团和中南民族大学共建的恩施市三岔口社区"理论热点面对面"示范点。

宣讲聚焦乡村振兴战略，与地方干部群众分享了创造乡村美好田园生活的思考。我国五年来的历史性成就、农村基层党组织建设、壮大乡村经济、因地制宜发展优势特色产业、改善乡村人居环境、改善农村居住环境、推进"厕所革命"、发展乡村文化、完善乡村文化基础设施、重塑乡村社会规范、完善乡村治理组织、发展全域旅游、健全自治、法治、德治相结合的乡村治理体系、建设乡村振兴队伍、培养有文化、懂技术、会经营的新型农民、造就一支懂农业、爱农村、爱农民的"三农"工作队伍、土地延长承包 30 年……

示范点专家还在地方相关部门同志的陪同下，开展了慰问困难群众活动。

第二节 实习师生理论宣讲

中南民族大学大学生"微讲团"与恩施百姓面对面

恩施日报讯（记者沈宏臣 通讯员蔡秀钢 谢青蝶）7月1日，中南民族大学马克思主义学院"青桐·大学生微讲团"在恩施市三岔镇三岔口社区"理论热面对面示范点"与党员干部群众交流文旅、农旅融合发展话题。

6月22日起，中南民族大学马克思主义学院"青桐·大学生微讲团"19名学生进村入户，走进田间地头，实地了解群众生产发展和致富需求，并将前期调研成果转化成讲课内容，通过点对点、面对面的方式，宣讲"六个精准""五个一批"等相关的扶贫政策。

三岔口社区于2012年被确定为全省15个"理论热点面对面示范点"之一，由中南民族大学驻点对口建设。该示范点已连续4年被评为"优秀示范点"。

理论宣讲团临时党支部助力"支部主题党日+"系列活动

（通讯员 谢青蝶）7月1日上午，为庆祝党的96周年诞辰，"青桐·学生微讲团"临时党支部及 19 名学生全程参与三岔口社区"支部主题党日+"暨"七·一"庆祝大会与"青桐·学生微讲团"理论热点面对面宣讲活动。三岔镇党委书记查忠权出席活动，社区党支部、理论宣讲团临时党支部及广大党员群众参加活动。会议由三岔口社区党总支部书记、居委会主任杨发枝同志主持。

三岔镇党委查忠权书记在讲话中号召全体党员要响应中央从严治党的要求，抓好当前的六城同创、革命传统教育等工作。居委会李发文同志宣读了党员表彰文件并颁奖。社区党总支部第一书记刘荆同志作三岔口社区 2017 年上半年工作总结及下半年重点工作安排。会议通过组织生活、民主议事、缴纳党费、宣读入党誓词、诵读党章、集中学习活动，不断加强党性教育。

会上，中南民族大学马克思主义学院"青桐·学生微讲团"19 名学生开展了理论宣讲活动。面向广大党员群众，一首三岔民歌《六口茶》引起老党员的回应，活跃了现场的气氛。"青桐"学子首先从"印象·三岔"作为切入口，通过在三岔的所见所闻、所感所悟，以新生代学生的视角出发，提出了发展三岔中端旅游、重视隔代教育以及利用信息通讯技术传播地方文化等一系列建议。

在一片掌声中，三岔口社区"支部主题党日+"暨"七·一"庆祝大会与"青桐·学生微讲团"理论热点面对面宣讲活动圆满结束。

三岔口社区示范点开展"滴灌式"理论宣讲

（通讯员　谢青蝶）自 2017 年 6 月 22 日起，中南民族主义学院"青桐·大学生微讲团"19 名学生根据三岔口社区地处大山、农户分散的实际，进村入户，与老百姓面对面，以"屋场会""院坝会"形式开展"滴灌式"宣讲。

恩施市三岔镇三岔口社区于 2012 年被确定为全省 15 个理论热点面对面示范点之一，由中南民族大学驻点对口建设，该示范点已连续四年被评为"优秀示范点"。2017 年，三岔口社区将创新利用中南民大马克思主义院"大学生微讲团"平台，采取"三化"宣讲模式，继续推动理论宣讲进农家。

微讲团成员走进田间地头，实地勘察老百姓的生产发展，深入了解老百姓的致富需求。从养殖业、种植业等的变化宣讲产业结构变化给百姓带来的好处；从老百姓口中频出的"合作社""补偿""建房子"等词语宣讲"六个精准，五个一批"的扶贫政策……学生"点对点""面对面""交谈式"的宣讲模式，既符合党的理论宣讲工作要求和地方发展实际需要，又能够有效地让老百姓更好理解和接受国家政策和理论。

青桐微讲团走进田间地头宣讲家事国事身边事

2017 年 6 月 19 日至 7 月 3 日，我校马克思主义学院"青桐·大学生微讲团"赴恩施市三岔镇三岔口社区示范点开展实习实训、理论宣讲等系列活动。在带队老师邓纯余和米霞的指导下，19 名学生进村入户，走进田间地头，实地了解老百姓的生产发展和致富需求，结合民族地区农村经济社会发展的实际情况，与当地群众进行面对面的交流。

马克思主义学院"青桐·大学生微讲团"

　　走进田间地头是此次实践活动的第一课。副镇长朱永庆等人带领"青桐"学子前往该镇阳天坪村马铃薯种植基地进行劳动体验。同学们通过实地考察、访谈交流等形式，了解农村农业发展的新模式，思考土地流转和集约经营的成效，并结合当地实际情况和现代农业发展的新趋势，提出了针对性建议。

走进田间地头参与实践

　　为在实践中深化学习，锤炼党性，"青桐"学子参与到三岔镇建党96周年暨"两学一做"主题实践活动中，在一个个任务点直面各支部党员，探究集理论性、实践性、健康性于一体的创新实践形式对理论、政策宣讲的推动意义。

　　此外，一行人还对三岔镇旅游资源作了调研，对前来的游客进行访谈和数据收集，分析清江旅游资源开发的优势与不足。

　　三岔镇具有浓厚的文化底蕴，民族文化是开展理论宣讲的重要载体。为熟悉当地文化，同学们探访了三才板非遗代表性传承人杨洪顺。75岁的杨老身着传统土家族服装，展示了一段美妙欢快的莲香舞，热情介绍了恩施传统优秀文化——三才板剧的形成与发展，并与"青桐"学子交流民间文艺的发展现状与前景。一行人还探访了三岔镇前文化站

在实践中深化学习，锤炼党性

站长王金海，参观了傩戏面具、根雕、葫芦艺术品等各类民族文化艺术品。

　　为当地群众作理论宣讲是此次三岔行的重要任务。在 7 月 1 日党的 96 周岁生日之际，"青桐·大学生微讲团"临时党支部及 19 名学生全程参与了三岔镇三岔口社区"支部主题党日+"暨七一庆祝大会与"青桐·大学生微讲团"理论热点面对面宣讲活动。

　　在宣讲中，"青桐"学子面向党员群众，以"印象·三岔"为切入点，通过在三岔镇的所见所闻、所感所悟，分享了采风和实践活动成果，从新生代大学生的视角出发，提出二岔镇发展中端旅游的可行性、三岔镇隔代教育问题的重要性及利用信息通讯技术传播三岔文化的实效性等一系列理论概念与建议。同学们将前期的调研成果转化成讲课内容，通过"点对点""面对面""交谈式"的模式，以"屋场会""院坝会"形式开展"滴灌式"宣讲，结合老百姓频频提到的"合作社""补贴""建房子"等词汇，宣讲"六个精准，五个一批"扶贫政策，从种植业、养殖业等方面的变化谈产业结构调整给老百姓带来的好处。

开展调研，了解农业发展新模式

我院实习师生与半壁山农场同庆建党 93 周年

2014 年 7 月 1 日，阳新县半壁山农场召开庆祝建党 93 周年暨基层党建表彰会议，农场全体党员、入党积极分子及机关主要在职干部共计 150 余人出席。我院驻半壁山农场 11 名实习师生受邀参加了此次会议。

会议由农场党委副书记毛卫平主持。舒春风副书记宣读 2014 年党建表彰决定并进行颁奖仪式。邓春广副场长宣读 2014 年预备党员转正批复文件并进行党员纳新宣誓仪式。冯祥星副书记对农场民主生活会中党员干部提出的 111 条意见进行了一一解答，对土地使用证不好办、医院、卫生环境等具体问题提出了解决方案，强调基层工作绝对不能走形式主义，对极少数党员干部工作责任不明确、了解民情不彻底、解决问题不及时等现象提出了批评。

农场党委书记尹孝然作了关于农场发展规划的工作报告。尹书记首先对我院师生的到来表示感谢与欢迎，并对近期实习效果给予了很高的评价。尹书记提出民生是发展的关键，要大力推进农场的农业升级、城镇化、工业化建设，指出农场发展任务重、道路远，希望全体党员干部将发展作为一切工作的主题，同心协力将半壁山各项工作做好做实。

会上，我院董杰老师从社会主义核心价值观提出的深刻背景、基本内容以及怎样培育和践行社会主义核心价值观三个层面讲解了社会主义核心价值观的学习体会，认为彰显中国特色社会主义的价值本质、清扫社会不正之风、构建社会主义和谐社会、提升文化软实力等内在要求树立、传播、践行社会主义核心价值观。培育和践行社会主义核心价值观需要贴近实际、贴近生活、贴近群众，才能"内化于心、外化于行"。

通过此次活动，我院实习学生与半壁山各位党员进行了深入交流，加深了对基层工作的了解，深刻认识到社会主义核心价值观引领的重要性。栉风沐雨 砥砺前行——"壁水天合"实习团队参加。

半壁山农场纪念建党 94 周年基层党建表彰暨党风廉政建设大会

2015 年 7 月 1 日上午 8 点半，黄石市阳新县半壁山农场在场部会议大厅召开纪念建党 94 周年基层党建表彰暨党风廉政建设大会。半壁山农场的全体党员、各机关单位的主要领导负责人及中南民族大学马克思主义学院"壁水天合"实习实训团队全体师生参加了这次会议。会议由半壁山农场副书记毛卫平同志主持。

会议共八项议程，首先全体党员起立奏国歌，会议庄严开幕。会议

过程中，场部领导表彰了优秀党务工作者和先进党支部，宣读了对农场违纪干部的处分决定，并就教育发展问题、从严治党问题等做了工作报告。我院董杰副教授在会议的最后一项议程中做了一场题为"践行三严三实，加强党员干部作风建设"的精彩讲座。董教授旁征博引、语言生动，主要从党员干部践行"三严三实"的现实意义、"三严三实"的具体内容、落实"三严三实"的前提保障以及如何在工作实际中践行"三严三实"等四个方面的内容进行了深入细致的阐述，赢得高度认可。最后，毛卫平书记做了会议总结，并对包括防汛工作、计划生育工作、高危炎热条件下安全生产和第二届黄石阳新园林博览会的组织工作以及环境卫生整治工作在内的半壁山农场当前的一系列重要工作进行了安排部署。

整个会议过程隆重严肃，它对于提高党员自身修养，防止"四风之害"，踏踏实实做好半壁山建设发展工作意义重大。我院实习生均列席会议，并做了大量的辅助工作。经过这次大会，学生们也经历了一次精神的洗礼，党性的升华。

第六章　为民服务

第一节　恩施市三岔镇

我院三岔乡实习实训队员召开交接工作座谈会

7月8日上午，我院第二批实习实训队员顺利到达恩施市三岔乡。下午，实习实训队员交接工作座谈会在三岔乡人民政府四楼会议室召开。三岔乡党委副书记、乡长张涛，党委副书记黄金文出席会议，三岔乡党政职能部门主要负责人、我院实习实训带队老师董杰、张涛华、邓纯余、朱磊以及23位实习实训队员参加会议。会议由三岔乡副乡长汪盛松主持。

座谈会上，乡党委副书记黄金文首先代表地方党委政府致词。黄书记指出，两个星期以来，中南民族大学的第一批实习实训队员以踏实的工作、良好的能力展示了当代大学生的崭新精神面貌，给地方干部群众

留下了深刻印象。黄书记动情地说道，通过大学生"不怕吃苦、注重细节、有礼貌、有服务理念"的良好形象，我们看到了国家富强、人民幸福、民族复兴的希望。黄书记还表达了进一步加强学院与三岔乡人民政府深入合作，共同发展的美好愿望，希望双方能够在实习实训基地的基础上建立更加稳定长效的合作机制。

学院带队老师董杰就第一批队员开展的相关工作进行了总结讲话。董老师对三岔乡人民政府在我院大学生实习实训工作中给予的关心、帮助和支持表示了诚挚的感谢，对第二批实习实训的活动提出了一些建议和要求。第一批实习实训队员代表董梅昊汇报了课题调查的主要成果，王寿潭、徐亚垚汇报了实习实训的心得体会。收获颇丰、受益无穷、感恩三岔，表达出同学们的共同心声。

第二批带队老师张涛华分析了大学生实习实训的重要意义，对地方党委政府在大学生社会实践工作中给予的大力支持表示了感谢。在祝贺第一批队员在实习实训中取得了圆满的成绩，向地方党委政府和学校交上了一份满意的答卷的同时，张老师要求第二批队员在实习实训过程中能够吸取经验，再创佳绩。座谈会上，第二批队员分别进行了自我介绍，表达了立足基层，不怕吃苦，办好实事的决心。

座谈会结束时，三岔乡党委副书记、乡长张涛高度评价了我院大学生实习实训活动，并寄语各位同学"将三岔作为人生的第二故乡"，情系三岔，关心三岔的发展。张乡长还结合三岔乡的地方工作实际，对我院第二批同学的实习实训工作进行了周密部署和具体安排。

座谈会结束后，两批实习实训队员进行了工作对接，第二批队员与党政职能部门的主要负责人进行了深入交流。

（编辑：丰露　来源：中南民族大学马克思主义学院）

阎占定院长一行赴"理论热点面对面"
示范点进行考察调研

酷暑挡不住理论宣讲和社会调查的热情。2013 年 7 月 12 日至 14

日，我院院长阎占定教授到恩施三岔乡三岔口社区"理论热点面对面示范点"进行考察调研。阎院长实地考察了示范点近期建设的成果，详细了解了"三农大讲堂"的会场布置、专家报告的资料保存、大学生实践基地建设，以及运用民间文化开展理论热点宣传等相关事宜的具体情况。三岔口社区党支部书记曾令虎与阎占定院长畅谈了示范点建设的基本思路与近期工作安排。

开展调查研究，是社会理论工作者"接地气"，实现"理论热点面对面"的重要环节。结合理论宣讲和课题研究的需要，7月13日，阎占定院长深入水井漕村、莲花池村、王家村等地的干部群众家庭，围绕民族地区的基层民主建设、社区经济建设、民生改善、乡村文化发展、生活方式变迁等进行了广泛调研。三岔口社区党支部书记曾令虎、我院实习指导教师张涛华以及部分实习学生参与了考察调研。

调研期间，阎占定院长慰问了我院第二批实习实训的师生，就大学生实习实训工作进行了广泛的交流，并号召我院同学在实习实训期间，能够以扎实的专业知识说服人、以良好的精神风貌感染人，以丰硕的实习成绩激励人。随行的中国人民大学朱信凯教授为三岔乡干部群众作了《关注农业问题，发展现代农业》的精彩报告。

（编辑：张涛华　来源：中南民族大学马克思主义学院）

"我是清洁小卫士"

——我院学生实习小组抵达三岔并开展社区服务活动

2014年6月23日，我院2011级思想政治教育专业第一批实习小组"筑梦三岔"团队抵达恩施市三岔乡，顺利拉开本次实习实训活动的序幕。当日下午，师生们来到三岔社区"理论热点面对面"示范点，开展了"我是清洁小卫士"的社区服务活动，受到当地干部群众的一致好评。

本次活动中，同学们干劲十足，上至社区中心会议室，下到楼梯扶手，都被打扫的干干净净。"在擦拭纪风镜时，不由的想到了党的群众教育路线活动的基本要求，它不仅是对干部的要求，更是对当代大学生的殷切期盼，在日常的学习生活中，我们要时刻发挥"纪风镜效应"的作用，来实现个人的全面发展。"团队成员张雄今同学这样感叹道。看着干净整洁的社区服务中心，同学们脸上洋溢着自豪的微笑，随着打扫任务的完成，本次活动圆满结束。"身体力行"是同学们来到三岔乡上的第一堂课。"我是清洁小卫士"活动是"我与三岔面对面"系列活动的开端，接下来同学们还将利用休息日陆续开展系列实践活动，在服务基层、联系群众的过程中长见识、增本领。

据悉，三岔乡是由中共湖北省委宣传部、中共省委湖北讲师团与中南民族大学共同建立的"理论热点面对面"示范点，主要建设工作由我

院承担。经过一年多的精心建设，我院在搭建理论对接基层平台、探索理论联系群众路径以及创新理论服务实践需要等方面积累了有益经验，在年初开展的全省示范点评比中拔得头筹，成效显著。今年，我院师生将围绕农村社区建设问题，开展调研活动，以实实在在的研究成果进一步推进示范点建设。

截至发稿前，第一批实习小组 15 名同学已被派遣至三岔乡直各部门、社区及村委担任主任助理，开展为期半月的挂职实习活动。

（编辑：黄萍　来源：中南民族大学马克思主义学院）

我院师生暑期到民族地区调研

2014 年 7 月 19 日到 23 日，省委宣传部、讲师团、中南民族大学恩施市三岔口社区理论热点面对面示范点专家阎占定教授、易新涛教授，带领部分教师和研究生，到示范点进行调研，并与恩施市宣传部、三岔口乡、三岔口社区有关领导就示范点建设召开了工作会议。会后，在市委宣传部邱副部长、理论宣传科向主任、三岔口乡汪副乡长、三岔口社区曾令虎书记的陪同下，阎教授一行就民族地区农村理论宣传和思想政治教育问题、文化建设问题、老党员生存状况问题走访了三岔口社区、梨子坝、燕子坝等 5 个村（社区），并带领研究生和在该地实习的本科生 20 余人，走访、慰问了非物质文化传人杨洪顺老先生，看望和慰问燕子坝村一家特贫户，并送去了慰问品。我院恩施带队实习老师张春枝、张燚全程参加了调研活动。

在此之前，我院张瑞敏教授、杨金洲教授也分别带领研究生到恩施、宣恩、来凤等地就民族地区精准扶贫、生态文明建设等问题进行了调研。

（编辑：张春枝　来源：马克思主义学院）

我院赴恩施开展社会服务活动

发布时间：2016-05-13

为了进一步推进学院承担的湖北省委讲师团"理论热点面对面"示

范点-恩施三岔乡的有关工作，落实学校"1221"对精准扶贫工程中的学院任务，4月25—27日，院长阎占定陪同清华大学吴潜涛教授、我院徐柏才教授等有关专家赴恩施市开展理论热点宣讲和精准扶贫工作。

4月26日，在三岔口社区，我院各位专家与恩施市委宣传部、三岔乡政府、三岔口社区书记等相关单位负责人深入交流了示范点建设与大学生社会实践基地建设有关工作，明确提出了打造全省理论宣讲示范点"升级版"的目标。4月27日上午在相关部门的陪同下，阎占定院长等冒雨到我院对口扶贫点-龙凤镇龙马村民族学校，为2名贫困生送去了我院教师募捐的1万元资教资金，双方并就我院精准扶贫工作进行了进一步交流。

（编辑：邓纯余　来源：马克思主义学院）

协助三岔乡开展农业支持补贴核查工作

2016 年 6 月 23 日，来自中南民族大学的 23 位实习生全部分配到恩施三岔乡 13 个村(居)，协助乡政府机关及村(居)干部开展农业支持补贴核查工作。

据悉，今年国家将粮食直接补贴、农资综合补贴、农作物良种补贴三项补贴，合并为农业支持保护耕地地力补贴用于耕地保护。为确保此项工作的落实，乡政府抽调 80 名机关干部及 23 名中南民大实习生组成工作专班，分赴 13 个村(居)，逐户审核农户姓名、身份证号、土地二轮延包面积、承包村组机动面积以及流转耕地面积、扣除面积、申报面积等信息进行核实，据实填报《恩施市耕地地力保护补贴面积分户申报表》，并由农户本人签字确认，确保补贴发放对象准确真实。目前，三岔乡已完成一半的农业支持补贴核查任务，其余核查正在有条不紊地进行中，预计本周内可全部结束。

示范点专家开展意识形态安全专题讲座

2016 年 7 月 1 日，三岔乡举行强化意识形态工作专题讲座，听取中南民族大学马克思主义学院副教授邓纯余作《当前我国意识形态安全形势分析》专题讲座，讲座由乡党委书记、人大主席查忠权主持。全体党政班子、各党支(总)部、党员代表 130 余人参加。

专题讲座上，邓纯余教授从什么是意识形态、何为意识形态安全、当前我国意识形态安全的机遇与挑战、当前我国意识形态建设的目标任务、维护意识形态对共产党员的要求等进行了讲解。邓教授的讲座主题鲜明、思想深刻，内涵丰富、重点突出，具有很强的理论性、针对性和指导性，进一步加深了全体党员对意识形态工作极端重要性的认识，增强了做好这项工作的责任感、使命感和紧迫感。

乡党委书记查忠权在主持学习活动时要求全乡党员干部要统一思想认识，全面落实党管意识形态的主体责任；加强工作协调，构建意识形态工作齐抓共管工作格局；强化组织领导，努力营造意识形态工作良好环境。

第二节　阳新县半壁山农场

深入基层，服务社会
——我院组织专家为半壁山农场发展规划把脉

2014 年 11 月 7 日，应阳新县半壁山农场的邀请，我院党委书记李从浩、院长阎占定、副院长赵继伟、刘启春教授以及美术学院副院长吴海广、管理学院副院长邓辉、湖北中南国旅副总经理叶志虎等一行 9 人前往半壁山农场，为半壁山农场发展规划建言献策。

尹孝然书记、毛卫平副书记代表半壁山农场党政领导班子对中南民族大学专家、教授的到来表示热烈欢迎。尹书记首先简要介绍了农场的发展历史和当前农场发展的状况，并针对位于半壁山农场境内的五七干校、太平天国古战场遗址以及网湖湿地等人文自然景观的发展规划进行咨询，希望利用高校的智力支持，助推农场的社会经济发展。管理学院副院长邓辉、美术学院副院长吴海广、湖北中南国旅副总经理叶志虎、我院刘启春教授分别就农场旅游规划、太平天国古战场的雕塑设计、旅游开发项目、历史文化长廊资料的收集和整理与农场领导进行了富有成效的交流，并提出了针对性的建议。

我院院长阎占定、党委书记李从浩就我院学生实习实训基地的建设提出了几点建议，希望深化合作，实现双方互利共赢。

会前，中南民族大学专家、教授参观了半壁山农场场部，并在农场领导的陪同下实地考察了太平天国古战场、千人冢、五七干校遗址、知青点、"铁锁沉江"石刻、网湖湿地等人文自然景观。

（编辑：董杰　来源：马克思主义学院）

半壁山农场实习实训队深入农户进行调查

2014 年 6 月 25 日，按照半壁山农场党委政府的工作部署，我院学生实习实训队围绕水泵站建设、土地承租、医疗参保、人口情况以及住房面积等首次深入半壁山农场 6 个大队和一个街道居委会进行地毯式调查。

在调查前，半壁山农场党委副书记毛卫平专门为我院学生实习实训队作了动员，对调查统计事项进行了详细说明，指出将基层工作做好做活是一项重点难点工作。在深入农户调查的过程中，要明确对象、多沟通、恰当的语句语气、注意方式方法与政策制度执行的有机结合，都是十分重要的工作技巧。会后，王忠盛副场长对我院实习实训队进行了分组，并安排了当地带队领导。

135

在实习实训中，我院学生十分注重转换学生角色，在很短时间内迅速融入到各自的工作岗位中，并与当地干部群众相处十分融洽。在下乡时，农场党政职能部门、各大队工作人员给予了大力支持，农户也都积极配合，同学们觉得收获很大。

根据实习安排，这次半壁山农场"摸家底"将会是我院学生实习期间的一项重点工作，也是一项艰巨任务。"能说、能写、能干"是我院学生此次下乡实践的中心思想。在实习过程中，通过专业理论与社会实际的结合，从而培养学生"向社会学习"的能力以及"参与社会"的能力。

（编辑：蒋再敬　来源：马克思主义学院）

我院助力半壁山农场旅游规划建设

为加强校地战略合作，助推地方社会经济发展，3月16—17日，应半壁山农场党政领导班子邀请，我院杨金洲院长、阎占定教授以及华中师范大学、湖北大学、中南国旅、湖北长江广电文创产业有限公司等专家和领导一行8人赶赴农场参加由我院与半壁山农场共同举办的农场旅游规划建设专家论证会。农场书记、场长及班子成员10人参加。

2018 年 16 日下午、17 日上午，在农场领导的陪同下，专家和企业负责人对网湖湿地、太平天国古战场、邮电部五七干校旧址等进行了实地考察。17 日下午，在农场场部会议室召开专家论证会，会议由半壁山农场党委书记毛卫平主持。毛书记对我院促成此次会议的顺利举行表示衷心的感谢，恳请专家为农场发展把脉。

杨金洲院长代表学院对农场 5 年来给予我院学生实习实训工作的大力支持表示感谢，希望在深化校地战略合作的基础上，进一步扎实推进实习实训基地建设和工作。论证会上，针对半壁山农场的旅游线路打造、景观与环境设计、历史文化挖掘与宣传以及乡村振兴等，各位专家和企业负责人献计献策，提出了针对性强、可行度高的思路与方案。

本次会议的举行，为当地产业发展提供了人才和智力支持，有力促进了当地社会经济的可持续发展，增强了校地互信。同时，也为进一步推进我院本科生实习实训工作的深入展开注入了新的动力。

（编辑：董杰 来源：马克思主义学院）

第三节 武汉市东湖高新区关东街锦绣龙城

一是协助社区做好"一标三实"工作。2019 年，武汉市公安局启动

"万名警察进社区，一标三实筑平安"活动。"一标三实"是实习期间工作量最大、任务最重、持续时间最久、收获和感悟最多的工作任务。锦上添花小分队实习生们积极配合关东街龙城社区负责辖区内的"一标三实"的信息采集工作，同学们被分配给不同的社区工作人员，在老师的带领下开展工作。

"一标三实"工作，"一标"是指街、路、巷、乡镇村组，房屋门牌及楼栋户号的标准地址；"三实"是指标准地址下的"实有人口、实有房屋、实有单位"，"一标三实"是公安部统一部署的基础信息采集工作，即标准地址，实有人口、实有房屋和实有单位。是推动公安工作信息化建设的重要举措，也是公安工作为创新社会管理提供的新路径之一。着力服务于公安实战、打击违法犯罪和全面夯实社区基础警务。由于城市规划建设、道路调整、人口流动等原因，导致地址门牌、房屋、人口、单位信息不准确，给政府决策、社会治理、公共服务等增加了难度。

此次信息采集主要采取上门走访和电话咨询两种方式。

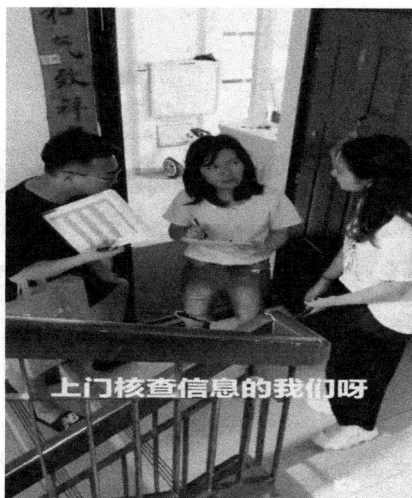

上门核查信息的我们呀

尽管有社区工作人员的陪同，但是在信息采集过程中，同学们也还是遇到了各种问题，如群众不理解、不配合甚至不开门、不提供信息或者提供虚假信息，导致信息采集工作无法正常进行。

实习生"一标三实"上门服务

在此期间将所经历的困难都在当作自己宝贵的历练的机会，将与居民面对面交流中遇到的各种问题都积极与带队老师交流，将问题都顺利解决，也在其中得到锻炼，提升了自己的交流沟通能力，应变能力，总

实习生"一标三实"电话核查

结了基层的经验，丰富了自己对于社会的阅历，在参与城市治理的过程中，与城市融入的更深了。

二是做好社区志愿服务。在锦绣龙城实习的半个月里，我们作为实习生，共进行了两次志愿服务活动，在两次志愿服务中领会到社区环境建设的重要性，也深刻体会到工作人员的不易。两次志愿活动都围绕社区周边卫生清洁、单车摆放展开。

2019 年 6 月 28 日，在社区工作人员的带领下，实习生与志愿者们一行人拿起垃圾夹和垃圾袋，穿着志愿者马甲共同出发。

　　此次志愿者活动，主要是对龙城社区龙城路绿化带里的白色垃圾以及路边张贴的小广告进行清理，处理路边共享单车乱摆放的问题。大学生实习生和志愿者们与社区工作人员不怕脏、不怕累，认真清理看到的垃圾，不放过任何细小的垃圾，有的垃圾不方便用工具捡，学生们就用手捡起来放到垃圾桶里。

实习生们志愿服务场景

　　绿化带里的垃圾得到了很好地清理，路边张贴的各种小广告被全部清理，路边乱摆放的单车也被志愿者们摆放到了正确的位置。

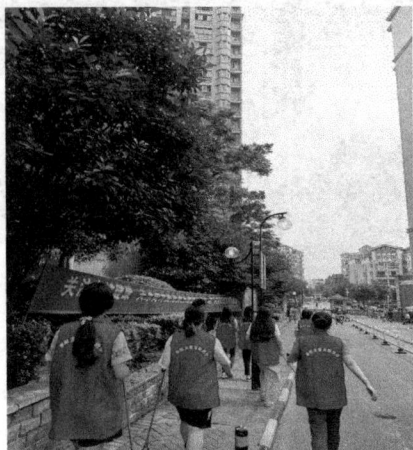

　　一个半小时的卫生清理活动，龙城社区路边的卫生得到了很大的改善，获得龙城社区的居民们的好评，同学们表示在此次活动中明白社区卫生文明的重要性，希望这样的志愿活动能坚持。

　　2019 年 7 月 5 日，实习生们时隔一周再次参与社区卫生环境清理工作，此次活动主要针对龙城社区 B 区绿化带、居民楼附近环境存在的卫生问题进行集中整治，我们居委会工作人员在杜书记的带领下联合物业相关人员徒手搬运生活垃圾、各类废弃物，例如废弃的床垫沙发、废铁、废弃的纸箱等，都一一被清理了。

同学们和社区治安人员搬运废旧沙发、深度清理垃圾

为迎接十月份军运会，锦绣龙城对社区环境的整改力度较大，不放过任何一个死角，我们经过两次志愿服务，也深刻的感受到社区环境正在变好，作为实习生能够为美好社区环境贡献一份小小的力量，也是我们的骄傲。

实习生志愿服务场景

这不仅仅是一次在社区实习的志愿服务活动，这也是实习生们互帮互助，凝聚力量，一心向"善"的过程，我们收获的不仅仅是美好的社区环境，更让是弥足珍贵的情谊。

实习生们互相帮忙戴袖章的场景

实习那些天，正值武汉高温天气，大家不畏酷暑，坚持完成实习工作，即使被蚊虫叮咬的很严重，也没有一声抱怨，居委会工作人员胡姐为我们买来了风油精，大家互相帮忙涂抹。

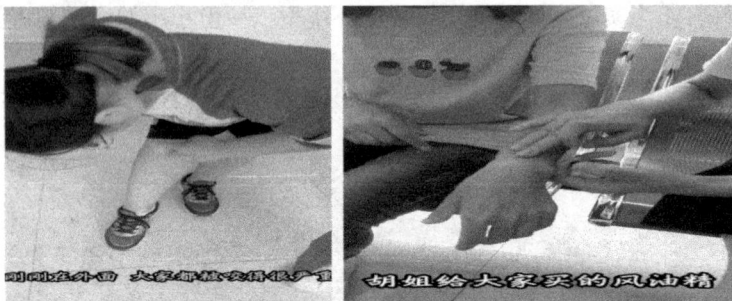

图为大家涂抹风油精场景

　　无论多辛苦，志愿的过程与结果都是开心的，大家的一点点付出都会带来大大的成就感，这便是最好的结果。

图为志愿活动结束整理衣物现场

第七章　民族团结进步教育

实习实训期间，中南民族大学马克思主义学院师生通过各种有效形式开展民族团结进步教育活动，进一步促进了各族人民群众交往交流交融，增强了民族感情，不断铸牢中华民族共同体意识。实习实训师生主要是在民族地区的恩施市三岔镇和少数民族人口较多的武汉市百步亭社区开展了民族团结进步教育活动，其他两个实习基地开展活动相对较少。

第一节　三岔实习团队民族团结教育进步 活动经验总结

习近平总书记在讲话中指出，"各民族之所以团结融合，多元之所以聚为一体，源自各民族文化上的兼收并蓄、经济上的相互依存、情感上的相互亲近，源自中华民族追求团结统一的内生动力。"恩施市三岔镇文化遗产丰富，服饰、饮食、起居、婚俗、舞蹈等都是值得挖掘和广泛宣传的文化资源，也是维系民族团结的重要纽带。中南民族大学马克思主义学院三岔实习队与三岔镇人民政府保持长期的合作关系。近年来，中南民族大学马克思主义学院每年派遣 15~20 名思想政治教育专业的学生和 2 名指导老师，进村入户，走进田间地头，实地了解老百姓的生产发展和致富需求，结合民族地区农村经济社会发展的实际情况，与当地群众进行面对面的交流，开展理论宣讲和实地调研。在共同促进少数民族团结、开展民族团结教育活动上取得了良好成效，收获了关于民族团结教育活动的宝贵经验。

一、活动形式

理论宣讲。2012 年 12 月，恩施市三岔乡三岔口社区被确定为全省 15 个理论热点面对面示范点之一，由中南民族大学马克思主义学院驻点进行对口建设。2013 年 5 月，"中南民族大学理论热点面对面示范点"暨"中南民族大学马克思主义学院学生实习实训基地"落户湖北恩施土家族苗族自治州三岔乡（现更名为三岔镇）。根据协议，之后每年中南民族大学学子将分期分批到三岔基地，开展实习和挂职锻炼，广泛开展社区建设、城镇化发展、民间文化资源、民族团结调研等方面的实践调研。马克思主义学院思想政治教育专业的学生积极参与到实习实训工作当中来。每次宣讲，大家会将前期的调研成果转化成讲课内容，通过"点对点""面对面""交谈式"的模式，以"屋场会""院坝会"形式开展"滴灌式"宣讲，从相同历史文化、共同饮食起居、共通的民族语言等讲授少数民族一家亲、世世代代永相连的民族特色与民族优势。一场场生动的报告会，一次次精神的"及时雨"，传播党的理论、阐释政策主张、回应群众关切、满足群众需求，在全镇上下汇聚起塑造美好形象、实现振兴崛起的磅礴力量。理论宣讲是民族团结事迹活动的经验之一。

实践调研。中南民族大学马克思主义学院三岔实习实训队每年于 6 月下旬至 7 月上旬在恩施市三岔镇的不同村落开展为期 15 天的实践调研。以不同年龄、不同职业的土家族、苗族等少数民族同胞为主要调查对象，以党政机关、社区工作人员为辅助调查对象，通过实地走访、问卷调查、个人访谈的方法对其民族文化、民族传统、民族资源等开展调查。调查主题丰富多样又具有凝聚性，调查人群涉及恩施州不同乡村、不同年龄段、不同职业、不同民族的人群，尽力使调查结果精确而有价值。在实地调查结束后，调研小组内部还会进行分工，共同撰写调查报告，并尽可能使调查具有价值意义，能够进行成果转化，在实际中应用推广。

二、活动成果

通过理论宣讲和实地调研，三岔实习实训队不仅收获了宣讲和调研的注意事项和技巧，还总结归纳出了关于促进民族团结的三个关键要素，即优美的自然人文景观、共同的民风民俗和宝贵的非物质遗产文化。这些对于保障民族生存发展、维系民族团结、增进民族自豪、保证民族生生不息、维护少数民族聚集地的稳定和谐，都起着重要作用。

（一）扎实开展民族团结教育

1. 首先是开辟大学生实习基地，拓展理论互动机制，形成以多名专家带头、党政干部负责和十余名学生开展调研的团队。其次是克服文化障碍。创造了丰富的理论宣讲方式，尤其是在地方，专门培养当地村民进行宣讲，克服宣讲过程中出现交流障碍，同时以村民的'身边人'作为宣讲人，使得宣讲内容更易深入群众心中。第三，克服体制机制障碍，建立省、市、州、县、乡一体联动协作模式。最后，在宣讲内容上结合三岔乡实际精心挑选，力争精细化运作。内容除了国家政策的理论宣讲外，还包括乡风文化建设、农村法律普及、家庭婚姻处理、民族团结、人与自然和谐相处、金山银山与绿水青山关系等与当地百姓生活相关的话题。

2. 应三岔镇要求，让实习实训学生设计一面文化墙，文化墙位于出入三岔的要道，设计文化墙可以让游客更了解三岔文化，同时属于中学外墙，可以加强文化传承，让青少年学生了解三岔。实习实训学生为设计文化墙，提出了三种方案进行选择。方案一主要是从文化三岔和生态三岔出发，方案二是从原生态三岔和民族文化展进行展示，方案三是重点表现中华传统美德、中国革命优秀传统、社会主义核心价值观三大内容。三种方案各有侧重点，但主要都是宣传三岔特有的地域文化和民族文化。

(二)非物质文化遗产是增进民族认同的法宝

三岔镇具有浓厚的文化底蕴，民族文化是开展理论宣讲的重要载体。近年来，实习实训学生在三岔镇探访了三才板非遗代表性传承人杨洪顺以及三岔镇前文化站站长王金海，参观了傩戏面具、根雕、葫芦等各类民族艺术品。据悉，近年来，三岔镇人民政府极其重视文化建设工程，提升文化软实力。不断出台文化相关发展政策，投入大量人资物资。

1. 三才板

实习实训学生探访了三才板非遗代表性传承人杨洪顺，75岁的杨老身着传统土家族服装，为他们展示了一段美妙欢快的莲香舞，热情介绍了恩施土家族苗族的优秀传统文化——三才板剧的形成与发展，并与学子交流民间文艺的发展现状与前景。实习实训学生通过与非遗传承人面对面交流，了解三才板的历史渊源，加深理论学习。

2. 打莲香

莲香作为恩施土家族苗族自治州的民间文化艺术，非物质文化遗产，也是三岔的本土特色文化。当地居民会带小朋友切身接触山歌、傩戏、莲香等舞种艺术，中小学课间操跳的亦是当地的特色舞蹈摆手舞。实习学生在实习实训期间曾与当地居民进行打莲香排练，参与到当地舞蹈比赛。张雪同学还在支部主题党日+系列活动中表演打莲香。只有诚心诚意的去接触群众文化，才能体验到群众文化的魅力，身体力行的传承传统文化。

3. 傩文化

三岔傩戏历史悠久，它起源于两千多年前的迎神庙会，是人们驱除瘟疫、祈求国泰民安、风调雨顺、五谷丰登的一种民俗活动，被誉为"中国戏剧的活化石"。傩文化是三岔镇重点培育的品牌，还专门建立了傩文化培训班，注重推进以"傩文化"品牌为特色的乐民工程。学生一行人还探访了三岔镇前文化站站长王金海，参观了傩戏面具、根雕、葫芦等各类民族艺术品，感受民族文化的深厚力量。观看了部分村支部举行的庆祝党成立 97 周年的文化艺术表演活动，参观了恩施州博物馆了解恩施土家族文化，尤其是"民族民俗篇"向我们展示了恩施州各民族丰富多彩的民族民俗文化，最终形成了一份关于恩施土家族苗族自治州的民族文化调研报告。其中实习实训学生朱瑶同学在任三岔镇文体服务中心主任助理期间，认真了解了傩文化的历史和发展现状，分析了傩文化培训班建设成功的原因，还在例会中分享了她关于傩文化的所思所得。

（三）深入开展民族文化调研

1. 民族地区旅游事业发展（清江）

清江是长江中游在湖北省境内仅次于汉水的第二大支流，发源于恩施州利川市齐岳山，在宜都陆城汇入长江，全长 423 公里，流域面积达 1.7 万平方公里。清江流域水资源丰富，是利川、恩施两大城区的主要水源，被誉为土家儿女的"母亲河"。清江区域旅游经过十多年的发展，旅游产品的开发已进入较为成熟的发展阶段，但对区域旅游营销的研究尚处于初步阶段，通过对这一研究领域进行理论上的探索，对提升区域竞争力，促进区域经济发展有着重要意义。近年的实习实训学生都实地观察了清江旅游项目，并对前来的游客进行访谈和数据收集，对大清江景区生态旅游开发的优势、存在的困难和问题，并就调查资料进行了调查总结和反思，提出清江要进行准确地形象定位，在发展过程中还要注重生态保护，一是提高思想认识，加强组织领导；二是加大投入力度，保护生态环境；三是提升监管能力，强化行政执法。

2. 民族传统文化传承(土司城)

距市政府所在地 500 米，占地面积 300 余亩。包括门楼、侗族风雨桥、廪君祠、校场、土家族民居、土司王宫——九进堂、城墙、钟楼、鼓楼、百花园、白虎雕像、卧虎铁桥、听涛茶楼、民族艺苑等 12 个景区 30 余个景点。"文化是一个国家、一个民族的灵魂。文化兴国运兴，文化强民族强。"恩施土家族苗族自治州土司城，是中国土司制度的缩影。恩施在自身独有的文化上，做到了保护与传承。实习实训队还做了一份关于游客对恩施土家族苗族自治州的土司城评价调研问卷，并选出了关于土司城的优秀日志。有同学在日志中写道："土司城无论是建筑还是歌舞，都反映了土家族的历史渊源，其中蕴含的优秀传统文化，代表着土家族独特的精神标识，对延续和发展中华文明，促进人类文明进步发挥着重要作用。"

三、活动经验总结

恩施土家族苗族的团结文化是中华民族团结文化的有机组成部分，

近年来我们在三岔镇进行了理论宣讲、实践实训和媒体宣传等民族团结活动，取得了良好成效，工作中仍存在一些不足之处。

（一）成立高素质团队，扎实有效地开展民族团结教育宣讲活动

在建好理论宣讲主阵地、创新宣传方式和手段、选好理论宣讲主力军、增强宣讲吸引力和实效性四个方面不断下功夫，以使宣讲能因地制宜、与时俱进，达到宣讲水平更高、宣讲效果更好、宣讲受众更广的杰出成绩，让当地百姓从理性认知上获取到民族团结的必要性、重要性和行为方向。

（二）利用民族团结活资源引导受众了解民族历史文化

通过创新发展中华文化，丰富民众的精神世界，增强民众的精神力量，提高民众的文明素质。如相关部门采取了设计文化参观便利线、专业人士讲解土司城历史、角色表演、展览和售卖少数民族手工艺品等措施，让人们直观、切实地认识当地民族特色、了解民族传统，感受土家族苗族人民的能歌善舞、热情好客、和谐团结。

第二节　百步亭社区实习团队民族团结进步
教育活动经验总结

2019 年 6 月至 7 月，我院实习实训师生共计 22 人在百步亭社区参加实习实训。实习实训师生在社区党建引领下，不断融入社区民族工作网络建到楼栋、"三级负责"制、"一户一档"制三位一体的工作模式和机制之中，积极参与社区民族团结进步教育活动。主要参加了以下工作和活动：

一是搭建广阔舞台，少数民族居民当家作主发挥作用。百步亭社区坚持"主导不包办、群众说了算"，引导各族同胞通过"六步议事"民主协商方式解决问题，让各族同胞参与社区治理。社区把少数民族中的积极分子吸收进社区工作，为民族工作服务，维护少数民族权益。通过民族工作议事会，广泛听取并及时了解少数民族居民的建议和意见，将社区发展中的重大问题提交社区参事会商议。文卉苑居民巴英，一家四代七口人同住在百步亭，是一个传统的回民家族，入住百步亭后，她积极参与社区管理工作，得到居民肯定，成为了文卉苑居委会的一名社区工作者。为保障不同族群的利益诉求，百步亭社区通过居民自治的方法，解决关系居民切身利益的问题，使包括少数民族在内的广大居民参与社区事务民主决策，达成共识。这样能更好的引导少数民族居民在思想上同心同德、目标上同心同向、行动上同心同力，充分发挥他们团结广大少数民族群众的积极作用。

二是营造民族团结氛围，促进民族间和谐友爱。百步亭社区为提高居民对民族团结进步工作的认知，每年开展"七个一"活动：举行一场民族团结宣传教育启动仪式，制作一期民族政策、法规、知识等的宣传展板，悬挂一批宣传标语和口号，发放一组宣传资料，举办一次座谈会、开展一期社区骨干的培训班，开展一次联谊活动，让居民在参与的过程中了解民族风俗、地域风情，增进民族交流，培养各民族居民间的感情。社区推进各民族群众共居、共学、共事、共乐，实现各民族交往交流交融更加密切。百步亭万家宴，一家一道菜，万人欢聚过大年。万家宴设有少数民族专区，少数民族居民身着民族盛装，成为"乡音乡情"的讲解员和代言人，展示民族特色和饮食文化，增进民族交流团结。新疆的手抓饭、馕饼，云南的过桥米线、烟熏腊肉，彝族、傣族、白族、回族、藏族、瑶族、景颇族、佤族等少数民族的特色菜肴琳琅满目，用一道道菜肴展示亲情友情邻里情。一年一度的百步亭社区元宵灯展上，56个民族组成的民族团结灯吸引了众多的居民驻足观赏，"民族团结灯"展示了百步亭社区各族居民和睦共处、亲如一家，共创民族团结的和谐局面。百步亭牵头联络全国社区连续举办了八届"全国社区网络春晚"，参与社区由最初的1000增加到2万多个，由最初的维吾尔族、哈萨克族、回族、苗族、朝鲜族等各族同胞1万居民参演，逐年增加到了20多万人，点击收看总人数达3亿多人次，成为展示民俗民艺、民族歌舞的草根盛会和重要品牌，曾经荣获"中国互联网创新品牌奖"。

第三节　半壁山实习团队民族团结进步教育活动

阳新县半壁山农场少数民族人口较少，实习实训师生主要面向辖区内的中小学学生讲解和弘扬民族文化，促进民族团结。我院实习实训小分队多次在带队老师的带领下多次前往半壁山农场中学、半壁山中心小学开展主题为"多彩民族，绚丽中华"的民族文化进校园主题活动。

农场党委副书记冯祥星、纪委书记邓春广赴农场学校看望慰问实习师生，并就民族文化进校园活动进行指导。冯书记认为民大学子开展民族文化进校园活动，展现了民族院校风采，希望中南民族大学马院学子以弘扬民族文化活动为契机，增强中小学生民族团结意识。农场中学校长喻长青从历史沿革、学校规模及教学成绩三方面简要介绍了半壁山农场中学的发展状况，对我院实习分队开展的民族文化进校园活动表示热烈欢迎。在农场中心小学，校方与我院师生进行了座谈，年级吴主任主要介绍了学校课程设置、学生思想特点、国学讲授及其德育开展等方面。

民族文化进校园系列主题活动中，实习小队以生动活泼的形式向农场中小学生讲解了回族、侗族、藏族、畲族、土家族、苗族等不同民族的历史、服饰、风俗、饮食等方面的知识。另外，我院实习小队还向农场小学赠送了书法用品和学习文具。

　　我院结合实习基地实际情况多次提交了"理论宣讲与民族文化进校园"为主题的实习方案，计划在顶岗实习的同时，向中小学学生展示多彩中华文化，弘扬民族精神，铸牢中华民族共同体意识。

第八章 调查研究

第一节 民族地区调查研究

一、民族地区农村基层干部履职状况的调查与分析摘要
——以湖北省恩施土家族苗族自治州为例

党中央"八项规定"出台后，民族地区农村基层干部履职状态明显好转。但基层干部在履职中的"为官不为"现象比较突出，不作为、慢作为、不担当。

主要原因。岗位职责模糊，缺少必要的边界；地方党委政府的决策和执行存在一定的问题；降低行政成本的扩大化、绝对化和"一刀切"；监督的边界无限扩大，监督效果更为严厉，不同指向的各种监督相互叠加，但缺乏明确的具体标准；收入过低，上升无望。

治理之策。明确农村基层干部的工作边界，制订明确且具体的职责清单；科学决策，分层负责，加强指导；适当增加基层行政成本的投入，改善和优化农村基层的工作条件；制定明确而具体的工作标准，建立健全联述联评联考机制；提高待遇，搭建通道。

实际应用。2016 年 1 月，习近平指出，对当前干部队伍中比较突出的"为官不为"现象，"我们要高度重视，认真研究，把情况搞清楚，把症结分析透，把对策想明白，有针对性地加以解决"。因此，本课题适应了社会现实中解决问题的迫切需要，可以直接为当前民族地区各级

党政机关强化干部的责任担当、加强农村基层干部"为官不为"现象的专项治理提供直接的政策建议，并为全国各地加强各级干部"为官不为"现象的专项治理提供有益的参考。

二、民族地区农村土地流转中农民权益的界定与保护调查报告摘要
——以湖北省恩施市为例

为积极响应由中共中央办公厅、国务院办公厅印发的《关于引导农村土地经营权有序流转发展农业适度规模经营的意见》等相关政策文件，正确处理好民族地区农村土地流转与农民权益保护之间的关系，本课题组于 2015 年 7 月至 8 月深入恩施市农村地区，充分运用文献分析法、问卷调查法、访谈法、定量分析与定性结合分析法等方法，对相关问题进行调研，发现土地流转中农民权益受到侵害的原因在于土地流转主体利益分配不当、土地流转的市场环境不成熟以及相关的配套制度不完善，并从这三个层面提出了切实可行的对策建议。

实际应用

为加强保护民族地区农村土地流转中农民权益，首先要合理定位农村基层政府和村级组织的职能，建立健全土地流转的服务体系，进一步稳定土地承包关系，做好民族地区农村土地的确权登记工作；其次，要提高农民的法律意识，加强农民的职业技能培训，并不断完善土地流转运行的市场环境；最后要积极完善相关的配套制度，出台《土地流转纠纷仲裁法》、《土地流转纠纷调解法》等法律法规，为保护农民权益提供合法依据。

三、湖北省农村贫困人口退出机制研究摘要
——基于恩施州龙凤镇龙马村的实证调查

实现农村贫困人口的脱贫是全面建成小康社会的基本标志。随着 2020 年的临近，保质保量、有序开展"贫困退出"已经成为当前我国扶

贫开发工作的重中之重。我们以恩施州龙马村(预定今年"出列")为样本,对贫困人口脱贫机制的运行状况作一个案剖析,籍此客观描述当前我国民族地区农村贫困人口退出的行进样态,并籍所形成的一些观察、认识,帮助调研地对相关工作开展经验总结,更期待脱贫过程中的一些共性问题得到重视与及时解决。

主要问题

1. 精准识别力度不足,动态管理存在缺陷;2. 贫困群众的实际需求与扶贫政策的刚性要求存在矛盾;3. 基层工作"自说自话",贫困退出缺乏公信力;4. 基层干部与村民沟通不够,彼此缺乏理解;5. 贫困群众退出主动性不强,"等靠要"思想依然存在;6. 民主评议及公示环节未能在贫困退出中发挥应有作用;7. 贫困退出宣传力度不足,群众多作"壁上观"。

对策建议

"三项机制"相关联,一定把好核查验收关;2. 干部扶贫须"下沉",加强沟通显实效;3. 为体现"精准",在刚性政策下允许"特别申请";4. 提倡贫困户"自家人"参与验收,完善民主评议和公示;5. 做实贫困退出追责机制,力避"运动式"脱贫退出;6. 强化对扶贫干部在业绩上的正向激励;7. 增强贫困群众参与意识,让贫困人口有更多的获得感;8. 改变政府唱"独角戏"局面,促大扶贫格局形成;9. 抓紧建立"贫困退出后"的扶贫工作长效机制。

实际应用

我们的调研报告得到了湖北省扶贫办领导的重视,给予了400多字的批示语,称"报告很有价值,提出了很好的政策建议和对策,给我们以极大的启发作用",特别提到了三项具体建议,评价说"对化解我省农村扶贫、特别是农村地区的扶贫工作中的难题提供了很好的路径和参考。在今后的工作中,我们将充分吸纳她们所提出的一些好想法,力求变成具体的政策和措施,来推动精准扶贫深入开展"。我们的调研报告还得到了调研地龙马村委会的充分肯定,他们表示"已认真研读和研究，对我们的调研报告予以采纳，并将运用到实际工作中去。

四、城乡一体化视域下三代农民工政治认同调研报告摘要

调研组综合考虑三岔镇对从事制造业、建筑业、服务业等行业的农民工进行了相关调查，分析有效问卷 150 份，得出以下主要结论：

1. 三代农民工政治认同的现状与差异

工资待遇偏低、合法权益受到侵害、社会性支持系统的匮乏削弱了农民工的利益认同；农民工对土地制度的认同较高，对户籍和社会保障制度评价一般；对中央和地方政府的认同存在阶梯型递减的怪象，对国家政策与政策落实的态度有显著差异。基层工作人员的作风削弱了农民工的权威认同；农民工政治参与意识不强，认为缺乏表达利益诉求的渠道。农民工认同传统的农村政治文化，对现代城市文化有所适应，但存在认知偏差。三代农民工对利益分配、土地制度、户籍制度、社会保障的认同有差异，政治参与意识、民主平等意识、法律法治意识、城市适应度呈代际增长趋势。

2. 影响农民工政治认同的主要因素

经济收入从根本上制约着农民工的政治认同，劳工权益尚未获得有效保障是影响其政治认同的主要原因，城市社会的排斥直接弱化了农民工的认同；严格的户籍限制，分配制度未显现本该有的公平价值，社会保障趋于边缘化是影响农民工政治认同的主要制度因素。政府行为失范，职能错位，有关政策落实或执行不到位，影响农民工政治认同。此外，社会文化因素、农民工自身素质也是制约农民工政治认同的重要因素。

3. 农民工政治认同的路径探索

路径主要有：平衡各方的利益格局，提高利益认同；消除社会制度的不公，增强制度认同；规范政府行为和转变政府职能，建构政治权威认同；调和城乡政治文化的矛盾，避免文化认同危机；提高农民工素质，培育政治参与意识。措施主要有：提高劳工的薪酬，重视民工的利

益诉求；推进农业转移人口市民化，改革城乡二元的户籍制度；深化分配制度改革，重构民工与市民的利益关系，健全农民工的社会保障制度；贯彻为人民服务的宗旨，增强行政能力；强化农民工的参与型政治文化的观念，化解城乡政治文化的冲突；发挥大众传媒的影响力，开展多种形式的教育引导。

五、民族地区农民法治信仰的调研报告摘要

为了准确地了解和把握民族地区农民法治信仰的状况，2015 年 7—8 月间，课题组成员深入湖北省恩施土家族苗族自治州的恩施、宣恩、咸丰、鹤峰、来凤，湖南省湘西土家族苗自治州的龙山县、永顺县等少数民族聚居地，在 10 个乡镇的 20 个自然村中随机抽样，通过调查问卷、实地走访、集体座谈等方式，进行了集中调研。此外，还委托一部分回乡休假的大学生，到湖北省恩施土家族苗族自治州利川市、荆州市松滋市卸甲坪乡等地就近发放调查问卷。课题组先后发放调查问卷近 400 份，回收有效问卷 356 份，占发放总数的 89%。

1. 培育和增强民族地区农民法治信仰的时代价值

农民法治信仰是解决民族地区农村社会问题的内生动力；法治信仰是实现民族地区和谐发展的重要保障；法治信仰是民族文化传承的重要要求；法治信仰是提高民族地区社会治理法治化水平的重要基石。

2. 民族地区农民法治信仰的实际状态

对法律文本和具体条文的知晓度低；依法行事、依法维权的意识相当淡薄。对依法治理的行为表现漠然，捍卫法律尊严的自觉严重缺少；对法律的公正性严重不足、信任度偏低。

3. 民族地区农民法治信仰不足的主要原因

第一，民族地区地域封闭、经济不发达、农民思想文化落后；第二，民族地区习俗、宗教教义、宗族思想的长期影响；第三，获得法律知识的渠道十分有限。此外，不良社会风气的负面效应。

4. 民族地区培育农民法治信仰的有效路径

第一，创新法制宣传教育，切实让农民知法懂法；第二，多元并举，系统推进农村社会的综合治理，让农民尊法；第三，平等、公正、严格地实施法律，让农民信法守法；第四，健全依法维权机制和纠纷化解机制，建设完备的法律服务体系，让农民用法；第五，推进法治公开化，扩大社会参与，让农民护法。

六、恩施市三岔口社区思想理论教育宣传工作状况调查摘要

1. 社区群众对党的理论宣传教育的认知度分析①

社区群众政治理论学习兴趣浓厚。在抽样调查的 211 份问卷中，统计数据显示，平时比较关注理论学习的人数有 95 人，占 45%；偶尔关注的有 89 人，占 42.2%，而只有 12.8%的群众明确表示不关注政治理论学习。(见表 8-1)

表 8-1　　　　　　　　对政治理论学习的态度（N＝211）

题目	您平时关注政治理论学习吗?		
选项	比较关注	偶尔关注	不关注
频数	95	89	25
百分比	45	42.2	12.8

社区群众对党的理论了解程度的有限性。调查发现，尽管社区群众关注党的理论，但由于缺乏宣传教育，对党的理论的了解只是零散的、简单的，没能够形成相对全面、系统的把握。在调查中，当问到你对中国特色社会主义理论体系了解程度时，回答"有较深了解"只有 14.7%，

① 调研报告系师生共同合作完成，有的是示范点专家和实习指导教师的课题，也有的是学生的暑期"三下乡"和"大创"训练项目的成果。此处节选了部分研究报告的成果。编者注。

知其主要内容但不全面的占 27%,略知一二的占 35.5%,不清楚或没有听说过却占到了 22.7%。(见表 8-2)

表 8-2　　　　　　**对党的创新理论的了解程度(N = 211)**

题目	您对中国特色社会主义理论的了解程度			
选项	有较深了解	知其主要内容但不全面	略知一二	不清楚
频数	31	57	75	48
百分比	14.7	27	35.5	22.7

社区群众政治理论的信仰度较高。在调查中,就题为"您认为党员群众对中国特色社会主义的信仰程度"的问题进行调研,在受调查的 211 人中,有 99 人,占 46.9% 的基层群众坚信中国特色社会主义,有 22.7% 的受访者认为只有少数人或个别人信仰中国特色社会主义;有 31.8% 的人说不清楚。(见图 8-1)

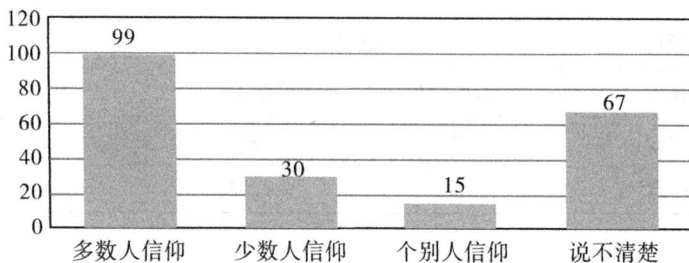

图 8-1　对党的创新理论的信仰度

数据说明,随着党在民族地区的惠民政策的落实,民族地区经济社会的发展,广大社区群众生活水平的改善和提高,社区党员群众对中国特色社会主义道路是肯定的,对中国特色社会主义理论是拥护的。但由于理论宣传教育的工作的局限,仍然有相对数量的受访者对中国特色社会主义认识上还存在模糊和迷茫的问题。这一方面说明理论宣传工作不

前的宣传力度"一般"或"不充分"。社区群众一致认为社区党的理论宣传和思想教育的力度"应该加强"。

表8-3　　　社区理论宣传和思想教育工作的力度评价（N=211）

题目	您认为当前社区党的理论宣传和思想教育工作的力度是			
选项	力度大	力度比较大	力度一般	没有力度
频数	29	59	96	27
百分比	13.7	30	45.5	12.8

社区群众有着积极健康的生活休闲方式。三岔口社区群众中有61.1%的群众在闲暇业余时间的活动方式和内容主要是读报刊杂志看电视上网等活动；家务劳动教育、子女家务活动的占23.2%；逛街逛商店走亲访友等外联活动的占6.2%，而相对不够积极的娱乐活动如打麻将打牌等活动则很少，只占到9.5%。这就表明基层群众的业余生活方式是积极健康的，也说明了社区思想政治教育工作、群众文化娱乐工作做的比较好，比较到位，能够吸引群众。

表8-4　　　社区群众闲暇时间的活动状况（N=211）

题目	在业余时间或空闲时间里，您常常喜欢			
选项	阅读报刊杂志看电视上网等活动	家务劳动教育子女家务活动	逛街逛商店走新访友等外联活动	打麻将打牌娱乐等娱乐活动
频数	129	49	13	20
百分比	61.1	23.2	6.2	9.5

4. 社区群众对理论宣传教育的需求

社区群众对党的理论宣传教育工作有了更高的要求。受访者认为理论宣传的组织工作需要改进的占17.1%，理论宣传内容改进的占27%，

够，另一方面也说明部分基层党员群众对待理论认识上的矛盾心理和模糊状态。

2. 社区群众接受理论宣传教育的途径分析

大众媒体是社区群众接受理论宣传教育的主渠道。社区群众通过广播电视了解中国特色社会主义理论，接受宣传思想教育的占65%，加上网络途径的20.4%，新媒体成为社区群众接受理论宣传教育的主渠道和基本方式，而传统的媒体书籍报刊占10%，而社区有组织的宣传思想教育方式则成为补充方式，仅仅占4.6%。

理论宣传报告会是社区群众接受理论宣传教育的补充形式。在受访者中有高达近70%的党员和群众表示从来没有参加过相关理论报告会，18.5%的受访者表示在过去的一年里听说报告的次数为1~4次，而参加10次以上的则只有6.1%。从访谈中得知，参加理论学习报告会次数多的人，大凡是社区领导干部，而且参加的报告会包括市、乡和社区各个层次举办的报告会。

3. 社区群众对理论宣传教育工作的评价

社区群众认同和接受党组织的理论宣传教育。对乡镇和社区党组织所进行的理论宣传和思想教育的态度，持完全相信的有46人，占比为22%，基本相信的有80人，占比为38%，有点相信的30人，占比为14%，不相信的有55人，占比为26%。超过60%的人信任党组织的理论宣传和思想教育，党组织的在社区群众中是有威信的，党的理论是有说服力的。有近一半的受访者表示"完全相信"地方党委政府宣传的理论，有近三分之一的受访者明确表示"不相信"。

社区群众肯定社区党组织理论宣传教育工作的力度。有13.7%的人认为当前的宣传教育力度大，30%的人认为宣传教育力度比较大，认为宣传教育力度一般的占45.5%，认为没有力度的只占12.8%。社区党组织十分重视理论宣传和思想教育工作。围绕党的十八大精神和和谐社区建设，组织了一系列报告会、板报宣传、文艺活动等宣传教育活动。社区群众对这些活动有选择性的参加。有超过一半的受访者表示当

前的宣传力度"一般"或"不充分"……众一致认为社区党的理论宣
传和思想教育的力度"应该加……

表 8-3　社区理论……思想教育工作的力度评价（N=211）

题目	……为当前社区党的理论宣传和思想教育工作的力度是			
选项	力度大	力度比较大	力度一般	没有力度
频数	29	59	96	27
百分比	13.7	30	45.5	12.8

社区群众有着积极健康的生活休闲方式。三岔口社区群众中有
61.1%的群众在闲暇业余时间的活动方式和内容主要是读报刊杂志看电
视上网等活动；家务劳动教育、子女家务活动的占23.2%；逛街逛商
店走亲访友等外联活动的占6.2%，而相对不够积极的娱乐活动如打麻
将打牌等活动则很少，只占到9.5%。这就表明基层群众的业余生活方
式是积极健康的，也说明了社区思想政治教育工作、群众文化娱乐工作
做的比较好，比较到位，能够吸引群众。

表 8-4　社区群众闲暇时间的活动状况（N=211）

题目	在业余时间或空闲时间里，您常常喜欢			
选项	阅读报刊杂志看电视上网等活动	家务劳动教育子女家务活动	逛街逛商店走新访友等外联活动	打麻将打牌娱乐等娱乐活动
频数	129	49	13	20
百分比	61.1	23.2	6.2	9.5

4. 社区群众对理论宣传教育的需求

社区群众对党的理论宣传教育工作有了更高的要求。受访者认为理
论宣传的组织工作需要改进的占17.1%，理论宣传内容改进的占27%，

理论宣传的形式改进的占35.5%，没有提出具体建议的有20.4%。社区群众认为理论宣传和思想教育的着力点在"如何改进宣传的内容"和"如何改进理论宣传的形式"两个方面。

社区群众对理论宣传教育的内容有了新的拓展。社区群众除了关注党的政治理论之外，对农业科技和法律方面理论知识，也比较关注。相对来说，社区群众更重视农业科技、经济和法律知识。有41.7%的人选择当前最需要的是农业科技；有27.5%的受访者最需要的是法律知识，这反映了农村基层群众的法律意识的增强，需求"经济知识"的占到受访者的27.5%。

社区群众欢迎宣传党和国家政策方针方面的文娱活动。调研发现，有近一半的受访者认为社区文化活动应该将"宣传党和国家方针政策的节目"作为文化活动的主要节目，而对"传统戏"的欢迎程度则不足15%。调查显示"很少组织"或"从未组织"的比例占到近一半，"逢年过节组织"的比例占到26.1%。群众特别希望能够多组织社区文化活动，将党和国家的方针政策通过文化活动的形式表现出来是基层群众尤为欢迎的形式。

5. 主要结论与建议

通过调研，发现农村社区思想政治教育主要有以下问题：①重经济建设，轻视思想政治建设；②经济社会发展落后，理论宣传教育工作经费投入较少；③农村理论宣传教育工作制度机制不健全；④农村社区理论宣传教育工作人才缺乏；⑤非社会主义思想的影响。

加强民族地区农村社区理论宣传教育工作的建议主要有：①切实提高对理论宣传工作重要性的认识；②建立长效机制，保证理论宣传教育的常态化；③加强队伍建设，提高社区干部的理论工作能力；④甄选教育内容，创新宣传教育方式。

七、恩施市土家族民俗文化传承调查报告摘要

1. 当地民众对土家族民俗文化的了解与认同度

本次调查共发放问卷200份，有效问卷为180份。

信仰民俗

了解土家族形成历史的仅占 2%，了解土家族白虎图腾的占 40%。了解"改土归流"的仅占 26%。

婚嫁民俗

38% 的人认为只有未婚女子可以上街赶场；43% 认为只有青年男女可以上街赶场；1% 认为无论婚否的男女老少都可以上街赶场；18% 的人不清楚。哭嫁是土家族人很重要的传统婚姻习俗，87% 的人认为是对父母的思念，10% 的人认为是结婚女子对出嫁的迎接，3% 的人不是很清楚。

饮食民俗

土家"四道茶"，除了白鹤茶、泡儿花、油茶汤外，67% 的人选择了富硒茶；28% 的人选择了红茶；2% 的人选择了鸡蛋茶；3% 的人选择了铁观音。33% 的人不知道"四道茶"中有富硒。最喜爱的食物中，41% 的人选择马铃薯，12% 的人选择玉米，18% 的人选择大米，29% 的人选择腊肉。

节日民俗

"过赶年"是土家族人的习俗。1% 的人认为是为了纪念本民族英雄，30% 的人认为是为了提前消灾纳福，45% 的人认为是为了早迎新年，24% 的人认为是为了过好年末。

游艺民俗

33% 的人选择"摆手舞"，65% 的人选择"巴山舞"，其他 2% 的人分别选择了秧歌舞、狮舞、篝火舞蹈。

曲艺民俗

90% 的人表示"知道"傩戏，10% 的表示"较为了解"。主要传承方式有开设傩戏传承培训班、汇报演出。"三才板"认可度达 88%。"三才板"传承人有 15 名，传承人趋于年轻化。

2. 土家族民俗文化传承的主要问题与基本对策

主要问题：1. 地方政府财政补贴力度不够；2. 非官方组织的积极

作用发挥不够充分；3. 兴办文化产业的理念比较淡薄；4. 地方群众的文化保护意识不强；5. 文化传承人培养存在问题；6. 文化基础实施建设相对薄弱。

基本对策：1. 充分发挥政府在民俗文化保护和传承中的主导地位；2. 积极发挥社会组织民间团体的积极作用；3. 发挥傩戏文化在恩施旅游经济中的引擎作用。

八、社区居民认同感与满意度调研报告摘要

调查表明：90%的农村居民对"社区是我家，建设靠大家"持有认同的态度；70%的人对社区这种组织形式持肯定态度；81%的居民表示希望长期居住在现在的地区，19%的居民持模棱两可的态度；69%的人对现在社区感到留恋；74%的人认为社区事务与自己息息相关。（见表8-5）

表8-5　　　　　　　　居民对社区的认同感

	肯定	比较肯定	一般	不太肯定	否定
社区认同及主人翁意识	71%	19%	5%	5%	0
对社区组织形式的认同	52%	18%	30%	0	0
社区喜爱及地域意识	35%	46%	19%	0	0
社区依恋	49%	20%	31%	0	0
对社区事务的关系态度	59%	15%	26%	0	0

在接受调查的居民中，11.4%的居民对社区的整体状况表示"很满意"；38.7%的居民认为"比较满意"；33.3%的居民对社区状况感到"一般"；13.4%的居民对社区感到"不太满意"；3.2%的居民感到"很不满意"。（见图8-2）

其中，居民对社区供水、供电、煤气供应、共同交通及日常购物等五项的评价最高，对社区内的文化娱乐、家政服务、医疗卫生、附近中

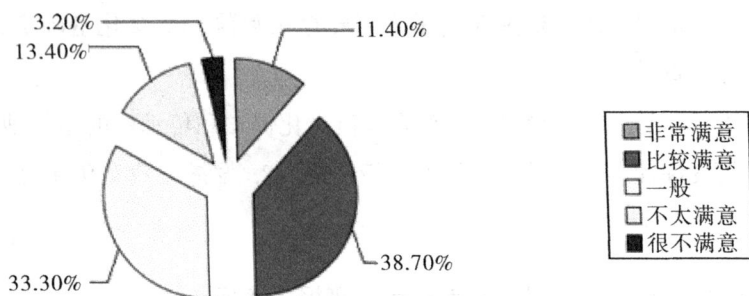

图 8-2　满意度

小学校早点和主食供应，附近的幼儿园、托儿所，活动及健身中心等七项评价较低。半数以上的居民认为煤气供应、共同交通及日常购物的便利程度等情况较好，只有1%～5%的居民对此不太满意；有1/4和1/3的居民对社区内的文化娱乐、家政服务、医疗卫生、附近中小学校早点和主食供应，附近的幼儿园、托儿所，活动及健身中心等情况不是很满意。尤其是对社区家政服务和文化娱乐活动两项，持满意态度的人仅占社区居民总数1/10（比例分别为1.7%、8.3%）。

九、民族地区农村老党员生存状态的研究报告摘要

农村老党员的生存关怀事关民族团结和社会稳定，事关民族文化的传承和民族精神的弘扬。在新的历史条件下，高度认识民族地区农村老党员生存关怀的重要性，准确把握民族地区农村老党员的生存状态，存在的问题及其原因，探究民族地区农村老党员生存关怀的措施及其实施路径，已成为各级党组织不可忽视的重要问题。通过对调查数据分析，我们发现民族地区农村老党员的生存状态令人堪忧，存在一些突出的问题，出现一些新情况。

第一，物质生活日益贫困化。农村老党员的人均年收入普遍偏低，大多数都低于当地农民人均年收入。调查资料显示，民族地区农村老党

员所在家庭年均收入20000元及以下的占调查对象的67.39%，按家庭人口6人(老两口、儿子和儿媳、2个孙儿女)计算，则人均年收入为3333元，低于2010年全国少数民族自治地方农牧民人均年纯收入、2013年全国农村居民的人均年纯收入，以及调查的当地农村居民的人均年纯收入(见表8-6、图8-3)。

表8-6　　　　　老党员所在家庭的年收入状况

类　别	标准(元人民币)
2010年全国少数民族自治地方农牧民	4232
2013年全国农民	8896(调查中位7907)
2013年湖北省农民	8867
2013年新疆自治区农民	7296(家庭经营纯收入4654)
2013年甘肃省农民	5017.76
2013年湖北省恩施市农民	5329

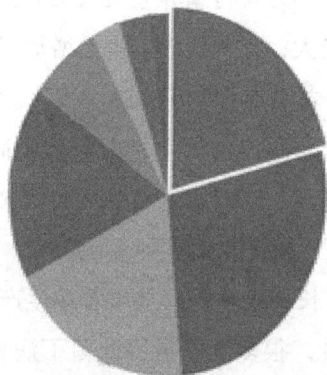

图8-3　几个主要的农村居民人均年纯收入标准

而且，近半数农村老党员的人均年收入在当地贫困线之下。调查资料显示，民族地区农村老党员所在家庭年均收入10000元及以下的占调

查对象的 48.56%，按家庭人口 6 人(同上)计算，则人均年收入为 1667
元。而国家扶贫标准 2011 年为 2536 元，2012 年为 2625 元，2013 年为
2736 元。而且，由于"养儿防老"的传统观念，中国老人对子女有着近
乎本能的贡献精神和强烈的责任感，会把一生中微薄的收入全用在子女
的抚养和成家上，甚至不惜花光了所有的积蓄，并欠债，而只得省吃俭
用，节衣缩食。

　　农村老党员的物质生活日趋贫困化。在调查的 138 人中，收入来源
来自于从事农业生产的劳动收入的有 82 人即 59.42%，来源于过去积蓄
的有 19 人即 13.77%，来源于子女赡养的有 23 人即 16.67%。而现实
中，由于他们逐渐年老体弱，劳动能力衰退，甚至逐渐失去劳动能力，
因而，他们的劳动收入就更加微薄；农村老党员大多出生于 20 世纪三
四十年代，文化程度低，年轻时在人民公社劳动，只掌握了简单的农业
生产技能，从事传统的农业生产，又要在村内任职，很少外出务工经
商，因而，他们的积蓄本来就不是很多；子女因为父母年老体弱而不能
外出务工经商，只能返乡从事传统的农业劳动，收入低下，自身的生存
压力就很大，尽管他们尽力履行赡养老人的义务，但赡养的额度也很有
限；更何况由于年岁增大，各种病痛不得不增加了生活的成本开支。

　　第二，身体机能日益衰退化。年老体弱本来就是一种自然规律。在
农村，由于长期从事繁重的体力劳动，生存环境简陋，条件比较艰苦，
生活质量较差，加之许多人健康意识和卫生知识欠缺，忌病讳医，拖拉
延误，又有吸烟、喝酒、熬夜等不良的生活习惯。因此，农村老年人的
健康状况更不容乐观。长期以来既要从事农业生产又要服务于农村社会
事务的老党员更是如此。很多老党员因此留下病根，又遇到新的病症，
处于新老疾病的折磨。调查显示，在民族地区，37.68% 的农村老党员常
年患病，最主要的是高血压、骨关节炎、慢性支气管炎、颈椎病等老年
慢性病。

　　民族地区农村一般地处偏僻，交通不便，长期以来缺医少药。而
且，尽管目前调查对象中的 77.54% 的老党员参加了新型农村合作医

疗、39.86%的参加了新型农村养老保险，但是报销比例依然很低，而且医疗保障制度尚不健全。加之，当今社会的治疗费用节节攀升，城乡二元结构进一步加剧了城乡贫富悬殊。所有这一切，增加了农村老党员的经济负担，使他们普遍感到医疗负担很重（见图 8-4）。在遇到疾病来袭，他们往往简单调理，或者自我调理、间歇治疗，很少正规治疗，更多的则是放弃治疗，忍受病痛折磨（见图 8-5）。要是采取正规治疗，就必须付出高额的医疗费用。

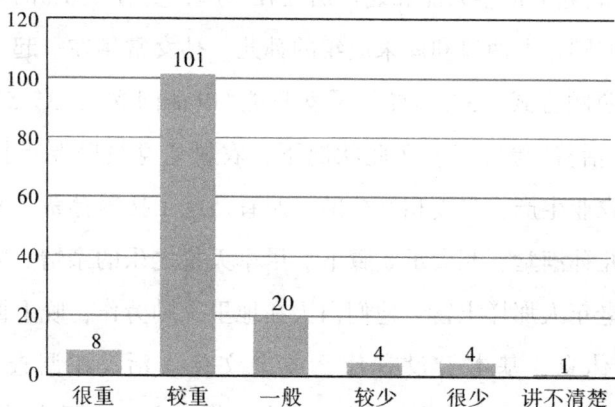

图 8-4 对医疗负担的感觉

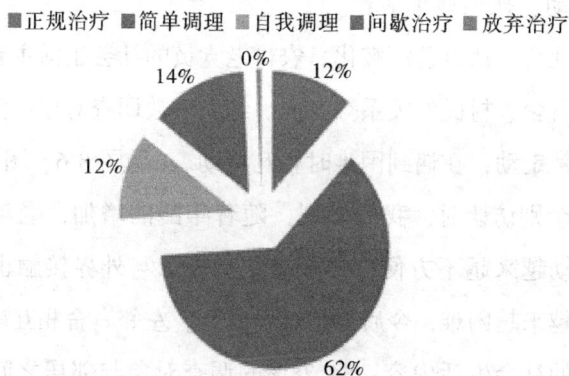

图 8-5 患病后所采用的主要治疗方式

　　第三，情感生活日益孤独化。民族地区农村家庭依然保持着传统的家庭模式，往往三、四代同堂，上尊下孝，其乐融融。在调查对象中，77.54%的老党员认为自己比较幸福或十分幸福，只有3.62%的认为自己不幸福。对于最能影响幸福的因素，68.12%的认为是"子女是否孝顺"，57.97%的人认为是"经济条件好坏"，37.68%的认为是"家庭是否和睦"。但是，由于年轻力壮的子女不得不外出务工、经商，34.78%的子女不在身边，23.91%的只有部分子女在身边；37.68%的老党员常年只能和老伴居住在一起，更有5.8%的则独居乡间，更多的则是老两口和尚未成年的孙儿、孙女常年在一起。而儿女对老人的照顾方式，35.51%的子女只能"电话问候"，35.51%的则采取"给生活费"等方式。在此状况下，农村老党员既要承担繁重任务，包括农业生产、夫妻相互扶助、照看乃至于抚养孙辈，又不能得到应有的儿孙满堂、儿女承欢膝下、尽享天伦之乐的亲情。闲暇生活不像城市老年人那样丰富，他们白天在地里辛勤劳作，晚上回家随便吃完饭就休息，基本上没有什么业余文化生活。在调查对象中，62.32%的人认为主要娱乐活动是"看书、报、电视、听广播"，更有32.61%的人认为"要做家务、照顾儿孙、做兼职，没有时间"来进行业余文化活动，孤独地生活着。

　　第四，社会生活日益沉寂化。农村老党员的社会生活主要表现在与亲友、左邻右舍、村民的关系等方面。绝大多数调查对象认为和亲戚关系好，且经常走动，在遇到困难时相互帮助。（见图8-6、图8-7、表8-7)不过，在个别访谈时，我们发现，随着年龄的增加，老年人身心日趋老化，行动越来越不方便，很多老党员表示与外界接触也在逐渐减少，走亲戚越来越困难，今后恐怕难以成行。左邻右舍相互串门似乎成了他们重要的社会生活内容，84.78%的调查对象与邻居之间经常或有时串门，86.96%的与邻居相互关照。

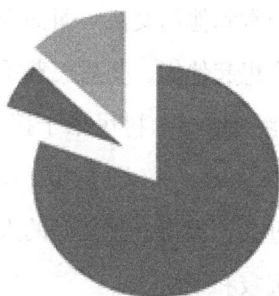

图 8-6　与亲友的关系状况

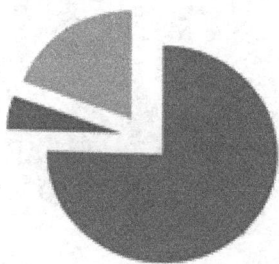

图 8-7　节假日、红白喜事时与亲友走动情况

表 8-7　　　　　　生活困难时的主要求助对象(可多选)

选项	小计	所占比例	选项	小计	所占比例
以前的同事	13	9.42%	老干部组织	3	2.17%
亲戚	84	60.87%	政府部门	3	2.17%
朋友	70	50.72%	公益组织	0	0%
邻居	40	28.99%	新闻媒体	0	0%
同村居民	26	18.84%	宗教团体	4	2.9%
村干部	22	15.94%	无人可求	10	7.25%
党团组织	7	5.07%	其他	5	3.62%

在村民中间，年轻时，农村老党员大多是村干部，是焦点人物。因而，上级党组织和村民经常和他们交流。而如今，他们已经不再是村内的焦点人物，很少有人会想起他们。受村民尊重情况、村民主动交流的次数、参与村民矛盾调解的情况、村民乐于接受并执行调解意见的情况，都不如从前（见图 8-8、图 8-9、图 8-10、图 8-11）。曾经在村民中颇具影响力的时光早已过去，成为一种美好的人生回忆和饭后谈资。他们的社会生活逐渐走向沉寂和平淡。

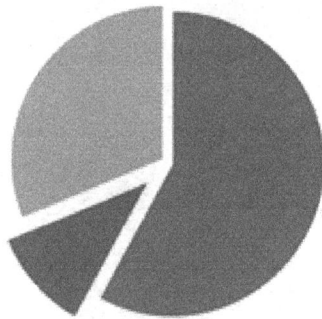

图 8-8　目前受到村民的尊重

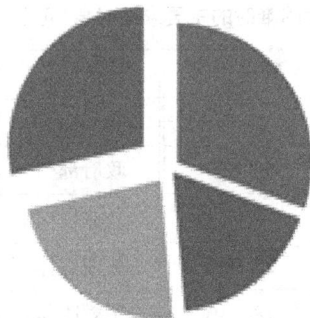

图 8-9　目前村民与老党员交流思想的次数

图 8-10 调解村民矛盾纠纷的情况

图 8-11 村民乐于接受并执行调解意见的情况

第五，组织生活日益边缘化。

农村老党员入党时间长，久经考验，政治上更加成熟，思想上更加坚定，对党忠诚，时刻保持着共产党人的本色。当问及当初加入中国共产党的原因时，57.24%的人认为"党能为人民办实事"；88.41%的人认为中国共产党是为人民服务的，对自己当初入党，73.18%的人表示很自豪，21.74%的人表示不后悔，当问及"您是否强烈认同自己属于党组织"时，70.01%表示"强烈认同"和"比较认同"，没有人不认同。在参加支部重大决策的热情上，36.23%的人表示"没有变化"，23.19%的人表示"变强";67.39%的人希望党组织和自己加强联系;68.84%的人希望参加党支部组织的党员活动。在调查对象中,51.45%的人希望党组织能给予医疗保健方面的帮助和关怀,50%的人希望党组织能给予养老保障方面方面的帮助和关怀,29.71%人希望党组织能给予物质方面方面的帮助和关怀。这表明:虽然现在已经年老,不再担任职务,但是他们牢记着自己的党员身份,牢记着共产党人的使命和宗旨,依然渴望履行党员义务,渴望为村民服务,渴望参加组织生活,政治热情依然高涨。同时,他们也希望得到组织的生存关怀。

老党员在组织生活方面被边缘化的现象比较明显。当问及"党支部向您征求意见的次数有何变化"时,58.7的人认为"变少"和"说不清楚";在2013年,68.84%的人参加过1~5次组织生活,尚有15.94%的人一次都没有参加;当问及"您认为没有参加的党组织生活的原因"时,39.13%认为是"无人通知",28.99%的人认为"身体不好,无法参加";至于参加组织生活的内容,57.25%的人认为是党员大会,26.09%的人认为是党员发展、教育。2013年,64.49%的人认为得到过1~5次党组织的关怀慰问,31.88%的人没有得到或者没有印象。个别访谈得知,一些乡、村基层党组织一般在"七一"节、新年前夕进行两次慰问,每次送来200元人民币。

之所以产生这些问题,其原因是多方面的。既有客观环境的原因,也有社会环境和主观思想的原因;既有来自党的组织管理的原因,也有农村老党员自身的原因;既有制度设计的缺陷,也有制度执行的不足。除了民族地区条件落后、环境恶劣、经济发展水平低等原因外,归结起来,主要有以下几方面:认识不足甚至存有偏差,重视不够;党的基层组织建设存在问题,疏于对老党员的管理,忽视或漠视老党员的民主权利,事实上对老党员边缘化;缺少必要的登记摸底,关怀形式单一,制度不健全,资金缺位,对老党员生存关怀缺乏行之有效的常态机制;老党员自身情况也给党员管理和生存关怀带来一定的难度；社会环境方面也存在一些问题。

针对上述问题，各级党组织应该按照党的十七届四中全会通过的《关于加强和改进新形势下党建若干重大问题决定》、党的十八大会议，以及《中华人民共和国老年人权益保障法》《中国共产党党员权利保障条例》的精神，结合本地实际，以创造农村老党员和谐晚年生活为目标，按照"生活无忧、文体丰富、心理和谐、组织紧密、政治融洽、社会尊重"为总体要求，村党支部和村委会为主体、地方财政为后盾、家庭积极配合、社会全员参与，用常态化的机制作保证，在生活救助、医疗保健、文化学习、娱乐休闲、组织生活等方面对农村老党员开展全方位的生存关怀。

具体来说，第一，转变思想，准确把握农村老党员的角色定位，高度重视民族地区农村老党员生存关怀问题。这是做好民族地区农村老党员生存关怀工作的前提。第二，全面调查统计，归档立卷，科学规划。第三，定期的补贴、慰问、帮扶、体检与社会养老保险相配套，切实解决老党员的生活困难乃至于后顾之忧。包括发放定额生活补贴，定期走访慰问，做好帮扶服务，定期体检，纳入社会养老保险范围等。第四，给压力、搭"舞台"、腾岗位、请顾问、多信任，充分发挥老党员的模范带头作用。第五，健全教育管理机制，切实加强农村老党员的教育管理工作。第六，以村党支部和村委会为主体，基层党组织和人民政府为后盾，家庭积极配合，社会全员参与，逐步形成党组织、社会、家庭"三位一体"的关怀格局。第七，系统构建农村老党员关怀的意见反馈机制、联系群众机制、经费保障机制、教育机制、认岗机制等保障机制，使之常态化。第八，扩大宣传，营造农村老党员生存关怀的浓郁社会氛围。

第二节　非民族地区调查研究

一、农村社会主义核心价值观的认知认同与对策研究报告(2014)

党的十八大以来，习近平总书记提出"中国梦"的重要指导思想和执政理念。中国梦即实现中华民族的伟大复兴，而实现中华民族伟大复兴包括方方面面的内容，其中就包括实现农村地区的全面发展、实现农村人民的共同富裕、实现农村人民物质精神文明的共同进步。在党和国家在大力弘扬社会主义核心价值观的现阶段，农村群众对社会主义核心价值观的认知认同程度直接可以反映出社会主义核心价值观的宣传工作是否做到位，社会主义核心价值观是否真正深入到普通群众心中，也反映着践行社会主义核心价值观取得怎样的成效。农村地区的发展是国家发展的关键，农民劳动者是社会主义事业建设、社会主义和谐社会构建和中华民族伟大复兴的最强有力的支持者，因此，如何增强农村社会主义核心价值观的认知认同及其对策成为了一项重要的课题。

本项目研究通过调查法、访谈法和分析法对农村地区社会主义核心价值观认知认同进行调查，旨在揭示分析农村地区社会主义核心价值观认知认同的基本现状、形成原因、呈现特点和方向规律，进而在研究和把握农村社会主义核心价值观与日常行为、周遭环境和农村生活方式相联系的基础上，对在农村中培育和践行社会主义核心价值观提供调查依据，尝试为解决农村社会主义核心价值观认知认同所存在的问题制定对策，为农村教育中社会主义核心价值观培育的不足制定改进方案，为政府在宣传和培育农村社会主义核心价值观工作中改进方式方法提供参考，从而提高农村社会主义核心价值观的认知认同程度，丰富农村精神文明生活，实现社会主义核心价值观在基层农村的高度渗透和融合。

1. 问卷调查情况

　　为了更充分地了解半壁山农场人民群众对社会主义核心价值观的认知认同程度，加强社会主义核心价值体系的建设，为现象分析和对策研究提供数据支持，我们有针对性地编制了调查问卷。本次问卷调查共发放问卷 300 份，其中回答了全部项目的问卷为 250 份，即实际有效问卷为 250 份，有效率 83%。

　　在问卷中，我们从不同性别、不同年龄、不同职业、不同文化水平、不同家庭年收入五个维度对调查对象(半壁山农场人民群众)进行社会主义核心价值观的认知认同程度、公民个人政治素养、公民集体政治意识和参政热情、地区政策宣传力度等四个方面的问题调查，并将问卷结果用于问卷后期分析。调查对象共 250 名半壁山农场居民，其中 174 名男性，76 名女性；他们分别来自半壁山管理区下属的祝家庄大队、梅家墩大队、盛家湾大队、马家垅大队、五爪咀大队、农科所和街道办，他们中大多数是 20 世纪 90 年代甚至更早从全国各地或周边各县市移民到半壁山农场来的，部分民族成分是少数民族。其中 17.6% 的居民的文化水平是小学或以下，46.8% 的居民初中毕业，25% 的居民的文化水平为高中或中专，而仅有 2.4% 的人是本科及以上；调查对象中，职业为行政人员、农民和退休人员的对象占到了 63.8%。政治面貌方普通群众 226 人，中共党员 24 人；查对象年龄构成情况为 18 岁以下 4 人，18~30 岁 42 人，30~50 岁 109 人，50 岁以上 95 人；调查对象家庭年收入构成情况为 2 万元以下 74 人，2 万~4 万元 111 人，4 万~6 万元 38 人，6 万元以上 27 人。

　　(1)半壁山农场人民群众社会主义核心价值观的认知与认同程度

　　在对社会主义核心价值观的认同程度方面的问题上，250 名调查对象中，有 58.8% 的居民非常了解或比较了解社会主义核心价值观的基本内容，其中大多数为 30 岁以上的居民，文化水平大多在初中到大专之间(在了解社会主义核心价值观基本内容的居民中，有 71.6% 的居民是通过报纸、电视广播等传媒了解的)。

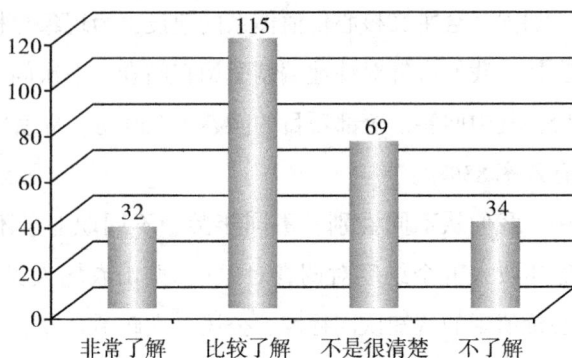

图 8-12　对社会主义核心价值观的了解程度

表 8-8　　　　对社会主义核心价值观的认知情况 N = 250

调查内容	项　　目	频次	比例
对社会主义核心价值观基本内容的了解程度	非常了解	32	12.8%
	比较了解	115	46%
	不是很清楚	69	27.6%
	不了解	34	13.6%

　　有 42% 的居民认为培育和践行社会主义核心价值观的重点对象是党政机关干部，23% 的居民认为是青少年学生，其中还有少数居民认为培育和践行社会主义核心价值观的重点对象应该是包括党政机关干部、青少年学生、社会公众人物在内的社会影响力较大的人群。

　　有 92% 的居民表示非常认同或比较认同把 12 个词作为社会主义核心价值观的基本内容，这说明不管居民是否了解社会主义核心价值观的基本内容，他们对于 12 个词中提到的不同层面的价值目标都表示认同，说明人民群众对关乎自身利益需求和道德标准以及社会文明程度和道德准则的目标追求大体上是一致的。

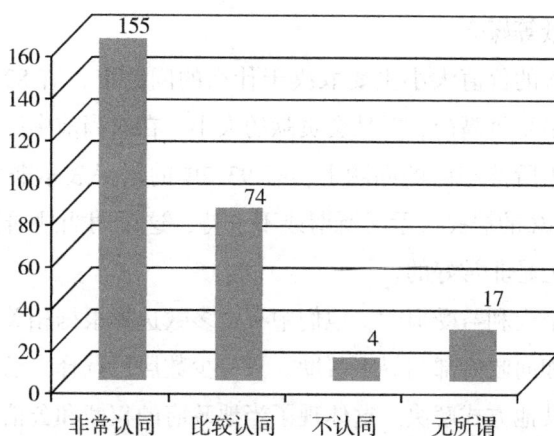

图 8-13　居民对社会主义核心价值观的认同

表 8-9　　　　　对社会主义核心价值观的认同程度 **N = 250**

调查内容	项　目	频次	比例
是否认同将"24 字方针"作为教育人民群众的内容	非常认同	155	62%
	比较认同	74	29.6%
	不认同	4	1.6%
	无所谓	17	6.8%

（2）半壁山农场人民群众政治意识与参政热情以及个人政治素养

政治意识是指政治主体所具有的政治认知、政治态度和政治信仰。了解半壁山农场人民群众的政治意识与参政热情以及个人政治素养是正确把握农村社会主义核心观认知认同程度的方法与途径，也是对社会主义核心价值观认知认同现状进行对策研究的信息来源。

在居民政治意识和参政热情方面的问题上，有 89.2% 的居民表示对国家的时事政策经常关心或者偶尔关心，其中男性经常关心时事的人要比偶尔关心时事的人多，而女性则相反，更多的人只是偶尔关心时事；各个年龄段和不同文化水平的居民中关心时事的居民居多，绝大多数是在 30 岁以上；其中绝大多数关心国家时事政策的居民都是通过电视新闻和报纸等媒介。

在一个人的价值大小主要取决于什么的问题上,有82%的居民选择了个人人格是否高尚、对社会贡献的大小。在对当前中国所实施的一些方针、政策所持态度的问题上,有93.2%的居民表示非常支持或支持,只有6.8%的居民表示无所谓或不支持,这说明当地居民的个人政治素养总体上是非常好的。

当居民个人利益受损时,他们中有大多数选择根据相关法律法规寻求解决方案和向政府部门寻求帮助,只有少数居民选择自己私下调解和忍气吞声及其他方式解决。这体现了当地政府的权威和公信力,执法部门工作深入民心,在居民心中留下较好的印象,同时也反映了居民所具备一定的政治素养。

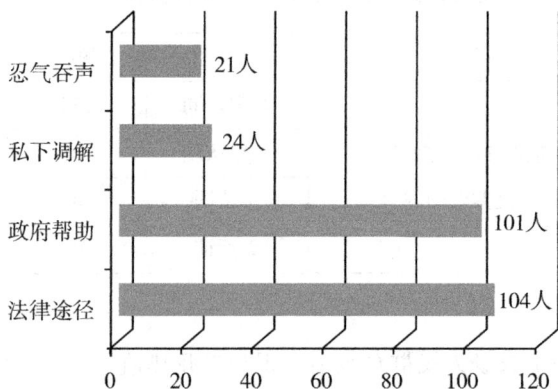

图 8-14　居民在个人利益受损时选择的解决方式

表 8-10　　　居民在个人利益受损时选择的解决方式 N = 250

调查内容	项　目	频次	比例
当您的个人利益受损时,您一般采用何种方式解决?	法律途径寻求帮助	104	41.6%
	向政府部门求助	101	40.4%
	自己私下调解	24	9.6%
	忍气吞声或其他	21	8.4%

（3）半壁山农场社会主义核心价值观教育宣传和落实程度

对于当前开展的社会主义核心价值观教育活动存在的主要问题，有52.4%的居民认为宣传教育过于形式化，难以获得群众的认同和共鸣；28.4%的居民认为是领导或先进典型的示范作用不明显；7.6%的居民则认为是没有找准与业务经营的结合点。当地群众认为，领导的模范带头作用和宣传教育的形式有待提高和改善，是社会主义核心价值观培育活动开展面临的首要问题，急需加以重视并解决。

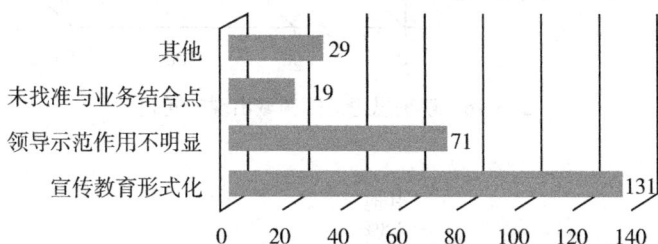

图 8-15 社会主义核心价值观培育活动开展存在的主要问题

在解决思想道德领域突出问题应从哪方面入手的问题上，大多数居民倾向于认为应该从法律法规和制度建设或经济社会的政策导向方面入手。这体现了当地居民重视法律法规和经济社会对道德建设的作用，重视社会规范和社会导向对思想道德建设的影响和引导。

在社会主义核心价值观落实程度方面，大部分居民感受到惠民政策提高了农场居民的富裕速度和程度。半壁山农场建场初期，生产水平低下，场民处于贫困中。近年来，农场不断引进现代化设备，基本实现了农场的机械化生产，修建了大型的水渠和泵站，修建鱼塘和果园，整改土地，每年以亩为单位对土地进行肥料补贴，还为土地产量购买保险，从而打破了农业种植"靠天吃饭"的现状。农场土地实行承包制，场民争先恐后承包土地和鱼塘果园。目前，农场场民年收入多大几十万元，少也有几万元，正逐步实现致富。当谈到国富与民富的关系时，场民普遍表示，正是国家的富强才给他们提供了优惠政策和待遇，现在他们的

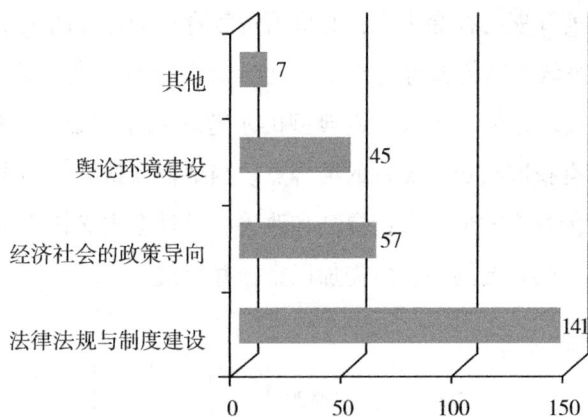

图 8-16　解决思想道德领域出现的问题

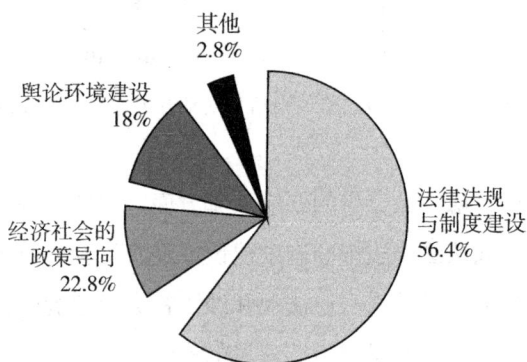

图 8-17　解决思想道德领域出现的问题

收入比较稳定，场里有提供了很好的环境，想不富裕都难。另外，在走访调查中，我们小组成员切身感受到农场人与邻和睦、团结友善、共建和谐农场的精神。

2. 存在的问题

大多数场民缺乏对社会主义核心价值观的深刻认识和理解。由于自身条件的限制和政府宣传力度不够，当被问及"是否听说或了解社会主义核心价值观"时，有很大一部分的场民表示不知道，但是当我们对社会主义核心价值观作出解释之后，绝大部分居民表示赞同和认可。这说明大多数场民缺乏对社会主义核心价值观的认识和理解，不能准确地认识到社会主义核心价值观的培育工作的重要性。

场民平时关注内容大多与自身利益和个人需求紧密相关。与场民关系最为紧密的是他们的日常生活。场民平时关注内容大多是与自身利益相关的事，对国家及社会的重大事件关注度要低一些。虽然场民经常通过电视新闻了解一些内容，但作为休闲和娱乐的居多，在思想和思维方式还不能够紧跟现代化建设的步伐。

农场对社会主义核心价值观的建设力度不够。在走访调查中，我们在街道、大队、户外、户内都访问了不少的居民。其中有些居民反映，他们目前最迫切的需求是希望有一个可以供大家茶前饭后跳舞的广场，哪怕只是家附近的一小块足够活动的空地。由于经费、人力、发展现状等各方面条件有限，当地政府部门对社会主义核心价值观的宣传培育程度还不够，对社会主义核心价值观的宣传工作局限于领导干部的政策宣传或逐级地上传下达等形式，没有很好地将社会主义核心价值观的培育与践行同农场居民的日常生活紧密联系起来。此外，由于地方行政考核机制不完善、行政人员工作能力和素质不过硬、专业人才和行政人员欠缺等原因，导致思想政治建设队伍人员不够。同时我们还看到，半壁山农场中小学的教学基础设施不够完善，教师队伍人才欠缺，学生能够享受的学习资源较贫乏，教育整体水平相对落后。这也是半壁山农村社会主义核心价值观培育工作的一大障碍和阻力。

3. 成因分析

本次调查问卷结果显示，农村地区的人民群众对社会主义核心价值观的认同程度较高，大多数居民认同社会主义核心价值观的基本内涵，坚持用正确的价值观引导自我。但是不同性别、不同年龄、不同职业、不同文化水平、不同家庭经济条件的群众对社会主义核心价值观的了解程度不同，导致了他们对其认同程度也不同。在对社会主义核心价值观的变化上，存在选择多样化、认识不一、评判双重、偏重感性、轻视理性等缺陷。还有一些群众对社会主义核心价值观缺乏一定的了解，认同度和参与度不高。结合社会生活实际与当地居民的思想现状等因素，我们分析其成因如下：

社会主义转型时期的价值观念的冲击。目前我们正处于社会转型期，市场经济体制自身存在的一些负面影响给农村群众的价值观带来冲击。一些农村群众政治信仰模糊，功利意识严重；一些农村群众价值取向扭曲，重物质利益轻无私奉献，重等价交换轻爱心付出；一些农村群众知行脱节，虽然对社会主义道德的一些基本内容有所了解，但实际行动又是另外一种表现；更有不少农村群众把注意力转向自我，忽视社会发展需要，缺乏强烈的社会责任感。

社会主义核心价值观宣传教育缺乏行之有效的力度。从本次调查来看，大多数场民缺乏对社会主义核心价值观的认识和理解，由于农村地区宣传条件的限制和政府宣传力度不够，有很大一部分的场民表示不知道"社会主义核心价值观"这一观念。同时，由于宣传教育过于形式化，难以获得群众的认同和共鸣。许多居民对这一理论都是从电视新闻上认识的，而政府部门缺乏对此类知识进行系统、专门的教育宣传；一部分居民认为领导或先进典型的示范作用不明显，没有找准与业务经营的结合点。此外，当地群众还认为，提高和改善领导的模范带头作用和宣传教育的形式，是"社会主义核心价值观"培育活动开展面临的首要问题，急需加以重视并解决。

当地居民的文化素质和政治参与意识有待进一步提高。根据调查，在当地的居民大多都是初中、中专文凭，且家庭人数较多，对于时政动态也不甚关心，再加上当地经济的发展境况，部分民众过多关注自己的日常生活。除了部分的居民会通过新闻报纸来了解当前的时政热点外，大多数居民基本上只关心和自身利益息息相关的事情。为了提高居民的政治参入热情，除了要加强对下一代的教育，也应该尽量创造、提供条件和场所，围绕居民生活实际问题进行意见反馈收集，激发居民的参政议政意识，为地区发展建设积极地建言献策，多渠道、多种方式去提高民众的政治觉悟，提高民众的综合素质。

领导体制的健全和实施制度的完善有所欠缺。政府部门是对当地居民进行社会主义核心价值观培育的主阵地，其领导体制、文化氛围等对农村居民社会主义核心价值观的认同及其培育程度产生重要影响。而在我们调查中发现，其中领导体制的影响尤为突出，致使当地居民在社会主义核心价值观认同和培育的工作有了一定程度上的滞后。政府缺乏相关实施制度，对社会主义核心价值观的宣传工作局限于领导干部的政策宣传或逐级地上传下达等形式，没有很好地将社会主义核心价值观的培育与践行同农场居民的日常生活紧密联系起来。

4. 对策分析

本次关于农村地区社会主义核心价值观认同和培育的调查，在半壁山农场六个大队和一个街道办进行，调查方法主要是全面入户调查和随机抽样问卷调查。现根据问卷调查和入户调查结果，以及结果的成因分析，针对半壁山农场当地民众对社会主义核心价值观的认知认同状况，提出半壁山农场社会主义核心价值观认知认同的建议。

加强青少年的价值观教育。农场里的老一辈和中年人，多是在农垦时期和农场建设关键期做出贡献的，对农场充满了感情，对建设更美好的农场充满美好的愿景和期望。虽然对24字的社会主义核心价值观的具体内容并不十分熟悉，但却很认同提到的核心内容，也愿意通过自身努力去实现。在当地进行"社会主义价值观"的宣传教育，主要对象是青少年。青少年对农场的感情远没有其祖辈和父辈深，多数文化水平较低，思想觉悟不高，对经济效益的追求远大于对精神文化的追求，且多有出去打工的情况，对当地经济和文化建设也不太关心。青少年是祖国的未来，也是当地建设未来的坚强力量，这就使得青少年成为当地"社会主义核心价值观"教育的主要对象。

根据当地民众需要采取具体针对措施。经济建设是首要任务，经济富裕是精神文化丰富的物质基础和坚强后盾。政府应有效利用当地资源，进行招商引资，一方面带动经济发展，一方面促进就业，减少人才流失。并注意环境保护，不走"先污染后治理"的破坏生态和人民利益的老路。在文化建设方面，通过建立健全当地民众的文化娱乐设施，如文化广场、体育场地，提高民众的文化素养，多举办群众"问政"等活动，提高民众政治参与的积极性。

加强社会主义核心价值观的教育宣传力度。习近平总书记在全国宣传思想工作会议上，谈到要"积极培育和践行社会主义核心价值观，使之成为全体人民的共同价值追求"。要根据形势发展需要来做宣传工作，不能生搬硬套。半壁山农场山清水秀、人杰地灵，是老一辈农场人响应国家号召，来到这里进行开拓的。他们对这里的感情最深，对国家政策的认同和响应最深，同时有积极进取投身实践的精神。应以他们为榜样，大力弘扬他们的先进事迹和精神，教育后来者向他们学习。榜样的先进事迹或英雄行为，以其具体形象的形式，易于接受和仿效，具有很强的号召力，能够产生正面激励作用。同时，还应该加强对学生的思想教育，开展各种文体活动，宣传社会主义核心价值观，并通过学生对学生家长进行熏陶影响。

健全领导机制和完善实施过程。农村"社会主义核心价值观"的培育离不开农场领导的有效指导以及政策制度的支持，健全农村社会主义核心价值观培育的体制尤为重要。要使社会主义核心价值观培育更具有实效性，这就需要农场领导的共同努力。

一方面，农场应当坚持"以居民为主体"，建立与农村居民沟通的有效体制，保持信息渠道畅通。通过完善民主生活会制度，来巩固农场领导与居民、党员代表之间有效沟通体制主导地位，发挥领导与群众之间的桥梁纽带作用。同时，要适时地开展政府工作人员走访住户家庭，走访田地瓜地，过年过节探望老党员和先进党支部等活动，考察居民具体的生活情况，增进各级领导与当地居民的情谊。另一方面，点面结合，加强场部与各大队之间的有机联系，健全农村社会主义核心价值观培育机制，这是实现场部及时、准确、有针对性地把握农场工作动态和居民生活状态的有力保障，是健全农村社会主义核心价值观培育机制必不可少的途径。农场领导可通过电话联系、书信文件报告等提交以及定期走访各大队党支部等方式，与各大队之间进行有机联系，从而保证沟通交流的正常进行。

5. 结语

自 2006 年党的十六届六中全会提出"建设社会主义核心价值体系"以来，关于社会主义核心价值体系建设的相关理论研究和宣传推广工作在全国各地迅速开展并取得了一定成效。然而，占领了理论阵地和宣传阵地，但不等于实现了广大民众的普遍认同。一定意义上，社会主义核心价值体系只有融入日常生活，并成为广大民众人人奉行、时时奉行的思想行为准则时，才能称得上是社会的"核心"价值体系，才能真正实现作为"兴国之魂"的立国价值。为此，本课题以农村群众为研究对象，以日常生活为视角，以阳新半壁山为例，深入到农村群众中的日常生活中去，以走访和问卷调查的方式进行课题研究，分析探讨了农村群众对社会主义核心价值观的认知认同现象，并根据当地群众生活实际进行了成因分析，总结规律后提出了相应的对策，力求为地区政府部门、乡镇领导及其人民群众把握认知和培育的基本规律、提高认知度和培育的可操作性与实际效果提供借鉴。

但是，社会主义核心价值观认同是一个长期的、复杂的社会系统工程，涵盖了现实生活世界的各个领域和各个方面。本课题对社会主义核心价值体系认同的研究仅仅是针对农村群众社会核心价值观的思想认识展开，只是整个社会主义核心价值观认同研究的一个方面，关于社会主义核心价值观认同的研究，还有许多问题有待进一步发掘。作为学生团队，我们的思想认识水平与能力有限，更加全面的调查还有待于完善。

时光荏苒，课题项目很快进入了尾声，在整个课题调查过程中，每个团队成员都充分发挥了自己的特色，全身心投入到工作中来。在入户走访过程中，团队成员互帮互助、相互配合，掌握了大量的一手资料，为后期课题报告撰写奠定了基础。借着课题，团队成员也建立了深厚的友谊，对自己的认识也更加深刻，人生能以结识一群良师益友，足以。

二、农村留守儿童现状调研报告(2015)

随着我国社会政治经济的不断发展和现代化进程的日益加快,农村剩余劳动力开始大量向城镇转移,其中大部分为农村成年男女。他们或为了改善生活状况或受外出务工潮流的影响而选择进城务工,但是由于积分入学政策、户籍制度以及经济条件的限制等原因,他们无法携带子女一同前往城镇,而这些无法同父母一起进城生活的儿童集中起来便形成了我国农村的一个特殊群体——"农村留守儿童"。

农村留守儿童,是指父母双方或一方外出到外地打工,而自己留在农村生活的孩子们。他们一般与自己的父亲或母亲中的一人,或与隔辈亲人,甚至父母亲的其他亲戚、朋友一起生活,有些甚至是一人独自生活。据 2000 年第五次人口普查资料显示,中国农村留守儿童近 2000 万人。有专家推算和保守估计,14 岁以下的留守儿童至少在 4390 万以上。在一些农村劳动力输出大省,留守儿童在当地儿童总数中所占比例高达 18%-22%。父母双方都外出流动,儿童不能与父母在一起生活的情况在全部留守儿童中超过了半数,比例高达 56.17%。另外,我国留守儿童的庞大数字仍在不断上涨。据目前我国第六次人口普查资料显示,我国目前约有 6972.75 万留守儿童,其中农村留守儿童有 6102.55 万,占留守儿童比例高达 87.52%。这与我国的经济发展和现代化导致的人口流动密切相关。

农村留守儿童是未成年人中的一个特殊群体,他们因为父母外出打工后,出现监护人学习辅导不力、生活照顾不周等困难。同时,由于父母外出打工而对子女疏于照顾以及监护人照顾的力不从心等因素也使得农村留守儿童的人身安全失去了保障,农村留守儿童被拐卖,受到意外伤害等现象时有发生。另外,远离双亲,缺乏来自父母和完整家庭的亲情呵护,在一定程度上也造成了农村留守儿童在思想道德、心理健康、尤其是家庭教育等方面的严重断层或缺位。由于缺少亲情关怀和应有的家庭教育,农村留守儿童在思想、行为和心理的成长发育中比较容易偏离正常轨道。社会上关于农村留守儿童喝药自杀、患心理疾病的报道屡见不鲜。如今，留守儿童问题已经成为了一个不容忽视的社会性问题。

1. 调研情况介绍

本次调研的实地调研时间主要集中在 6 月 23 日至 7 月 3 日，主要在黄石市阳新县半壁山农场地区进行，而我们的调研对象主要以农场的 6~14 岁留守儿童为主。另外，本次调研主要是对留守儿童的生存现状进行基本了解，尤其是留守儿童的基本情况、存在的困难和问题、产生的原因以及相应的解决对策进行调查研究。在阳新县半壁山农场，其中留守儿童约为 122 人，此次调研我们主要选择的对象为 6~14 岁的留守儿童共 62 人，且根据以前的数据资料显示，农村留守儿童正在逐年增加。另外根据问卷调查结果显示，在当地留守儿童中，男生所占比例为 55.17%，女生所占比例为 44.83%，性别比为 123.08%，高出了正常的性别比范围，这是受我国农村普遍存在的"重男轻女"观念影响的结果。

我国留守儿童大部分被留在家同祖父母一同生活，而阳新县半壁山农场也不例外，其中，有高达 89.66% 的留守儿童是同自己的祖父母一同生活在一起的，甚至还有 8.62% 的留守儿童是独自生活。这对留守儿童的学习、人身安全以及心理健康都产生了不利影响。另外，有 41.38% 的留守儿童认为自己性格内向，36.21% 的人认为自己性格偏外向，而只有 22.41% 的人认为自己是内向与外向性格两者兼有的。经过交叉对比分析，我们发现，儿童的性格会对其想念父母和喜欢交朋友的程度以及心事的倾诉对象造成一定的影响。具体如下：

首先，由表 8-11 可以看出，性格偏内向的留守儿童相对于性格外向的留守儿童来说，更容易想念父母且大多数表现为非常想念；另外，无论性格外向还是内向或者两者兼有，留守儿童普遍想念在外打工的父母。

表 8-11　　留守儿童性格与对父母想念程度交叉分析表（N=58）

X/Y	A 非常想念	B 有时想念	C 一般	D 很少想念	E 不想念	小计
A 外向	11(52.38%)	8(38.1%)	2(9.52%)	0(0%)	0(0%)	21
B 内向	15(62.5%)	4(16.67%)	5(20.83%)	0(0%)	0(0%)	24
C 两者兼有	6(46.15%)	5(38.46%)	2(15.38%)	0(0%)	0(0%)	13

其次，据表 8-11 和表 8-12 可以看出：从整体上来说，留守儿童中大部分人是喜欢交朋友的，其所占比例为 86.21%，而不太喜欢交朋友的比例则为 13.79%，且通过表 8-11 的交叉分析结果发现，这部分不太喜欢交朋友的人几乎全为性格内向的人。同时，通过交叉分析表还可以看出，性格的外向程度与对交朋友的喜欢程度是正相关的关系，即性格越外向，则相对也越喜欢交朋友。

表 8-12　　　　　　留守儿童对交朋友的喜欢程度（N=58）

选项	小计	比例
A. 非常喜欢	21	36.21%
B 比较喜欢	23	39.66%
C 一般	6	10.34%
D 不太喜欢	8	13.79%
E 不喜欢	0	0%

表 8-13　　留守儿童性格与交朋友喜欢程度交叉分析表（N=58）

X/Y	A. 非常喜欢	B 比较喜欢	C 一般	D 不太喜欢	E 不喜欢	小计
A 外向	13(61.9%)	6(28.57%)	2(9.52%)	0(0%)	0(0%)	21
B 内向	4(16.67%)	10(41.67%)	2(8.33%)	8(33.33%)	0(0%)	24
C 两者兼有	4(30.77%)	7(53.85%)	2(15.38%)	0(0%)	0(0%)	13

最后，由图 8-18 可知，约 65.52% 的留守儿童有心事时会选择向他人倾诉，其倾诉对象多为家人、监护人或者同学，其比例分别为 18.97%、17.24%、18.97%；但是也有 34.48% 的留守儿童有心事时选择不告诉他人。另据表 8-14 可知，留守儿童性格与其心事倾诉对象具有较强的相关性，性格外向的心事倾诉对象分布情况较均匀，而性格内向的心事倾诉对象则以家人和监护人为主，值得注意的是，性格内向的人选择有心事不对任何人说的人数要远远多于性格外向或兼有两者性格的人，这说明，性格内向的留守儿童更倾向于封闭内心。

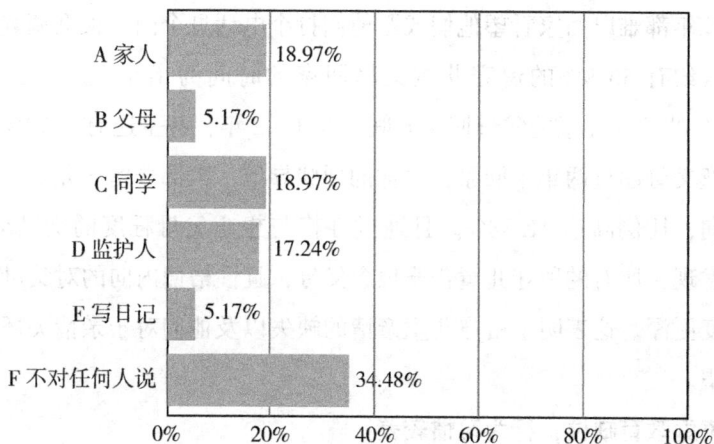

图 8-18　你有心事会对谁说（N=58）

表 8-14　　留守儿童性格与其心事倾诉对象交叉分析表（N=58）

X/Y	A 家人	B 父母	C 同学	D 监护人	E 写日记	F 不对任何人说	小计
A 外向	4(19.05%)	2(9.52%)	4(19.05%)	5(23.81%)	1(4.76%)	5(23.81%)	21
B 内向	6(25%)	1(4.17%)	1(4.17%)	4(16.67%)	1(4.17%)	11(45.83%)	24
C 两者兼有	1(7.69%)	0(0%)	6(46.15%)	1(7.69%)	1(7.69%)	4(30.77%)	13

2. 存在的问题及原因分析

农村留守儿童因为父母的外出打工，对其缺少现实的关心和教育，同时多为祖父母的监护人又因年迈无暇对其进行全面细致的照顾，在许多方面都出现不会管、不敢管、管不了的情况。因此，留守儿童的人身安全、学习辅导、心理健康以及家庭教育等方面均有一定程度上的问题。

性格趋于内向，渴望亲情关怀

与其他儿童相比，农村留守儿童极度缺少父母的关爱和照顾，他们本应待在父母身边享受来自父母的无限呵护，却因为经济条件的限制等与父母分隔两地。对于他们来说，亲情的抚慰与关怀对其成长起着至关重要的作用。然而现实却是由于常年在外务工，他们的父母半年、一年甚至几年都难以回家看望他们或跟他们打个电话见个面。根据调查结果显示，约有 56.9% 的留守儿童父母回家的时间为半年至一年，另有 24.14% 的留守儿童的父母回家时间都在 1—2 年，甚至还有 1.72% 的留守儿童父母超过两年未回家，这样的现状导致了大部分留守儿童性格趋于内向，比例高达 41.38%。且通过性格与想念父母程度的交叉分析，我们发现，所有的留守儿童普遍想念父母，且性格偏内向的对父母的想念程度更深。这表明了留守儿童亲情的缺失以及他们对于亲情关怀的极度渴望。

家庭教育缺位，行为习惯较差

大部分留守儿童正处于身心发展的关键期，他们对自身变化和人际交往等方面开始有自己的理解与认识，同时也面临许多方面的问题和烦恼，需要有渠道倾诉和亲人的教育引导。然而由于父母常年在外，本该由父母承担的教育任务就此缺位。而接替父母成为监护人的祖父母又因为自身素质的不高以及身体的逐渐老去而对留守儿童的教育显得力不从心。根据调查发现，只有 20.69% 的监护人有对孩子进行思想品德教育，从而最终导致部分留守儿童的素质不高，行为习惯较差。在调查中我们发现，许多留守儿童有不讲卫生，挑食挑穿的不良行为习惯，甚至还有 6.9% 的留守儿童会经常因为一些小事情而和小朋友打架或发脾气，20.69% 的留守儿童在因小事而被老师和家长批评时感觉有点气愤但只在心里不表现出来，甚至还有 5.17% 的留守儿童会选择当面顶撞对着干。以上种种，均表明留守儿童中的确存在着家庭教育缺位、行为习惯较差的问题。

监护人照管不周，人身安全无法保障

由于大部分留守儿童属于未成年人，缺乏自我保护的意识和能力，同时对突发性事件也缺乏应变和自救能力，没有父母的直接监管和保护，孩子的人身安全极易受到威胁，有高达 55.17% 的留守儿童在父母外出打工期间曾经受到过欺负或人身伤害。由于父母外出，照顾孩子人身安全的重担就落在了监护人身上，然而经过调查我们发现，只有 60.34% 的监护人会对孩子的人身安全尽责，但是监护人大多是年纪较大的祖父母担任，年老体弱的他们根本无法承担随时照顾孩子人身安全的责任。从而使得留守儿童的人身安全缺乏保障。加上半壁山农场地处长江与富河的交汇处，有"一江一河一湖"，并有较多的鱼塘以及当地因历史遗留因素导致的血吸虫病威胁而使得当地留守儿童面临的人生安全威胁更甚，从而也使得当地的留守儿童的人身安全问题显得更加突出。

学习问题突出，成绩中等偏下

农村留守儿童本就因为农村教育水平的不高而导致学习较为困难，加之父母不在身边辅导，以及监护人对其学习辅导督促的不到位从而使得农村留守儿童的学习压力较大，学习问题突出。调查过程中，我们发现，有 70.69% 的留守儿童在学习上存在困难，且有 81.03% 的留守儿童认为父母外出对其学习有影响，甚至有 20.69% 的人认为影响较大或很大。另外，除了父母对留守儿童的学习有影响外，监护人对学习的辅导督促程度也会对留守儿童的学习造成影响。有高达 93.1% 的绝大部分监护人只负责照顾留守儿童的日常生活，而只有 53.45% 的人会督促辅导留守儿童的学习。这主要是由监护人的文化程度所决定的：大部分监护人的文化程度都是小学甚至为文盲，这一方面导致了监护人对孩子教育的不重视，任其随意发展甚至还用读书无用论来教育影响孩子，因而使得孩子的学习积极性常受负面影响；另一方面监护人即使想要辅导孩子的学习，但因为自身文化程度较低从而导致对学习辅导无能为力。这种种因素都导致农村留守儿童在学习上普遍面临学习成绩不好甚至很差、学习积极性不高、学习上有困难且求助对象单一的问题。

3. 对策分析

在政府方面，一是要发展农村经济，缩小城乡差距。农村留守儿童现象产生的根本原因就是国家经济飞速发展和社会现代化进程加快以及由于历史地理原因所导致的不同区域的经济发展不平衡，这种不平衡一方面表现为东西部的经济差距，另一方面也表现为城镇与农村的巨大差距。正是由于这种差距才导致了农村剩余劳动力的转移，从而使得农村留守儿童的现象开始出现。因此只有大力发展农村经济，早日实现乡村城市化，才能减少甚至杜绝农村剩余劳动力的转移，从而从根源上解决农村留守儿童的问题。二是要大力发展教育，提高农民素质。目前我国农村教育水平仍然较低，基础教育落后，从而导致我国农村居民的素质不高，其观念依旧受传统封建思想影响，对子女的教育的重视程度仍然欠缺。而家长以及监护人的文化素养和思想道德素质是影响留守儿童学习、心理以及价值观、道德观各方面的重要因素，家长以及监护人的素质不高也是导致农村留守儿童在生活习惯、心理健康、学习状况等方面出现问题的主要原因。因此，大力发展农村教育，提高农民素质是解放农民思想、提高农民素质的重要举措。通过加大教育和宣传力度来改变农民的传统思想观念，一方面能够帮助现今的农民解放思想、改进观念，从而为现在的留守儿童创造良好的家庭环境；另一方面，也能防患未然，帮助未来的农民提高文化素养和思想道德素质，从而避免教育缺失带来的恶性循环，是解决留守儿童诸多问题的有效措施。三是要创造更多工作岗位，减少农村剩余劳动力外流。城市化进程加快导致的农村剩余劳动力向城镇的大量涌入是导致农村留守儿童产生的重要原因。且在调查中我们发现，许多留守儿童都希望当地政府能够发展当地经济，在本地增加就业，从而让留守儿童的父母能够回到家乡工作。如此，便能有效减少农村剩余劳动力外流，既解决了留守儿童问题，又促进了当地的就业与经济发展。不仅如此，发展当地经济，创造更多工作岗位，对于解决留守妇女、留守老人问题也同样具有重大意义。四是要定期组织相关活动，加强教育和引导。无论是留守儿童的人身安全问题还是学习教育问题都与监护人和政府息息相关，尤其是部分监护人对待留守儿童的放任自流是导致留守儿童出现行为偏差和人身安全问题的重要原因。因此，政府要多组织诸如"希望家园"的类似活动。一方面，加强了留守儿童与监护人的沟通交流；另一方面，也能加强留守儿童之间、监护人之间的互动和交流。政府定期组织相关活动，让留守儿童、监护人多与彼此接触交谈，既能让监护人彼此交流思想和经验，相互影响，共同进步；又能让留守儿童多与人接触，锻炼社交能力，还能让其向优秀留守儿童学习，利用榜样的力量帮助留守儿童健康成长。另外，政府还可在组织活动时，向监护人进行安全知识宣传和教育以及紧急自救方法的普及，提高其对留守儿童的安全防范和自我保护意识，尤其针对本地血吸虫和多湖多河的实际进行安全教育和引导，建立起一道由政府与监护人共同建立的安全保护屏障，保障留守儿童的人身安全。五是要加大教育支持力度，优化成长教育环境。在农村，许多留守儿童的学习环境都不是很好甚至是比较差，这一方面影响了学校的教学质量的提升，另一方面也会影响留守儿童的学习积极性。通过调查，我们也发现许多留守儿童家长都比较担心留守儿童的上学安全问题和上学环境问题，也有学生反映希望政府能够帮忙改善教学环境，这样他们才会对学校、学习更加有兴趣也更充满动力。目前，当地政府已经在着手校车建设和学校教学环境的改善工作，相信此举定能有效帮助解决留守儿童的上学安全问题，提高其学习积极性和学习成绩，为留守儿童创造一个良好的成长教育环境。

社会方面要净化社会环境，助力儿童成长。留守儿童大多处于成长的青少年时期，自制力较差，因此，极其容易受到环境因素的影响，如若其所处社会环境混乱不堪，留守儿童就会很容易被其吸引误入歧途。

因此，必须要净化社会环境，如加强对学校周边环境的监督管理力度，尤其是网吧、游戏厅等对留守儿童的诱惑较大且弊大于利，必须要加强监督管理，为留守儿童创造一个良好的社会环境，为其健康成长助力。总而言之，留守儿童已然成为了一个社会性的综合问题，是城市化进程加快的产物，其既关系到教育问题，也关系到社会多个方面的问题。留守儿童现象存在着许多的问题和困难，如果不能及时解决，必定会对社会和谐造成影响。而留守儿童问题的解决，不仅需要学校和家庭的关心，更需要政府和社会的支持和帮助，如此形成一个合力，共同帮助留守儿童健康成长，进而促进社会和谐发展。

学校方面要加强与监护人的沟通交流，形成学校教育与家庭教育的合力。对于留守儿童的问题，学校的角色扮演至关重要。由于缺乏父母在身边的关怀和呵护，留守儿童大多会把许多感情放在自己的老师身上，在某种程度上来说，学校老师就相当于留守儿童的半个父母，其对于留守儿童的影响也由此可见一斑。我们的问卷中曾设计了关于留守儿童希望老师进行家访的频率问题，结果显示，有 84.48% 的留守儿童希望老师能进行家访，其中有 51.72% 的同学希望老师能每学期进行 1~2 次的家访，有 25.86% 的留守儿童希望老师进行家访的频率是每月一次，甚至还有 6.9% 的留守儿童希望老师能每周进行一次家访。由此可以看出，留守儿童对于学校老师的依赖和期待有多么的重大。但事实上，老师做家访的情况并不尽如人意，据调查显示，有 48.28% 的留守儿童的老师从未进行过家访，约有 46.55% 的留守儿童的老师有每学期至少一次的家访，只有约 5.17% 的极少数老师能够随时进行家访。另外，在调查时我们曾跟着部分老师亲自体验了一次"家访"，但其过程和结果并不如想象中的那么尽如人意。因此，学校必须要承担起家长或者监护人的部分责任，可通过建立健全留守儿童档案，对档案中的留守儿童更多的关心与爱护，对其经常表示鼓励和支持，积极引导其心理健康发展，帮助其解决生活或者学习上的困难，对其多多关注。还可建立亲情热线电话，及时同监护人和外出打工家长沟通交流留守儿童的成长学习情况，努力形成学校教育与家庭教育的合力，形成学校、家庭共同教育的良好局面。

在家庭方面，家长要加强对孩子的联系与交流。父母应对孩子多一点关心和教育，常回家看看，经常给家里的老父母和孩子打个电话，他们就已心满意足。没有父母在身边，留守儿童其实是很可怜的，父母在其心里的地位任何人都替代不了，他们极度渴望父母的爱和关怀，却又总是懂事地知道父母在外打工不易而选择不让父母担心。对于他们来说，父母平安健康就是最好的；而对于父母来说，孩子的成长教育才应该是最重要的。如果能够留在家照顾孩子，就尽量让孩子待在自己身边；如果不能做到，至少对孩子多点关心多点爱。另外，监护人要改变观念，加强沟通交流。父母不在身边，老师又远在校园，能跟留守儿童相处最多的就是他们的监护人。可以说，监护人充当了留守儿童的父母的角色，但大多数监护人实际上并未扮演好这个角色。因此，要解决留守儿童的问题，就离不开监护人的相关措施。首先，监护人必须要转变观念，尤其是在教育、安全意识方面，监护人尤其要懂得其重要性，重视留守儿童的教育，保护好留守儿童的人身安全，如此才能尽到监护人应尽的责任。另外，监护人要多与留守儿童进行沟通交流，及时了解留守儿童的想法，帮助其身体和心理的同步健康成长。最后，监护人还要多主动与政府、学校沟通，遇到难题多寻求他人的帮助，努力形成家庭教育、学校教育、政府支持相结合的局面，共同为解决留守儿童问题尽职尽责。

三、农村留守妇女现状调研报告 (2016)

1. 调研背景与意义

改革开放以来，随着农村劳动力大规模的外移，特别是青壮年劳动力的大量外流，在我国农村社会出现了一个独特的留守妇女群体。留守妇女，也称留守妻子，是指丈夫外出后单独或与其他家庭成员居住在户籍地的妇女。留守妇女在家的主要目的是照顾孩子和赡养老人，在目前，中国的农村留守妇女是一个较为普遍的现象。

随着这一群体的不断壮大，也带来了越来越多的社会问题，如农村留守儿童的教育问题和心理问题，及留守老人的赡养问题等。这些问题引起了社会的不同关注，然而，在这一特殊群体中承担责任最大，扮演社会角色最多的农村留守妇女给予的关注和研究还不够。调查显示，现阶段，中国有留守人口 8700 万，农村留守妇女的数量已达 4700 万，占农村留守人口一半多。青壮年劳动力的大量外流，使留守妇女承担起农村的生产活动，是劳动、创造的主力军的角色。为了更好扮演此角色，就要充分了解农村留守妇女的心理状态及情绪情感，以使得她们的情绪情感得以正确宣泄。

农村留守妇女角色的转变带来了很多社会问题，该群体最引人注目的特点是他们所承担的"三座山"，精神负担重、安全感低和劳动强度高。由于制度的惯性作用，中国特殊的国情、以及根深蒂固的社会分工模式，在可以预见的历史时期内，留守妇女现象还将在中国农村社会长期存在。

现实意义。其一，留守妇女是农村生产与创造的主力军，提高留守妇女的关注度对于农场的建设和发展具有十分重要的意义。通过此次调查，发现和分析农场留守妇女目前存在的问题及原因，以提高政府和社会对留守妇女的关注度，帮助留守妇女解决当下问题和困难，使留守妇女能更加积极地投身于半壁山农场的建设和发展中来，为半壁山农场的发展奉献一份自己的力量。其二，留守妇女的丈夫常年在外打工，每年回家的次数有限，留守妇女都是独自一人承担家庭重任，留守妇女的幸福指数就偏低。提高了关注度，政府部门就会想办法解决留守妇女的部分困难，比如会在家乡提供更多的工作岗位，使在外务工的人员可以回到家乡，回到自己亲人身边工作，减少了留守妇女的数量，也提高了留守妇女的幸福度，使留守妇女的丈夫既能赚钱养家，又能在家照顾孩子和老人，帮助留守妇女分担家庭重担，也利于夫妻之间的和睦相处。

理论意义。其一，通过此次调查，对半壁山农场留守妇女的基本情况进行了一个摸底，分析了半壁山农场留守妇女面临的困难，探讨了半壁山农场留守妇女相关问题的解决方案，为以后开展留守妇女的工作提供了基本的理论依据，以保证留守妇女的工作顺利开展。

其二，对半壁山农场留守妇女的情况进行了基本的探索，掌握了半壁山农场留守妇女的第一手资料，针对问题，提出了相关的解决措施，对以后留守妇女相关问题的解决具有十分重要的借鉴意义。

2. 调研基本情况介绍

调研地区的基本情况。半壁山农场地处长江中游南岸湖北省阳新县境内，位于富河、网湖与长江交汇处，下辖六个大队，一个街道居委会。半壁山农场始建于 1960 年，老一辈农垦人响应党的号召，舍生忘死，筑堤造田；筚路蓝缕，拓垦荒原。在渺无人烟的荒野上，建起了中型的国有农场。农业基础不断稳固，现已形成了田园化格局。围绕区域化布局、专业化生产、企业化管理、市场化营销的要求，建设了粮棉油、水产、水果、蔬菜等具有一定规模的生产基地。培育了一大批农业专业生产大户。稻、棉、油、鱼、蟹、果等农业主产品畅销全国各地。造船、加工、砂石、砖瓦等工业企业蓬勃发展，已成为农场的支柱产业。

调研对象的基本结构。此次调查，本课题组以抽样调查为主，辅之以人物访谈、实地走访、问卷调查的研究方法。现就问卷进行分析，并以访谈情况为佐证。此次问卷调查，本课题组在半壁山农场的各个大队及半壁山街道进行了调查，每个地方针对留守妇女发放一定数目的问卷，半壁山农场总共 37 名留守妇女。总共发放了 25 份调查问卷，回收问卷 22 份，有效问卷 19 份，此次调研的调查样本概况见表 8-15。

表 8-15 　　　　　　　抽样调查对象结构表（N=19）

	分布特征	频数	百分比		分布特征	频数	百分比
各地分布	盛家湾	10	53%	年龄	20~30 岁	5	26%
	半壁山街道	6	32%		30~40 岁	7	37%
	祝家庄	1	5%		40~50 岁	6	32%
	梅家墩	2	10%		50~60 岁	1	5%

从表上数据来看，这次抽样的分布比较全面，根据半壁山农场不同大队的抽样结果，盛家弯大队的留守妇女抽样占多数，留守妇女比较集中；此外，年龄覆盖了留守妇女年龄的各个阶段，可以很好的把握留守妇女的整体情况。由此可见，本次调查对象所得的数据比较合理，相对全面可靠。

调研的方法。本文结合定性和定量两种研究方法，以文献资料和调查问卷为研究工具，探讨阳新县半壁山农场留守妇女的数量和规模，并根据实际情况分析了农村留守妇女的特点。

文献分析法。前期，本课题小组成员根据半壁山农场"人口基本情况调查表"以及农场相关部门的资料等，分析半壁山农场留守妇女占总人口数的比率，分析留守妇女的集中地，以此探讨留守妇女的特点及分布状况，对农场留守妇女的基本情况进行一个整体摸底调查。然后在收集和整合资料文献的基础上，指导课题组开展实地调查工作。

实地调查。根据本课题的选题需要，课题组于 2015 年 6 月 23 日至 7 月 8 日期间对半壁山农场进行实地调查。其中包括向当地留守妇女发放问卷、与留守妇女进行交谈、到相关部门收集文献资料等，从而较为全面、系统的了解留守妇女现在的生产生活状况，把握了第一手宝贵的资料。

数据分析。在对所调查地区目标人群普查的基础上，采取抽样调查的方法发放和回收问卷，并用一定的软件进行数据处理，最终统计出所需要的数据。

3. 半壁山农场留守妇女调研的基本情况分析

文化程度整体偏低。在文化程度方面，大部分留守妇女的文化教育程度不高。据调查数据显示，94.7%的留守妇女的文化程度在初中及以下，个别留守妇女处于文盲或半文盲状态。从图 8-19 中可以发现大部分留守妇女的文化程度是偏低的，较少从事脑力劳动，在农村只能进行一定的体力劳动。

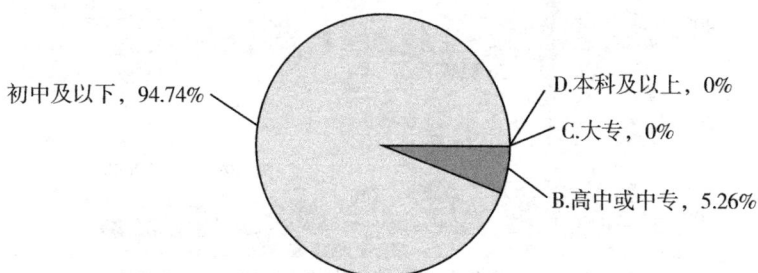

初中及以下，94.74%

D.本科及以上，0%

C.大专，0%

B.高中或中专，5.26%

图 8-19　您的学历（N=19）

家庭观念较重。从留守妇女的留守原因来看，84.21%的留守妇女留守的主要原因是照顾孩子和老人，26.32%的留守妇女是由于要在家务农，以保证家庭的基本生活。受城市生活费用高和传统家庭观念影响的留守妇女所占比例是一样的，虽所占比例较少，但也是一个不可忽视的影响因素。可见在农村地区，妇女的传统家庭观念较为明显；而孩子和老人成了留守妇女不外出务工的主要原因，说明农村地区的家庭观念较重。

家庭收入单一。从留守妇女的丈夫外出务工方面来看，89.47%的留守妇女的家庭经济主要来源是丈夫外出打工赚来的，并且 73.68%的留守妇女的丈夫外出务工多达 5 年及以上，84.21%的留守妇女的丈夫每年只回家探亲 1~2 次，基本上就是过年才回来，这使得大多数留守妇女感到孤独和劳累。在访谈中发现，大多数留守妇女都希望自己的丈夫在家乡附近务工，既不耽误工作，也能照顾家里，希望政府能提供更多的就业岗位，以解决留守妇女独自一人面对家庭压力的重任。

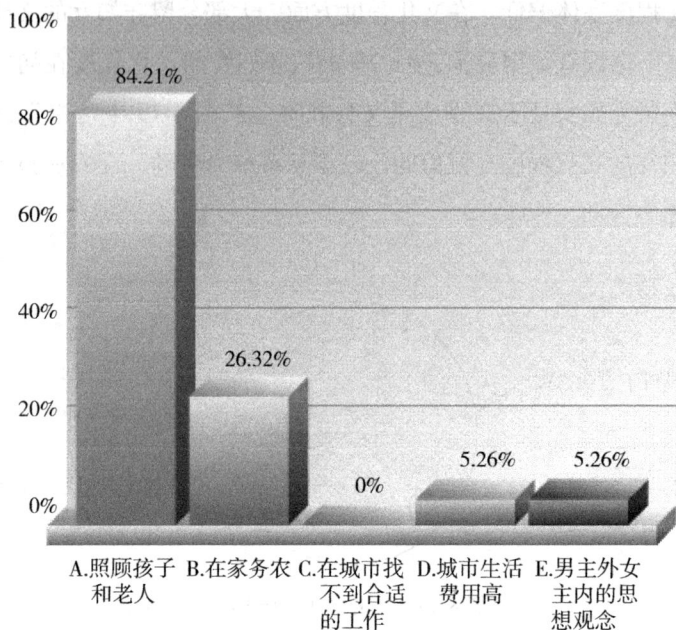

图 8-20　您留守的主要原因？（N=19）

表 8-16　　　　家庭年收入与家庭经济来源交叉分析表（N=19）

X/Y	A. 丈夫	B. 自己	C. 父母	D. 成年子女	E. 其他	小计
A. 10000 元及以下	2(100%)	1(50%)	0(0%)	0(0%)	0(0%)	2
B. 10001~20000 元	4(80%)	1(20%)	1(20%)	0(0%)	1(20%)	5
C. 20001~30000 元	6(100%)	1(16.67%)	0(0%)	1(16.67%)	0(0%)	6
D. 30000 元以上	5(83.33%)	2(33.33%)	0(0%)	1(16.67%)	0(0%)	6

　　子女教育压力大。从留守妇女所在家庭面临的困难来看，63.16%的留守妇女面临着子女教育压力大的问题；26.32%的留守妇女家中有病人，致使家庭经济较为紧张；而家庭生活贫困和发展生产缺乏资金、

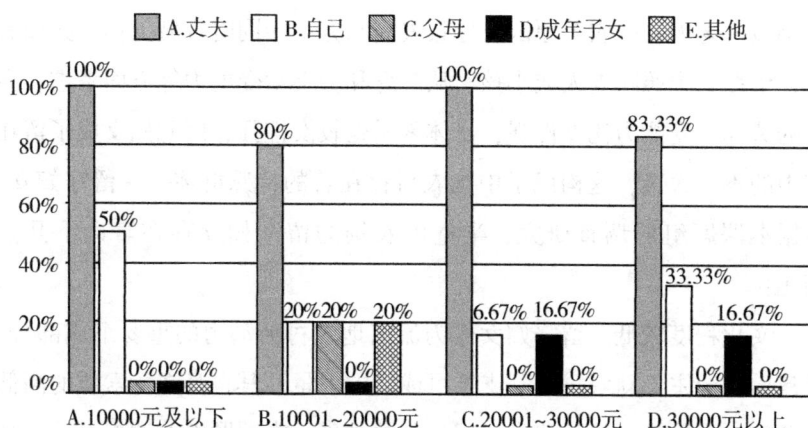

图 8-21　家庭年收入与家庭经济来源交叉分析表(N=19)

缺乏技术所占的比例是相同的。留守妇女家庭面临的这些问题导致其只能依靠更加繁重的体力劳动换取生活保障。当这些留守妇女家庭遇到问题时，84.21%的留守妇女会选择求助亲戚，对于妇女组织和村干部的求助相对较少，说明政府相关部门没有能很好地发挥其职能优势。

表 8-17　　　　　您遇到困难想到的求助对象是(N=19)

选项	小计	比例
A. 亲戚	16	84.21%
B. 朋友	6	31.58%
C. 村干部	4	21.05%
D. 妇联组织	2	10.53%
E. 自己	1	5.26%
F. 其他	0	0%

4. 半壁山农场留守妇女存在的问题及原因分析

由于中国城市化进程的不断加快，致使农村大批青年劳动力涌向城市，赚钱养家，使得自己及家庭能过上更好的生活。但他们的妻子，由于小孩、老人、务农等原因，导致夫妻双方不能同时进城工作，必须有一方留在家中照顾老人或小孩，从观念和劳动承受能力等方面考虑，男性的劳动承受能力比女性强，身体素质也较女性强，因此妇女成了留在家中的不二人选，这构成了中国农村存在着的特殊群体——留守妇女。根据本课题组的调查研究，半壁山农场的留守妇女存在着以下几点问题：

文化程度较低。留守妇女作为流出地农村劳动力的重要组成部分，是建设社会主义新农村的一支不可或缺的力量。其自身文化素质的高低将会直接影响新农村的建设和现代化的进程。本课题组的调查显示，半壁山农场大部分农村留守妇女的文化程度偏低，集中表现在 94.7% 的留守妇女文化程度在初中及以下。留守妇女文化程度低会直接导致留守妇女从事脑力劳动者减少，只能从事一般的体力劳动，对于新农村建设进程有直接的影响。调查中发现，年龄在 30~50 阶段的文化程度多数偏低，这是由于受到传统观念和农村大背景的影响。在中国农村，教育资源普遍偏弱，在不同的年代，对于女性读书都存在着或多或少的歧视，致使女性不能得到很好的受教育机会。而年龄在 20~30 岁之间的年轻留守妇女文化程度也偏低，这就和地区、教育重视程度有关。这个年龄段的留守女性部分在小时候就是留守儿童，在成长中缺乏父母的关心与关怀，致使她们较早迈入社会，放弃继续教育的机会。还有一部分是受到父母的影响，在很多地方，年轻的女孩生活在贫困的农村山区，父母在外打工所传递的新鲜事务激起女孩们的好奇心，就会放弃学习的机会，走向务工的道路。在打工途中，会结识和自己年纪相当的异性，从而快速结婚，生小孩，由于孩子需要照顾，年轻女性就会随着自己的丈夫来到丈夫的居住地，成为了留守妇女。但此时的她们年纪较小，文化程度也偏低，不能很好地依靠自己养活家庭，只能依靠丈夫在外务工养家，这是构成现代农村留守妇女年龄偏小的重要原因之一，也是导致留守妇女文化程度偏低的重要原因。正是由于半壁山农场留守妇女的文化程度普遍较低，使其外出打工困难，才滞留家中，从事农业生产劳动。

科技素质较弱。留守妇女自身的科技素质较低。由于留守妇女的文化程度低，就决定了其掌握科学技术比较困难，往往被排斥在农业技术队伍之外，只能从事简单粗放、基本上依靠体力劳动的种植业，生产的技术含量低。这就在很大程度上制约了农场农村产业化发展的进程，不利于农场现代农业的发展，也不利于农场的发展与建设。

身心压力较大。留守妇女独自一人承担起家庭重担，子女教育压力大、劳动强度大、家庭和谐的压力等等，致使留守妇女不堪重负，使留守妇女的身体和心理都受到严重的影响。在本课题组的走访中发现，大部分留守妇女对于自己留守在家照顾老人和小孩感到力不从心，都希望自己的丈夫能够回到家里帮助自己分担压力。部分留守妇女表示自己一个人在家感觉特别辛苦，甚至感到烦躁。家中有老人要照顾，小孩上学还要辅导功课，个别留守妇女还要自己下地干活，以减少家中的经济开支，没有属于自己的休息时间，只能忙碌地为家庭服务，从而影响到了留守妇女的身心健康。

对政府缺乏足够的信任。本课题组在访谈中发现，半壁山的留守妇女在遇到困难时，84.21%的留守妇女会选择自己的亲戚作为自己的求助对象，不会把自己的困难向妇联组织或者村干部反映。更有部分妇女遇到困难时选择自己解决，不依靠外部的任何帮助。造成这种现象的原因有两个方面，一方面是政府相关职能部门的作为不力，没有确切履行政府部门的应有职责，留守妇女反映的问题没有得到及时解决，致使留守妇女对政府相关部门的不信任；另一方面就是留守妇女自身观念的问题。由于自身思想的局限性，留守妇女在遇到困难时是不会主动找村干部或者农场职能部门帮忙的。在留守妇女的观念中，村干部大多数是男性，自己丈夫没有在家，如果去找村干部帮忙，就怕村里人说闲话，为了避免这种不必要的麻烦，自己有困难也不会选择找村干部帮忙。

5. 针对半壁山农场留守妇女问题的解决方案

政府组织培训班，提高留守妇女的文化程度与相关技能。本课题组认为政府可以组织培训班，比如文化知识普及班、电脑知识普及班、农业知识培训班等进行相关的学习培训。半壁山农场的留守妇女文化程度偏低，这不利于新农村建设，也不利于农场的建设和发展，并且农村留守妇女年龄不大，较为年轻，接受新思想、新知识的能力较强。组织培训学习班，可以提高半壁山农场留守妇女的文化程度，也可以组织一些科学技术类的培训班，提高留守妇女的基本科学技术知识，提高自我生活能力。这既能减轻留守妇女的家庭经济压力，又能促进农场的文化建设，也利于农场社会的和谐发展。

强化政府的作用，充分发挥政府的职能，全心全意为民服务。在本课题组的调研中发现，半壁山农场的留守妇女对于农场政府部门的信任度不高，这是由各个方面的原因造成的。但是在本课题组看来，政府也存在着一部分原因，在走访中发现，部分政府相关职能部门存在着相互推诿、不作为现象。少数干部不深入基层，只做表面文章，致使留守妇女不信任政府部门。因此，政府部门自身应强化自己的职能意识，提高政府相关工作人员的公仆意识，加强政府工作人员的思想教育，以充分发挥政府部门的职能优势；政府可以建立一套考核评价机制，以定期考核政府工作人员，对于考核不合格者将予以通报教育，对于考核优秀者进行适当的奖励，以激励政府工作人员向先进、优秀靠近，争做先进、优秀模范。

成立心理辅导机构，加强正面引导，树立积极健康心态。其一，留守妇女由于独自一人要承担起整个家庭的重担，压力严重超出负荷，致使留守妇女的身心健康受到影响。农场可以成立心理辅导和咨询机构，让留守妇女的心事可以得到及时倾诉，情绪可以得到有效排解。其二，留守妇女在遇到困难时不愿意找村干部帮忙，是由于自己思想的局限性导致的，成立心理辅导机构。通过心理辅导，让留守妇女抛弃传统封建保守思想，树立正确、科学的思想观念，以确保留守妇女的心理健康发展。

提供工作岗位，减少农村劳动力外出，保障人民生活。政府可以通过招商引资，在当地提供更多的工作岗位，使在外务工的人员可以回家工作，既能赚钱养家又能替留守妇女减轻家庭压力，提高农场妇女幸福指数。半壁山农场可以在合适的地方开设工厂，政府通过对外招商，结合半壁山农场的特色，开设有利于半壁山农场可持续发展的各种工厂企业，为在外务工人员提供适合的岗位，既使农场的经济得到了发展，又使在外务工人员回到家乡，建设家乡，也减少了留守妇女的数量。

四、农村留守老人现状调研报告(2017)

1. 调研背景与意义

改革开放以来，城乡居民的收入差距日益加大。由于农村人均可耕地面积的减少，农民从自己原有土地上获得的收入赶不上经济发展水平，越来越多的农民涌入城市打工。大量的农民进城务工增加了家庭经济收入，也带动城市经济的发展，为城市建设做出了巨大贡献。但是，大量农村青年进城打工，将孩子、老人留在家里，即所谓的"留守人员"，这对留守人员在物质生活上和感情上产生了极大的影响。留守人员中的老人就称为"留守老人"。

很多留守老人不但基本的养老需求无法得到满足，而且需要承受繁重的劳动负担和隔代教育的各种压力，需要自己应对生产生活中的各种困难，由此引发农村留守老人经济贫困、精神孤独、照料缺失、劳动负担等一系列问题。留守老人本应该是受到社会高度关注的弱势群体，留守老人的难题若得不到解决，将会影响到他们的晚年生活质量与身体健康，在外打工的子女也难以安心。要真正破解留守老人面临的问题，需要政府、社会各界给予更多的关怀和支持。

现实意义。本次调查的目的在于对半壁山农场留守老人的生活现状进行实地观察与深入分析，总结留守老人的现状、困境与需求，从而以调研报告的形式为地方政府采取措施提供借鉴，同时向外界表达留守老人对于改善自身现状的期望，引起人们对留守老人的关注与深思，从而促进留守老人生活环境的改善。

理论意义。第一，通过此次调查，对半壁山农场留守老人的基本情况进行了一个摸底，并分析半壁山农场留守老人面临的困难，从而探讨半壁山农场留守老人相关问题的解决方案，为以后开展留守老人的工作提供了基本的依据，以保证留守老人的工作得以顺利开展。

第二，对半壁山农场留守老人的情况进行基本的探索，掌握半壁山农场留守老人的第一手资料，针对问题，提出相关的解决措施，对以后留守老人相关问题的解决具有十分重要的借鉴意义。

第三，改善农村留守老人的生活质量是构建社会主义和谐社会的必然要求，是落实科学发展观的重大举措。对农村留守老人的生存状况及社会支持体系的研究，有利于全面了解农村老人面临的困境及其社会需求，从而为解决留守老人的困难提供对策，最终为构建和谐新农村提供一些有价值的参考。

2. 调研方法

本文以文献资料和调查问卷为研究工具，探讨阳新县半壁山农场留守老人的数量和规模，并根据实际情况分析了农村留守老人的特点，找出问题，并提出相应的解决措施。

文献研究法。主要通过查阅大量相关文献，比较全面地掌握已有的研究成果，以避免重复劳动；了解最新的研究动态，突出理论研究的前沿性，为研究提供科学的理论指导和相关论据。

实证研究法。调研组制订了周详的调研计划，选择了具有代表性的调查地点和对象，设计了调查问卷，在当地有关政府部门的积极配合与支持下，深入农村，广泛接触农户与农村各界人士，采取了问卷调查、深度访谈与实地观察等方式，获得了比较全面的第一手资料。关于半壁山农场留守老人的问卷调查中，我们共发放问卷 64 份，收回有效问卷 64 份。

访谈法。制定访谈提纲，对当地留守老人进行访谈。

3. 半壁山农场留守老人调研的基本情况分析

家庭收入单一。调查显示，留守老人家庭年收入在 1 万元以上的家庭主要经济来源都是以退休金为主，占到90%以上，这部分老人的生活费基本上都是够用的。而家庭年收入在5000元以下的都是以子女供养为主，这种程度的资金给予并不足以维持留守老人的日常花销。留守家庭年收入在5000元到1万元之间的主要是以劳动收入和退休金为主要来源。而在这个收入阶段部分老人的收入来源以积蓄和低保为主。

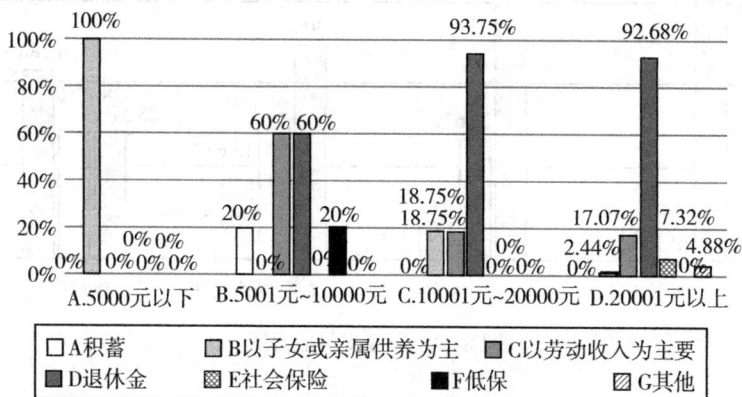

图8-22　留守老人家庭年收入图

医疗支付能力差。调查显示，37%的老人患有慢性疾病，10%的老人患有严重疾病。而根据柱状图显示，大部分患有疾病的老人都表示对于医疗费用的支付很困难，甚至有部分老人表示基本无力支付医疗费用。家庭收入在1万元以下且患有疾病的留守老人支付医疗费用的能力低。

隔代教育压力大。数据显示，占到39%的老人都表示对子女或孙女的的生活教育表示焦虑和担心。35%的老年人也表示对自己的身体状况表示忧虑。而根据走访情况显示，其中37%的老人选择"其他"的原因，一是自己生活能够得到基本保障，子女在外工作情况良好，所以基本上没有让其焦虑烦心之事；二是跟子女长期分居两地过程中不可避免的形成双向缺乏关怀的态势，亲缘的淡化从而导致让其认为没有操心的必要性。

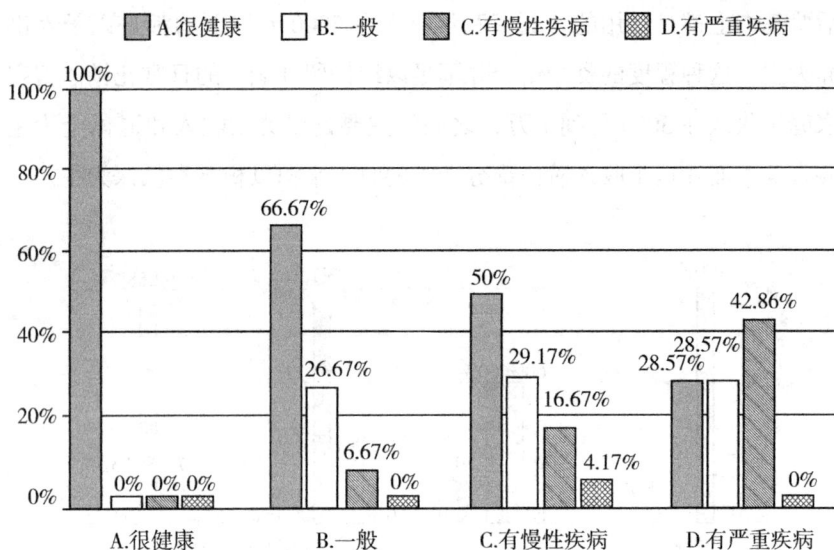

图 8-23　医疗支付能力图

表 8-18　　　　　　　　　隔代教育压力

选　　项	小计	比例
A. 经济状况	7	10. 94%
B. 健康状况	23	35. 94%
C. 家庭关系	2	3. 13%
D. 子女或孙子女生活、教育	25	39. 06%
E. 其他	24	37. 5%
本题有效填写人次	64	

缺乏精神生活。调查显示，54%的青年人一年或一年以上才回家一次。而57%以上的留守老人都表示希望与子女一起生活。老人的日常生活以看电视、听收音机、串门聊天、打牌和务农为主（在走访过程中，我们也了解到有的老人的文化水平达到高中学历，他们的日常娱乐生活主要以上网为主，认为网上的信息量超过电视，有直接的视觉刺

激，能够拓宽交流渠道，扩展人脉）。另一方面，57%的老人希望政府能成立老年活动中心，希望能修建健身器材，丰富广场文化。还有部分老年人希望政府能多组织活动、逢年过节能进行慰问，以排解心中的孤独。

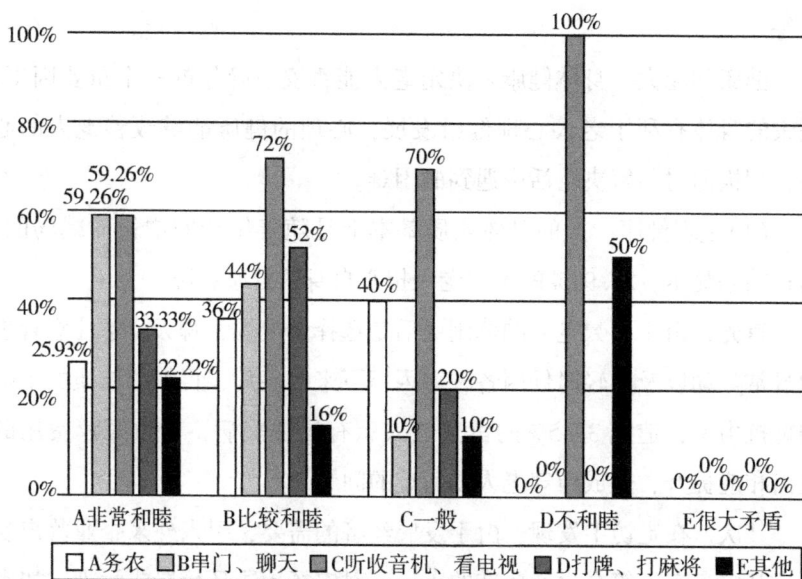

图 8-24

4. 半壁山农场留守老人存在的问题及原因分析

经济收入低。为使家庭经济条件得以改善，为子女营造更好的教育生活环境，留守老人的子女多数选择外出务工，但由于他们的相对收入也不高，且家庭负担重，只有少数子女每月会给予留守老人少数的赡养费，所以还有很大一部分老人要靠自身劳动来维持平时生计，且农村的务农收入本身就不高，再加上老人精力有限，造成工作能力降低。由此可见，造成留守老人经济收入低的原因有——第一，家庭整体的收入低；第二，老人自身的劳动能力基本丧失，无法承受负荷重的工作；第三，老人要抚养隔代，时间少，繁琐的事务多；第四，老人的文化水平低，所从事的职业基本上是务农，收入低，多数只能保障温饱。根据调查结果显示，在半壁山农场存在一个特殊的现象，80%以上的留守老人享有退休金的补助，使得大部分老人能享有基本的生活保障，这在很大程度上减轻老人的生活以及青年人赡养老人的压力。但是退休金无法满足留守老人的其他需求，比如医疗费用、隔代教育费用、娱乐活动费用等等。

健康问题大。身体健康是决定老人能否安享晚年的一个重要因素，健康的身体有利于老人心理健康发展，心理的健康能够改善老人的心态，积极面对与解决生活中遇到的困难。

(1)生理健康。人的身体素质基本上是随着年龄的增长而减弱的，调查结果显示，35.94%的留守老人担心自身的健康状况。

首先，由于多数老人的休闲生活是选择看电视、聊天，不注意合理的日常运动以及年轻时候因各种原因留下来的疾病，再加上体质的下降和抵抗力差，造成37.5%的留守老人患有慢性疾病，导致医疗费用的支出相应提升，造成留守老人看病难的问题。

其次，在走访中发现，由于发展经济的需要，引入外来企业落户农场，其中多有不符合生产标准的工厂，对农场周边环境造成污染，如水源污染和空气污染，不利于当地居民的生活起居，老人的生活质量也一并受到影响。

再次，当前道德文化缺失现象严重，青年人传统养老观念逐渐淡薄。孩子成了家庭的中心，得到百般疼爱。而老人却成了家庭的负担，时常受到子女的责骂，缺少对老人的孝敬之心；很多的子女只注重对老人的物质供养，忽视了对老人的精神慰藉和关怀，身体健康受到一定影响。

最后，本小组成员在走访医院的过程中发现，一方面，医院的医疗设备较差，缺乏专业的医疗人员，医院环境狭小，不能够同时提供多数人就医，整体的医疗水平低，有待提高。

(2)心理健康。人老了有喜静的一面，但人老了最怕孤独。农村留守老人过惯了苦日子，对物质生活往往无过高的奢求，因此来自子女的精神慰籍是老人身心健康必不可少的主要来源之一。留守老人的心理问题产生的原因是多方面的：

首先是由于子女不在身边，农村老人大多过着"出门一孤影，进门一盏灯"的寂寞生活，这很容易使他们感到孤独。特别是独居老人感到有心里话没处诉说，有时间没事打发，很可能出现抑郁症状，觉得生活没有意思，严重的会产生自杀的念头。

其次是留守老人存在着不能拖子女后腿的心理，既希望子女回家又不希望子女回家，常年牵挂子女，心理压力本身就比较大，再加上自己的矛盾心理，心结就越来越大，难以释怀，造成情绪低落，食欲不佳，身体素质急剧下降。

最后是农村精神文化生活比较单调，老人大多是"蹲墙根、找树阴、聊聊天"，在家庭外边也难以找到精神寄托，再加上留守老人自身的文化素质低，与外界的交流能力相应减弱，滞后于社会的发展，无法使用由网络提供的海量信息，也就减少了沟通的渠道。

本小组在探望百岁老人时发现，老人其实更加希望子女能够常回家看看，和自己说说话，谈谈心，也更希望子女能够带着孙辈回来给家庭带来活泼的气息，以此感染老人情绪，使老人的心理压力得以放松，也可以让子女及时了解到老人的心理问题及需求，及时提供帮助和寻求心理医生救助。

隔代教育问题严重。从主观原因方面来看，通过对留守老人的家庭调查，我们发现外出务工人员由于经济上的问题，他们中绝大多数人还把自己的子女留在老人的身边。而当我们问及老人们当前最担心焦虑的问题时，39%的老人都表示是子女或孙女的教育问题。另一方面是隔代教育问题。在走访的过程中，通过与老人的沟通，我们发现当前存在的隔代教育对老人造成很大的心理负担。如果只是照顾孙子孙女的生活起居，只是增加老人的生活压力，增加劳动强度。但对小孩教育方面的心理负担更重，主要是因为农村老人大多识字不多，根据调查显示，75%

的老人都是小学及小学以下的文化水平，无法辅导小孩的学习，担心其学习成绩差。

从客观原因方面来看，其一，通过对半壁山农场中小学的走访，本小组发现，半壁山农场的教学硬件设施与软件设施皆不齐全，特别是师资力量薄弱，学校的教育经费短缺，无法完善教学条件，更加无法满足学生及家长的需求。其二，目前农村交通、通讯得到迅速改善，电视、网吧到处有，孩子在外的时间长，担心发生一些意想不到的事情，老年人总觉得管理小孩力不从心。教育文化进步与严重的代际冲突，现实中使"留守老人"无所适从。老年人长年积累的知识和经验大多已经过时，又无法快速掌握现代的知识和信息，因此与年轻人的共同兴趣越来越少，沟通越来越困难，代沟隔阂越来越深。

5. 半壁山农场留守老人问题的解决方案

提高经济收入。大部分的农民工一年的收入也并不乐观，再加上物价的上涨，在城市里任何东西都必须是花钱才能得到，所以他们的生活也并不是很好，而在农村至少自己也还可以种些菜。他们外出的主要原因在于农村无法赚取收入。因此，只要加快农村经济的发展，给他们提供生财、致富之道，定能吸引大部分人回来发展，在这方面村干部要做好带头工作，积极带领村民探索，结合本村的实际情况，政府也应给予大力支持，在技术、经济上给予支援。这样，不仅能提高村民收入，还能使老人们不再感到寂寞，也使老人能跟子女一起享受天伦之乐，减轻老人的劳动强度，使他们安安乐乐地度过晚年。

发挥政府公共职能。一是完善地方医疗制度。农村医疗卫生工作相对落后，老年人看病难，就连吃药、打针和患病护理都有困难。其一，在农村要普及卫生健康知识，搞好疾病预防工作。要在老年人中加大卫生健康知识的普及工作，大力开展老年人的健康知识教育，告别不良的生活卫生习惯；与愚昧迷信的行为作斗争，提倡科学、文明的生活方式；定期开展健康检查，做好老年病的早期发现、早期诊断和早期治疗，控制病情发展，降低常见病、老年病的发病率和致残率；在农村推广全民健身运动，增强老年人体质，搞好疾病的预防工作。其二，政府制定政策，加大农村医疗制度的改革。加大推进新型农村合作医疗制度力度，对治病发生的门诊、医药费按一定比例报销，并且扩大覆盖面，更加切实地解决农民"就医难、费用高"的问题。其三，在农村医疗人才培养上改变思路，为农村培养留得住、用得上的适用型人才，招聘一些医术高明、医德高尚的医生到农村医院工作，积极将医疗卫生资源转移农村，增添必要的医疗设备，提高农村医疗质量。

二是要完善社会保障体系。第一，建立健全农村养老保险制度，提倡农村青年为自己和老人办理养老保险，使农村老人减轻对子女的物质依赖程度。在财政许可的条件下，政府可以更大面积的给予老人们以补助。第二，政府还可以向社会各届热心人士征集资金，设立一个专项老年人基金会，定期对社会公开征集资金所得的数目，也可以在必要时为低保老年人提供帮助。从长远来看，这虽然不能从根本上解决老人们晚年生活的困境，但更多时候可以帮助他们解决燃眉之急。第三是弘扬敬老爱老的优良传统，加强农村家庭美德教育，积极做好宣传教育工作，表彰敬老养老典型，让村民真正树立起尊重、关心、帮助老人的良好社会风尚。第四，大力宣传《老年人权益保障法》，增强老年人的法律意识，依法维护老年人的合法权益。提高子女们的思想素质，加强思想道德建设，使他们真正明白关心老人，尊敬老人，赡养老人是他们义不容辞的责任。要抓好精神文明建设，积极做好宣传工作，创造文明和谐的社会氛围，使人们自觉做到尊老敬老爱老。

三是丰富精神娱乐生活。政府相关部门可以开展一些适合老人的参与活动，这样不仅让他们在活动中认识更多的老年朋友，减少失落感和孤独感，而且让他们在参加活动中得到乐趣，体会到自己的人生价值所在。广播电视台也可以为提高老年人的生存质量出一份力，通过开设几个专门为老年人设计频道，播放他们感兴趣而又健康的节目，从而丰富农村老年人的精神生活。其次，政府切实执行公共服务的职能，向社会筹集资金，充分整合利用闲置资产、闲置土地改建，建立农村的公共事业服务阵地。根据现有条件,可对乡村小学校等实现多功能开发,开办形式多样的留守老人活动中心、娱乐室。建立一些包括戏曲班、读书看报班、太极班、种植花草班等,既可以怡情又可以促进老年人身心健康的活动场所。

四是逐步建立农村老年人志愿者服务队。为留守老人提供诸如理发、环境卫生清理、房屋修缮等日常服务,可由民政或共青团、妇联等部门组织牵头,尽可能在各乡镇都成立农村老年人志愿者服务队,建立一支常年服务的队伍,以缓解留守老人存在的困难。

五是加强与民众的交流。在相关政策实施前,要做好政策宣传工作,各大队要积极回答民众的提问,耐心解决民众的问题,将政策落到实处。同样的,这就要求加强政府组织内部的党风廉政建设,用党性武装每个政府职工干部,真正做到情为民所系。

六是加大对教育的财政投入。教育是兴国之本,也是地方最该重视的方面。半壁山各大队根据自身的经济发展水平,硬性拿出教育经费支持教育事业发展;政府可以对外宣传半壁山的教育情况,积极寻求社会力量的帮助;在吸引师资方面,政府提高对教师的待遇,改善教师住宿条件,解决教师住房问题等等。

七是优化周边环境。政府要严厉打击不合格的网吧、游戏机店,为孩子提供健康的成长环境。

加强尊老、爱老中华民族传统美德教育。强化尊老、爱老、养老、敬老的宣传教育。在农村社会化养老机制尚未形成之前,传统式家庭化养老仍是农村养老的唯一形式。尊老爱老是中华民族的传统美德,要加强农村年轻人的孝道教育,对在敬老爱老等方面做得较好的年轻人应予以弘扬表彰,对歧视、排斥老人等行为给予曝光、鞭达。架起亲情时时沟通的桥梁,在外子女要经常与父母保持联系,按时给老人寄钱送物。家中大事多征求父母意见,即使没有事也要经常与老人通话,加强彼此之间的沟通与联系。

下　篇

第九章　实习日志与感想

第一节　实　习　日　志

九年来，在校外基地集中实习的同学们共撰写实习日志近 1 万余篇。这里只是选登部分同学的实习日志。

实习团队深入社区开展调研活动
2010 级筑梦三岔实习团队

实习小分队发起此次调研，一方面是了解群众对中国特色社会主义理论的认知程度与获知途径，另一方面是了解社区文化建设活动开展的情况及其面临的问题，全力支持三岔口社区"理论热点面对面"示范点建设。

来到三岔进行两周的实习工作，对我们来说是很难得的机会。我们不仅仅要进行挂职锻炼，还要完成相应的课题调研。于是我们利用周末的时间，深入到三岔口社区居委会就中国特色社会主义理论宣传与社区文化建设活动开展情况进行调研。

在调研活动过程中，我们深入到集镇的大街小巷，挨家挨户发放调查问卷，得到了居民群众的积极配合与支持。我们一边发放调查问卷，一边为群众耐心讲解，使他们对中国特色社会主义理论体系的基本内容、对社区文化建设重要意义的理解更为全面、深入。

"纸上得来终觉浅，绝知此事要躬行"，深入基层、直面群众的社会实践活动，使我们收获颇多。既为三岔人民的淳朴热情所感动，也对如何推进中国特色社会主义理论大众化，使基层社区文化活动更加贴近群众，有了更深入的思考。

我们是记分员

雷　依　　李　薇

早上 8:30，三岔乡第二届"莲花杯"篮球友谊赛正式开幕了。作为中南民族大学马克思主义学院进驻三岔的实习生，我们也积极地参与到了此次比赛中。而今天，我们是记分员。

早上 8 点我们就来到了今天的工作地点——三岔乡灯光篮球场。按照工作人员分工，我们戴上了工作牌，准备好了记分的纸笔等，做好了比赛前的准备工作。

上午的比赛是卫生院代表队对河湾燕子代表队。我们的实习队队员刘闯作为燕子坝村实习生也代表河湾燕子代表队上场打比赛，为球队进了几个精彩的球。

下午 2 点钟，我们又开始了工作，炽热的太阳烘烤着整个球场。幸运的是，作为工作人员，我们都领到了草帽和防暑药品。白天的几场比赛中，让我们印象最为深刻的是机关男子队和茅坝莲花队的角逐，竞争十分激烈。平时工作比较繁忙的基层干部们在球场上却是意气风发、身手矫健，他们在烈日下奔跑、争夺、配合、投篮，赢得了现场观众的阵阵欢呼。当然，我们最重要的工作就是认真地记好比分，每个球员投进了球，我们都要做好记录。

当三岔口社区队和中学队的比赛快要接近尾声的时候，又突然下起了阵雨。作为工作人员，我们迅速把桌子拉进帐篷，保护好计分表、秩序册等文件。接着，在慌乱中引导两队的队员、裁判员、计时员确认分数并签字。最后，把所有物品收好后交给了相关负责人。虽然我们的草帽歪了，鞋子湿了，衣服也被淋了，但是看到比赛需要的文件都完好无损，我们也开心地笑了。

吃过晚饭后，雨停了，而计生联队和卫生院女子队的角逐马上就要开始了。谁说女子不如男！女队之间的较量吸引了众多集镇居民来观。每一次激烈的争夺、每一个快速的传球和漂亮的投篮都赢得了大家的阵阵喝彩声！女队员们上了球场，那也是巾帼不让须眉，她们为这次的篮球赛增添了别样的风采。

晚上8：30，这一天的比赛结束了。场边的人们一一散去，只剩下屈指可数的几个人在空旷的体育场上练习投篮，体育场的灯光依旧明亮，我们整理好了所有的材料拖着疲惫的身躯回到了住处。这一天，我们感受到了三岔干部群众积极参与体育文化运动的热情，并且看到了不一样的他们。这让我们对于三岔乡的干部们、群众们有了更多的认识。尽管经历了日晒雨淋，但是依旧很开心，因为我们不但看到了精彩的篮球赛，更为此贡献出了一份小小的力量。

共产党离群众其实很近

徐 璐

转眼，我们来到三岔乡将近一个星期了。做了几天的文书工作后，我很荣幸借着"八个一活动"深入到群众内部，了解群众的日常生活以及需求。以前我们的学习一直局限在课本中，社会实践经验匮乏，所以现在可以深入到群众中，将所学的书本知识与实践经验结合起来，真是机会难得。

"老人家您要好好养身体，不用担心，其他的什么事情交给我们去办。"乡党委副书记、纪委书记黄金文在与困难党员王尔贵交谈时承诺。当天，黄金文来到该乡梨子坝村困难党员王尔贵家中走访，由我和办公室徐敏担任记录员。黄书记一进老人家门，就像和家人聊天一样了解老人生活情况，得知老人因为痛风行动不便时，与他积极进行交流沟通，让他树立生活信心，并送上物资，帮助他们解决眼下难题。

随后，黄金文副书记还走访了产业大户贺沛华、入党积极分子杨祥兵、人大代表谭德朝等"八个一"联系对象。在走访慰问中，黄金文嘱咐村里的干部，要多关心、照顾这些困难的党员、群众；要积极创造条件支持产业大户的发展；要悉心听取人大代表对乡、村两级的发展意见，共谋长远发展之计。

短暂的一下午过去了，在这过程中，我深深体会到原来共产党真的离群众很近。真正的全心全意为人民服务，并不是说要做出怎样的丰功伟绩，也并不是做一些面子工程，而是要切实从百姓的利益出发，想人民所想，做人民想做。

"仓廪实而知礼节"，只有把百姓的物质生活搞上去，才能离"中国梦"的实现更进一步。今天一天的下乡经历，让我更加明白自己做为一名光荣的共产党员的责任与义务，牢记自己身上的使命，不负所托。

平凡的工作 不平凡的人生

丰 露

生活是一个大舞台，每个人可以是这个舞台的编剧，编写不同的剧本；每个人也可以是这个舞台的演员，演绎不同的人生。在我们的生活中，有着这样一群人，他们关心人民群众最切身利益，解决他们的实际困难，真正做到权为民所用，情为民所系，利为民所谋。他们就是一群坚守在平凡岗位上的基层干部。

暂别接近一周的办公室文书工作，今天我们三位实习生在党政办公室胡主任的带领下，前往鸦沐羽村和汾水村了解当地村民生活和基层干部工作状况。通过与三位基层干部的交谈相处，我更加明白基层干部工作的艰辛及其重要性。

篇章一之胡主任

做事严谨认真，待人和蔼亲切，这便是胡主任留给大家的一致印象，他的细心周到让我们这些实习实训生感受到家的温暖。但让我更为佩服和感动的是胡主任对基层工作的深入了解和对普通群众利益的关心。胡主任曾在汾水村和鸦沐羽村委会都工作过，对当地的农业生产、农村建设以及农民生活状况等问题都有深入了解。在前往两村的路上，胡主任一直和我们谈论着烟叶生产、农村发展以及如何看待农村基层工作等问题。更让我印象深刻的是，胡主任每次都会与相遇的村民亲切地打招呼。"我们每个基层干部都应该关心群众各个方面的困难和问题，即使部分群众有时会不理解我们的工作，我们依旧得把自己的工作做好。"这便是一个基层干部的心声。

篇章二之周书记

到达鸦沐羽村委会，迎接我们的是村支部书记周书记。这是我与周书记的第二次见面了，首次见面是随同黄书记和杨主任一起前往鸦沐羽村失火农户家中进行慰问，当时周书记在场。他在火灾当天接到村民失火报警后，便和村委会其他干部以及当地群众第一时间赶到失火地点帮忙灭火救人，并及时进行相关善后工作。今天，周书记主要向我们介绍他平常所做工作，涉及促进农业生产，下乡走访了解群众真实情况，推动农村文明建设如开展乒乓球赛等多个方面。当谈及如何做好基层工作时，周书记表示干部应拥有较好的工作态度、能力和责任心，"但最重要的是多走访群众，了解他们的真实情况。"周书记恳切地说道。

篇章三之王主任

王涛是汾水村计生专干，她在这个岗位上已经工作四年多，日复一日地重复着相同的工作。平日里她所做的工作主要是普及计划生育政策，定期入户进行关于新婚知识，优生优育等方面知识的宣传，以及解决各类相关问题。"在工作中，确实会碰到一些比较头疼的问题，一次解决不了的问题就再次登门解决，直到问题解决为止"她笑着说道。我想，确实应该如此，对于基层干部而言，所需要的也正是像王主任一样的坚持不懈地解决好群众实际问题的精神。

他们都是在平凡的岗位上，做着平凡的事情。正是有了他们的付出才能更好地维护群众的切身利益，更好地推动当地的发展。

因地制宜　烤烟种植显效益

张士林

不知不觉已经来到燕子坝村八天了，这些天的见闻使我认识到了基层工作的艰辛，但同时也体验到了作为基层干部助理为人民服务的自豪以及对燕子坝村民在恶劣的地形环境下创造出一个又一个特色产业的敬佩。

今早我和樊书记提前半小时来到了村委会，因为今天我们要深入基层走访——前往烤烟种植大户刘兴文家查看烤烟种植情况。事先樊书记给我打了一剂预防针：刘兴文家路途较远，而且路况较差。问我有没有问题，我觉得既然来到了基层，那么就是要发扬不怕苦的精神。在一个干脆的"没问题"后我和樊书记与王主任三人便驱车前往目的地。果然，一路很多都是石头路，车子颠簸不堪，而且由于都是盘山路，所以坡度较大，对于生活在平原的我来说这种坡度还是畏惧的。但是沿途的美丽的自然风光已经使这些不安变得不那么重要了，大概经过四十分钟的颠簸后，我们到达了刘兴文家，一下车我便看见一个熟悉的身影，对，就是陈书记，我很惊讶他怎么会在我们之前就到了，陈书记告诉我，他是由小路爬山来的，已经到了半个小时了，我不由得发自内心的赞叹：一位近六十岁的老人竟如此矫健，也许这就是山里人特色吧！

在与刘兴文寒暄几句后，他便带我们一起去往他的烤烟种植田，走了大概十分钟之后眼前碧波荡漾，一望无际的绿色海洋。田内的烟叶个个鲜艳欲滴，块头高大，一片欣欣向荣的景象。刘兴文向我们介绍了烟叶的生长情况，他说近来烟叶长势正旺，无病虫害，但由于很多天没有下雨，土地已经出现了干旱的迹象，若这几天有场雨，那么烟叶就可以收割了。听完这些，在旁的樊书记打趣地安慰他道："我们来就是送雨的，你看天上这么多的云，随时都可能下雨。"刘兴文拥有可用的烤房两间，在建的有两间，基本可以满足其生产需要。聊了一会儿，他带我们参观了他家的烤房。"烤房工作时的温度较高，一定要做好防火工作啊，而且我看这些设备价值不菲，平时一定要做好维护啊。"陈书记在一旁关心地说道。刘兴文家现在有烤烟种植田 40 亩，目前年产值约 14 万元，计划下一阶段将种植面积扩大到 80 亩，实现年产值翻一番目标。在结束今天的走访之前，樊书记、陈书记与王主任一起为其下一步规划给出了建议，并说明村支两委会努力为其生产和销售提供支持和帮助，而且樊书记还特地向其传授了一些种植经验，由于樊书记以前在乡农技站工作，所以对于烟草种植还是颇有心得的。

今天我最大的收获不是体验到了山区人民的交通不便，也不是了解到烤烟的种植情况，而是感受到燕子坝村村民不畏地形条件的束缚，勇于创新，因地制宜为山区发展而努力的精神以及村干部与当地农民和谐互动的关系。村民们辛勤劳作，因地制宜为中国梦在燕子坝村的实现提供了基础，而以马列主义武装起来的村干部的帮扶则为其提供了保证，相信在村民与村干部双方和谐互动关系的推动下，燕子坝村的明天一定会更加美好！

在这片希望的土地上

张秋君

他们质朴、勤劳，在这片充满希望、生机勃勃的土地上，其乐融融，充满欢声和笑语。

周末，办公室不用上班，于是我们利用这段空闲时间进行下乡调研。我和王忠丽跟随阎院长下乡，在路上，我们听社区的曾书记介绍，这条硬化的山路是由本地的一个能人杨发坤筹集兴建的，他从这个小村庄考出去以后一直不忘家乡的建设发展，尽自己的力所能及来帮助这里。车子沿着弯弯曲曲的山路向山上驶去，我们来到了梨儿坪组的一个农户家，阎院长与农户促膝长谈山区的农业发展问题，了解到该地区主要是以种蔬菜和烟叶为主，基本上每家都种，并且是自产自销，虽然没有农村合作社的集体化运转，该村的村民年收入还是很可观的，基本每户每年可以达到 10 万元。收入上来了，村民的生活水平提高了，但还是存在一些不容忽视的问题，该村外出打工者多，老人和孩子在家，成了留守老人和儿童，由于劳动力缺失和山区小农机未普及的原因，虽然耕地守住了，但还是无人耕种。

告别了这户人家，我们经村主任介绍，来到了本村的种菜能人阮珍友的家中。经阮珍友介绍，他种菜已经种了12年了，最开始是和自己的哥哥一起来种菜，在收到一定成效积累了一定的经验以后，带动了当地的村民一齐种菜发家致富。他强调，种菜也是需要技术的，他们每年会到莲花池进行2到3次的培训，并且分析了当地蔬菜销售的现状和想要达到的状态，阎院长给农户提了一条建议，就是打出当地的蔬菜品牌，做无公害、无污染蔬菜。阮珍友还向我们反映了水源问题是山区一大问题，吃水问题已经基本解决，但是农田灌溉却还是一个困扰当地农户的不容忽视的问题，他建议可以在山顶建一个大型的蓄水池，收集雨水和山泉来对蔬菜进行灌溉。社区的曾书记告诉他，今年三岔乡实施汾水水源性建设项目，届时就可以大大解决三岔乡缺水的问题。阎院长问道：你的梦想是什么？女主人说她的梦想就是上星光大道，虽有一副天生的好嗓子，但是苦于没有人来教授专业的音乐知识，因此自己感觉实现梦想还是有点困难的，说罢便给我们大家唱了一首信天游，在场的人纷纷拍手叫好。而男主人在听到这个问题后，朴实地笑了笑说：我的梦想是一生平安。

经过走访两户村民，他们的淳朴和热情深深地感染了我，山区生活的艰辛并没有使他们对生活失去信心，反而让他们更加珍惜每一寸能够带给他们果实的土地，在这片并不肥沃的土地上，处处结满了勤劳的果实，茄子、梨子、土豆、葡萄、猕猴桃，给山区人民带来了欢笑，带来了勃勃生机。

计生专干的平凡与幸福

黄梦迪

在党政办胡主任的带领下，我今天真正下了一次乡，去了鸦沐羽村、汾水村，参观了沿路的烤烟点，烟叶田以及两村的村委会。这是一次难得的深入基层、了解基层、领悟基层的机会，学习到的知识比课堂上学习到的要多得多。

在汾水村村委会，我与在基层工作了四年的计生专干王涛姐姐进行了一次深入访谈，对于基层的计生工作和基层的干群关系有了一定的了解。

"我们计生工作说容易也容易，说复杂也复杂，工作做顺了还好，但是遇到不知道具体政策的老百姓，不论怎么跟他说也说不通，那我们做工作的要下功夫，做一次不行做两次，两次不行做三次，直到做顺。如果实在做不通，我们就只能联系政府帮忙解决。"王专干如是说。从王专干的这句话中，我深深体会到做基层工作的困难，也体会到做一名称职的基层工作者是不那么容易的，要真正落到实处，做实做稳才是关键。

计生工作也许只是一份平平凡凡的工作，但倘若没把计生工作做到位，对当地老百姓来说肯定是有不利影响的，所以尽管平凡，但意义重大。王专干在村委会的具体工作，从婚前体检到办理结婚证、准生证的程序、手续；从怀孕前的政策宣讲到怀宝宝时的育儿知识，甚至细到孕前、孕中三个月服用叶酸的细节；以及生宝宝后讲解避孕节育措施；平时还要经常下乡走访，帮生病的妇女、儿童联系咨询医生，搜集流动人口各方面的资料，下达政府计生办分配的任务等；还要组织妇女的"三叉"与"两癌"活动等。也许你会觉得这些工作的难度并不高，也许你会觉得这份工作很平凡，但我认为这份工作处处透露着细节，一环接一环，要真正把它做到位，确实"不平凡"。

当我笑问王专干"您觉得您在这个计生岗位上幸福吗？"时，王专干特别肯定地答道："我很幸福！特别是当我所做的工作给老百姓带来了真正的实惠时我真的很开心，当然，基层工作并不好做，老百姓也许没能真切感受到我们的关怀，对我们的工作会有不满意、不配合，但我们还是会尽我们所能，让惠民政策落到实处，让老百姓生活得更好！"

　　王专干的回答给了我很大启发：基层干部每天做着非常平凡的工作，默默无闻地为老百姓做实事，解决难题，带给老百姓更好的生活，这本身就是不平凡的。也许这些工作短时期内的成效并不明显，也许老百姓对干部的期望值过高，导致有的老百姓对干部并不满意，但这并不能抹杀基层干部的勤恳工作，只能说明搞好干群关系是一项长期的重要的工作。一方面，要尽量让老百姓看到感受到惠民政策，另一方面，干部的工作要真正落到实处。

　　这次深入基层还给了我另外一个感受：沿路上碰到的村民，都会很热情地与胡主任打招呼，我们和胡主任一起去一家农户核查农业财政补贴，他们也不停地感谢胡主任，与胡主任很亲切地交流，可以看出，胡主任与群众的关系处理得非常好，只有经常下基层了解群众情况，才会与群众如此熟悉，才会取得群众信任。

　　这次难得的深入基层的机会让我获得了很多感悟，真的很感谢胡主任给我们这次机会，让我们真切体会到了基层干部、基层工作的点点滴滴。平平凡凡才是真，我想，我已经知道要如何做一名称职的基层工作人员了！

扎根一线 奉献基层！以梦为马，不负韶华！

苑伟光

　　基层是一切工作的依托，无论大事小事，事事都需要基层干部的悉心处理；基层是群众的唇与齿，诉说人民群众的心声、反映人民的诉求；基层是梦开始的地方，年轻人追梦田园，乡村就是一片广阔的天地。

　　"上面千条线下面一根针"这句话来形容基层工作最适合不过了。短短两天的正式实习，我就深切感受到了基层干部的工作热情并非出于利益，而是出于内心的召唤——无私的使命感！

　　在实习的第一天，茅坝村村官黄丽姐就给我留下了很深的印象。今年是她担任村官的第三年，在交谈的过程中，她说，"我的工资仅三千多，的确不能和我的一些大学同学相比，但是我敢说，我为这里的老百姓付出是发自内心的，当我看到困难户，看到成绩优秀的孩子因为家庭原因不能读书时，我的内心就说不出的难受。目前，我正在积极备考公务员面试，我希望自己能成为一名真正的公务员，在三岔实现我的梦想，做对老百姓有益的事！"

听了她的话，我更加坚定了做一名基层公务员的理想，我喜欢这样的工作和生活，我愿意扎根一线，奉献基层。正值青春，为何不去争取这样无悔的青春记忆呢？

三岔印象——莲湘一打响彻天

廖婉婷

6月20日，一个期待已久并注定值得永恒被记忆的日子。大早连同老师在内的24人就踏上了去三岔的征程，前前后后花了七个半小时，我们终于在三岔安顿了下来。

今天吃完晚饭，我们瞬间被三岔乡的特色舞蹈"莲湘舞"吸引。广场上几十人统一拿着道具舞动着身躯。我被她们手里拿着的道具所吸引，乍一看似乎是银枪之类的。之后我找到一位小朋友借来道具仔细端详了片刻：离两端5公分的地方各嵌上三枚铜钱，两端系上一扎红头绳或者黄头绳，杆身涂满红漆或者墨水，煞是好看。我尝试着晃动了几下：红樱飞渡，铜钱送声，甩出一道道美丽的弧线和声线。这个到底叫什么呢？我询问了身边的一位大爷，他告诉我这个叫"竹莲湘"。

怀着打破沙锅问到底的求知精神，我搜集了一些关于"莲湘舞"的资料。据了解，"莲湘舞"又名"打莲湘""莲花乐"，道具也叫"金钱棍""霸王鞭"，起源于宋朝，已有六百多年的历史。流传在恩施土家族、苗族大部分地区。它曲调优美，易于传唱，易于普及。听乡长说，这个星期三岔乡的舞蹈队就要参与比赛了。这些日子舞蹈队每天都在辛勤训练，天道酬勤，我相信三岔乡的舞蹈队一定能取得骄人的成绩。

莲湘一打响彻天，越打身体越康健，唱歌跳舞好蹁跹，民众心里乐开颜。

情有所系　生无所息

陈榆煊

只有在你不停忙碌的时候，你才可能享受闲暇。当你无事可做时，空闲就变得一点也不有趣，因为空闲就是你的工作，而且是最耗人的工作。闲懒和吻一样，当它被盗走了之后，它的味道才是甜的。

晚上聊天的时候老师问，你们高三的时候觉得苦吗？我答苦啊，但那是我人生中最充实快乐的时光。那时候每晚下自习都和最好的朋友放声高歌地回宿舍，丝毫不在意旁人的眼光。每晚泡个热水脚，泡脚的时候还能赏玩一首古诗。灯下苦读到深夜一两点，我收拾好文具，擦拭一遍桌椅，摆好鞋子，在同寝人均匀的呼吸中，蹑手蹑脚地爬上床。每晚躺在床上的时候我深刻地感受到是我是那么的平和幸福，结束了忙碌的一天，终于可以休息了，我没有辜负生命中唯一的今天，我问心无愧。那时候周考的压力没有打倒我，数学的难懂也没有打倒我。那时候我自律，努力，充满信心。

目光投向眼下，今天是 6 月 27 日了，我还在写 6 月 22 日的日记。这也就意味着我荒废了整个周末，躺在被窝里是安逸的，吃东西是安逸的，但这样的生活它真的令我快乐吗？并不。回想我最快乐的时候往往是在大考结束后，是在写完了一篇文章后。真正的休息是做了长期的努力之后给自己的激励与反馈。这样平白无故的休息，只会徒增我的烦恼让我惶恐不安。妈妈说过我性格中最不好的一个因素就是懒惰。我也常深悔大学浪费了太多时间，想到高中时尚忙里偷闲读了那么多书，现在有了大把的时间却不好好读书。罪过。日记日记，就是每日记忆，生活的本质就是记忆的叠加。每天写个几百字，对你来说根本就不是难事，可是你也不愿意写。罪过。

子贡倦于学，告仲尼曰："愿有所息。"仲尼曰："生无所息。"这句话我常用来教育远征学友。其实它对我更适用。世界上最不好的两个字就是自满，最好的两个字是自律。想想还有那么多你不了解的东西，你没学过的知识，最好的年华转瞬即逝，你还不治治你的懒癌和拖延症吗？

Link The World
黄　凯

今天，我和沈康满、陈榆煊、刘文娇被分配到汾水村帮忙做农业支持补贴政策实施工作，核实数据和下农户家签名确认。我们每个人都分别跟一个干部下农户家去了。

汾水村相对较偏远，马路也是缺乏维护，凹凸不平的，那些到农户家里的乡间路狭窄，有的地方只有砂子铺在上面，而路的两旁杂草丛生，树木茂盛，一个又一个的山头和山坳里边，住着一户又一户的人家，住得很散，很偏远。地里种得最多的就是烟叶，大片大片的，村里还有烤烟和兜售烟叶的场所。我觉得烤烟这个产业非常不容易，烟草的种植容易受到自然灾害的打击，冰雹和水涝很可能让烟草种植血本无归，而且种植烟草需要政府大量的补贴。

村子里很少见到青年，估计很多都外出打工或者读书去了。在签名的时候，见到很多老态龙钟的村民，拄着拐杖或者步履蹒跚的到约好填表的地点来了。

村干部在核实签名的同时也在向每户村民宣传办宽带的事情。光纤宽带：前两年2018元，包含光猫和网线等设备，到了第三年就按每年720元，每月60元的价格收费。但是即使如此，在产业落后，交通破败，年轻人很少的情况下，还是有很多户人家愿意办宽带，年迈的村民自己不会用计算机，但是他们考虑到了自己外出的子女，经过仔细考量或者对比其他村民后，较多人选择了办理。他们愿意接受新的事物。不过，个人觉得这里边也存在一些问题，比如：后续电脑硬件购买的问题，大量的电脑硬件需求，可能会有人借此商机在他们身上赚一把，村民可能不懂鉴别电脑硬件品质，会上当受骗。还有就是他们会用网络做些什么的问题，村干部关于网络对村民的解释是不够的，网络不仅可以看电视、聊视频、购物、看新闻。网络作为新媒体，是信息的重要载体，是获取知识和散布信息的工具，而且有助于当地的旅游宣传，政务办理。通过网络平台，政务信息的发布和干部与群众的联系方式变得方便快捷，交流的质量也会提高。农村网络宽带的逐渐普及将为"大数据"的运用奠定基础。

但是村民也可能因利用网络过度娱乐，以至于影响到他们的正常生产生活；也可能面临网络诈骗和网络病毒的侵扰，造成财产损失；由于他们对于网络不良信息的鉴别能力有限，也可能助长网络谣言和虚假信息、甚至反动言论信息的传播。所以对于健康的网络生活的引导是很有必要的。

信息将改变人们的命运。网络能够打开村民的新视野，带来新的思想观念，造就新的生活方式，开启一扇通往知识信息的大门，丰富他们的精神生活。网络将改变政务管理的形式，提供人们的政治参与的新渠道。

生活视角与工作视角的融合
——在农村基层实习的思考
谭泰成

"我们成长于农村，却不了解农村"。此处的"了解"，不仅包括以往对于农村的直观印象和现成观念，还意味着动态性的洞察和理解，孕育着感性与理性建构起来的认知和实践模式。生活的理想告诉我们：只有勤勤恳恳的劳作，我们才能得到幸福。而生活实践却向生活理想质疑：理想固然美好，但贫苦和不幸依旧如影随形。乍一看，美好的理想和骨感的现实之间似乎是对立的。其实并不如此，因为无论是理想，还是现实，都融合于生活与工作的视域之中。在这个视域里，生活的现状、方式、内容、目标与工作的绩效、方法、形式、原则在实践当中实现了两者之间的相互转化，甚至是融合。

对于农村，可以从历史与现在、政治与经济、传统与现代、文化与地理的角度得出不同的理解。我成长于农村，在生活意义上是一名庄稼人。感受着农村的生活方式，直面农村的困境。生活最初告诉我们：为了美好和幸福，要刻苦学习和勤恳劳作。而对生活这种原初的认知和要求，正是在庄稼人直面农村的历史与现实的困境中产生的。每一位农村人摆脱贫苦、追求幸福生活的要求于是转化成了"工作"。农村人的"工作"，不就是耕田种地嘛。是的，这首先要得到诚实的肯定。但肯定不代表停滞于这种直观的印象。变革至今，显现出来的农村面貌绝非偶然。农村人的"工作"也不再限于耕田种地，而是在城镇化进程中转化成了个体工商户、企业主、农民工、乡村治理者等。他们的活动范围也不再限于乡村街道，而是随着对生活要求的扩大而扩大。然而，不论工业化和城镇化于曾经或现在如何影响农村，农村的特质毕竟受土壤、地理位置、文化、政策等规定。因此，最终的视角还要回到如何"治理"农村自身上来？土地的管理、生产方式的创新、基础公共服务的要求、精神文化活动的孕育、经济发展的新思维、互联网+的介入、个体与组织的异军突起、庄稼人管理与参与意识的提高……

这种变化是多方面的，同时又是深刻的。它所带来的不仅是农村治理者如何治理的思考，而且也是农村人如何创造生活的实践。有活力、有效力的治理应该是治理者和庄稼人的共治。治理者的工作与庄稼人的生活要求之间形成一种张力。这种有弹性的张力不仅使得治理者和庄稼人的沟通成为可能，而且可以在具体的治理操作中促成双方的合理制约与监督。治理者在为工作效率忧心的同时，也应当考虑效能。效能不只是单方面的，而是如前所述的治理者与庄稼人的良性互动，互动又是以治理者与庄稼人共同诉求和目标为基础的。治理者的工作目标与庄稼人的生活要求之间，在自觉的互动过程中形成一种机制，同时衍生出一种文化，最后渗入双方的心理，塑造出双方自觉参与、干预和共治的观念。

从生活到工作，由工作至生活，是自在自为地趋向理想的过程。在整个生活世界中，有两个互为前提的视角，那就是生活视角和工作视角。在农村基层的工作者，应先构造一个完整而有活力的生活视角。普通、平凡、繁琐和乏味之中潜隐着意义的实现条件。生活世界不枯燥，而是随时随地充斥着意义和价值的实现。至于工作视角，是以生活视角为基础和前提的。工作视角讲究严谨，注重原则方法，在意方向，要求互动，而又执着于现实。至此，工作在生活世界当中保持着自己的活力，克服着自己的繁琐、刻意和简单的复制，为重新回归生活世界做好下一刻的准备。

给青春岁月留下一抹美好的记忆

宋德勇

三岔送走了暴雨的阴霾，迎来了和谐的阳光，思绪随着天气的好转也变得活跃起来，坐在阳天坪村办公室的电脑边，难得的闲暇使我对繁忙的实习生活陷入了深思。我在实习中明白了什么？我在这里所存在的价值是什么？我为什么要来实习？这些问题一直在我的心头萦绕，久久不能散去。

理论联系实际需要一个过程，不是所有的理论和实际都可以结合得那么相得益彰，相反，有时候更是相悖的，这需要我深入的理解和思考。社会角色的改变会影响思维方式的改变。在学校，我们只站在学生的角度对社会问题进行思考，对世界的看法难免有所偏差，在这次实习活动中，我想我会转变对一些问题的看法，实事求是的看待事情，并且以自己的实际实习情况来了解想象的世界和现实的世界到底有什么不同之处。只有自己亲身的去感受和体会，才能有一些独到的见解。

无聊会使人对生活产生厌倦，更让人觉得人生虚无，而劳动能让人感到愉快和充实，在社会的大家庭中让自己获得一块安息之地。我认为自我的存在在于对别人的奉献，我总是在问村里的干部们，我能帮你干点什么？我能做点什么？哪怕是一些无关痛痒的事，我也能感受到这件事的意义所在，因为我所付出的能给别人带来愉快和满足，这也就足够了。

为什么要来实习，我想原因是多样的。首先，能让我和同学们一起感受实习的喜怒哀乐，分享各自在实习中所遇到的喜悦和烦恼。这是我们抓住大学尾巴的最好方式，实习让我们在人群中勇于表达自己，我们一起对一些问题进行深入的探讨。同时也增进我们的感情，弥补在学校里的一些不足之处。其次，培养自己在实际生活中的思考能力和学习能力。人的发展过程往往是自己的一个学习过程，

人无时无刻不在学习中。我在阳天坪实习的这段时间里，学会了一些和人交往的艺术。特别是在和陌生人的交往中去发现自己在语言上的缺陷，并在学习中去完善自己，发展自己。最后，我认为实习是为了更好的服务三岔、宣传三岔，服从当地组织的安排，用理论宣讲和实践活动相结合的方式，把理论和思想撒向三岔的每一寸土地，在自己的青春岁月里留下一抹美好记忆。

现在的你，藏着你曾经所经历的一切
廖婉婷

你现在的气质里，藏着你走过的路，看过的书和爱过的人。

来到三岔，我负责收取同学们的日志，正所谓人如其文，通过同学们的文字我得以窥探其内心一二。来到三岔，每晚有会议，师生得以交流，通过每一个人的发言我加深了对他们的认识。来到三岔，我接触到了一些乡政府的领导或者普通人员或者大学生村官，我发现曾经你所经历的一切，就是现在的你。

谭泰成，大二的时候我们曾一起组队参加学院举办的"导航杯"案例分析大事，那时他在我们四个女生面前，没有多少话语权。虽然有一些好的想法，但是他无法清楚准确地表述。后来，不知何时他喜欢上了哲学，买了许多关于哲学经典著作，每天去自习室看书，实习的闲暇时间也捧着一本书，并且不怕远不怕累周末去华中科技大学聆听哲学大师

邓晓芒的课。大三的课堂上从他的发言中就能看出他已经入了哲学的门，开始用哲学的视野看待问题。前几天他写的《生活视角与工作视角的融合》一文条理清晰，从形而上的角度阐述了生活和工作本是一体的哲学思考，获得了师生的高度赞赏，邓老师评价说"这篇文章的水平已经超过了我"。

这样的例子不胜枚举，苑伟光在学生会呆了三年又由于北方人的直爽，所以在众人面前从不胆怯，能胜任主持人一职；陈榆煊喜欢诗歌，爱看书，感性而漂亮，所以她的文章里常有名人名言，她的诗里弥漫着浪漫的气息，她也是颁奖礼仪人员的最佳选择。

我自己呢，我爱历史，我爱国学。我也喜欢哲学，但是我觉得哲学的范畴太多太杂。我也喜欢文学，但是有时候我觉得文字稍显矫情。我喜欢的看的书多是史书，我爱看的文章多是从现象到本质即使质朴但蕴含思想的文字。于是我自己写的文章也多是此风格。抑或是我读的书比较杂，所以有时我的文字杂糅了太多。我爱看书，也爱看电视剧，综艺节目，电影，我爱东方的大气，也爱西方的理性。所以我的思想比较现代。我受的家庭教育非常传统，我的生活范围比较窄，所以我的行为比较保守。我在国学社混迹了三年，举办过大大小小的活动，所以在实习过程中写策划、撰写宣传稿、担任计分人员、布置会场都有些许经验，能比较好的完成。

人们常说你现在拥有的一切是上天最好的安排。人似乎每天在接受命运的安排，实际上人们每天在安排着自己的命运。我们选择不同的成长道路，去看不同类型的书本，争取不同的工作机会，甚至是我们是爱上不同的人，写下不同的文字，这都是我们自己在用自己的方式去表达我们的生命的价值和意义。

清江画廊——旅游中的审美体验

谭泰成

对于一位在三岔进行短期学习和工作，不久前才适应本地自然环境和生活方式的外乡人来说，有幸在休息日乘坐游艇游览八百里清江画廊（燕子坝浑水河至蝴蝶峡段）实为荣幸。在经济转型的大背景下，发展特色旅游业成为拉动经济增长，挖掘地区特色，增加人们生活体验，优化生活方式的点。

清江画廊，听起来十分唯美。未见其实先入其境，增加了游者的观赏欲望。得天独厚的地质环境和水文条件是清江成为画廊的先决条件，是自然造物主的精心设计和雕琢。清江画廊的游程开始于三岔乡燕子坝浑水河段。清江水流是画廊的绿丝带，弥漫和流动着生命气息。水气制造的朦胧景象略显仙境的神秘感。两侧延绵着的高耸而奇特的岩壁，层次感分明，平整光滑，嶙峋陡峭。睡佛和蝴蝶峡诉说着千百年来地质变迁的故事，静候游览者将至。从岩壁高处倾泻而出、数以千百计、或大或小的瀑布彰显着流落的力学之美。

此景怎能不生此情。游者在此景之中直接感受自然造物主的精心设计。通过每一寸目光、每一次聆听（水声、风声）和每一回呼吸（空气），此景尽收于游者心里。画廊再生了，被重新描绘在游者的意识之中，尽释游者生活和工作中的烦恼、紧张、焦虑和忧心，使其获得轻松、愉悦和平静。总而言之，游者在体验中实现自由的审美状态。清江的山和水不再存在于游者之外，而是与游者圆融。清江的山和水被赋予了游者的情感，同时游者在其生活世界中又产生了对自然世界的敬畏。这是人与自然、生活世界与自然世界在审美体验中圆融的生动体现。

这是一种实在的审美体验，同时也是理想的审美状态。理想意味着与现实之间的张力，意味着旅游产业在实际的规划和建设中对游者审美体验考虑的必要性。旅游何以成为可能，除了旅游对象（清江画廊）自身价值（审美价值与商业价值）的挖掘以及配套基础设施的完善，还应着重考虑旅游主体的需求。如前所述，闲暇时间的富足使得游者出游成为可能。享受服务和注重体验是旅游的关键环节。而审美体验又是所有体验的核心，是游者在观赏游玩中对烦恼有所释怀，对内心世界与外部世界有所意识和体悟，对生活和工作有所憧憬的方式。

让旅游成为一种生活方式，让旅游产业成为一种关注人和生活、关注人与自然和谐相处的发展模式，让游者在旅游中产生并获得审美体验。要达到此种目的，需要政策制定者在制度建设、基础设施建设和公民审美教育作出努力，需要旅游开发者的合理规划与设计，更需要游者在审美能力方面有所提高，为选择文明出游作出努力。

我的党员梦

廖婉婷

"七一"是党的生日，更是我们万千中华儿女的盛典。三岔乡政府也举办了一系列党建活动，其中有一项议程为全体起立宣读入党誓词。本来作为非党员的我是没有这样的资格的，但是由于我是在场的工作人员所以有幸第一次举起右手宣读入党誓词。

"我志愿加入中国共产党，拥护党的纲领，遵守党的章程，履行党员义务，执行党的决定，严守党的纪律，保守党的秘密，对党忠诚，积极工作，为共产主义奋斗终身，随时准备为党和人民牺牲一切，永不叛党。"

多么郑重神圣的誓言啊，它又一次勾起我心底的党员梦！我还不是一名中国共产党党员，但是做一名共产党员，做一名合格的共产党员一直是我的梦想。

从懵懂记事开始，我就对中国共产党怀有无限的敬意。小时候还没有手机、电脑，只有一台电视机，作为一家之主的爷爷看什么节目我们就看哪个节目。小时候看的最多的就是抗日剧，爷爷就会给我讲毛主席的英明伟大，周总理的鞠躬尽瘁死而后已，邓小平的远见卓识……在耳濡目染下，我也渐渐了解到万里长征的步履维艰，八年抗战的艰苦卓绝，还有解放战争、抗美援朝等一系列被历史铭记的过往……日积月累，在我的心中共产党就是英雄，英雄共产党。

小学和初中，学校下发的爱国教育读本，课本上的英雄人物，深深刻在我的脑海里。从"生的伟大、死的光荣"的刘胡兰到"舍身炸碉堡"

的董存瑞，从共产主义战士雷锋到"拼命也要拿下大油田"的铁人王进喜，从"县委书记的榜样"焦裕禄到人民的好警察任长霞……他们的事迹是我深刻理解爱国主义丰富内涵的向导，他们的崇高精神转化为推动我努力学习的强大动力。高中，我埋头于课程学习，但是对共产主义的学习却从未停滞。在学习政治这门课程的时候，我知道了到有一个人叫马克思，他是全世界无产阶级的伟大导师，他的学说科学缜密，他的思想渊博深邃，他的人格高山景行。2012 年我在读高三，党的十八大胜利召开，习近平任中共中央总书记、国家主席，开始反腐倡廉，一系列方针政策深得民心。

上大学后，大一我光荣地成为一名入党积极分子，在党课上，我对党的认识从感性到理性。在专业课上，我系统学习了党的历史。早日成为一名共产党员一直是我努力追求的方向。虽然现在我还没有如愿加入中国共产党，但是，我坚信只要坚持努力，我一定能够得到党的认同，成为党的一员！从萌生入党念头、创造条件积极争取入党的一串串美好记忆到如今已经悠悠十余载，但是任凭岁月时光的流去，却永远无法冲淡我对党的热爱与崇拜。

我相信，我站在红旗下宣誓的场景必将到来！

鲜花与狗——对三岔的礼赞

陈榆煊

这里的人们习惯在阳台种植鲜花

芙蓉　绣球　鸢尾

和我叫不上名字的姹紫嫣红

这些行程中可爱的路标

他们说只是无心插柳　为个好看

我也不过分解读

去附会生活的意义

只是看到它们

我极容易想起

优裕　闲适等美好的字眼

这里的狗一点不怕人

作为看家狗

他们没有所谓的品种

也不摇尾乞怜

大大方方地躺在路中央享受阳光

惬意挠痒的神情

让我收起居高临下的同情心

此刻　只是感恩上天

选中我做这个幸运的路人

基层工作无小事
张若晨

常可以在各种报刊杂志上看到"基层工作无小事"这句话，往往后面会结合新闻拟个对偶押韵的标题，引人入胜。但这种类型的文章常因提得过分频繁反而失去了应有的关注度。我平常也不会特意去看类似的文章，但正好实习前老师有要求我们"带着问题来"，我自己也想落到实处去，于是就抓住了这个不算普通的切入点。

没接触到一事物前，我们往往先入为主从主观层面出发去判断；接触这一事物后，便是与客观实际结合的过程。实习前，基于课堂和日常生活的认知，在我的印象里基层工作内容单一，工作条件欠佳，工作模式固化，所以我总担心自己会因基层工作事小、量多、问题杂而无法适应实习。但真正开始实习后，我对基层工作的认知都得以更新。

来到莲花池村，所见所闻所感，都是我形成新的基层工作印象的直接素材。和所有现代化的工作者一样，村委会的基层干部们都有自己的办公室，但和其他工作者不一样的是基层干部并不能久坐办公室。久坐，意味着远离群众，远离基层工作的服务本质。基层干部要想融入群众、了解群众、将政策宣传进群众中，就离不开下乡入户。来到莲花池村村委会实习未满十天，我已到过全村六大组的二分之一，对同村不同组的情况有了初步了解。这得益于村组干部积极下乡的意识，重视村民诉求和把每一件小事当作大事去看待的态度，他们让我感受到了基层工作的不平凡。

基层工作者虽然官职不大，但对于整个社会生活而言他们却站在舞台的最前方，是不可或缺的组成部分。基层工作看似小而杂，但关系着千家万户，既是上传下达，也是下情上传。基层工作无小事，事事关心也难为。

基层干部！您们辛苦了！

蓝　宁

"开会是农村工作的一个法宝！"这句话是我从茅坝村干部、党员杜耀文同志口中听到的。虽然这只是我在跟随他下乡工作时他无意间说起，但却是一位村干部、老党员多年来从事基层工作的心得与感悟。

在实习期间我了解到茅坝村地域范围较广，有24.57平方公里，地形多样，地势起伏，村里有一千六百多户人家，六千多人。而服务于这些村民的村干部仅仅只有十三名，可想而知这些村干部为开展高效的基层工任所付出的辛劳，他们是多么的不容易。"开会的形式公开、公平、公正，把每家每户村民聚在一起意见才能说出来。"这也是杜耀文同志所说。"公开、公平、公正"的基本原则不仅仅只适用在大的方面，在基层工作中同样适用。

村干部召集村民开会征求意见的举措充分体现了习总书记提出的政治新常态下民主政治的时代特征，以民主的方式解决人民问题是时代潮流。

"党员坚持党和人民的利益高于一切""全心全意为人民服务"这些以前只在书本上看过的话语，却在这些基层干部身上体现的淋漓尽致。

243

基层干部最光辉的品质是奉献，基层干部最优秀的品质是坚韧，基层干部最优良的品质是忙碌。他们的工作应该被更多人关注到，他们的工作更应该被人民所认可。

以上只是我个人片面的见闻感受，在此我想说："基层干部！您们辛苦了！您们是我们学习的榜样！"

如何开展乡村基层工作

张秋君

基层工作扎根是国家政府职能部门最接地气的一个重要组成部分。乡村基层干部只有耐心向村民解读并且切实执行，真抓实干，才能将国家惠民政策的好处切切实实的带给老百姓。

强度大、工作多、协调难、情况急是基层工作的几大特点。强度大是指基层干部的日常工作不仅仅局限于办公室里的工作，而要随时下乡解民问、体民情。在第一时间了解到群众问题，这对基层干部的思想素质和身体素质都有一定的要求。工作多是指基层环境中可能会出现各种各样的问题，并且在解决问题之前要从方方面面去了解情况，这在无形之中增大了基层干部们的工作量。协调难指的是乡邻之间协调难和上下级干部之间协调难，在处理乡邻问题的时候不管向着哪一方都是偏颇的，干部们要把握好中间的度是有一定的难度。此外，基层干部好似上级干部与群众之间的一个夹层，起着上传下达和令行禁止的关键作用，中间出了任何问题基层干部们都很难开展工作。情况急是指处于基层，各种情况的发生都是始料未及的，中间不存在缓冲地带，基层干部是解决基层问题的冲锋兵，哪里有问题就要第一时间出现在哪里。

基层工作的任务紧难度大，在基层工作中也要讲求一定的方法和艺术。

原则强。基层工作的开展要严格按照国家法律法规来执行，要有法可依，执法必严。基层干部切不可按照自己的意念来办事、跟着感觉走，做一个令老百姓心服口服的负责任的干部。

态度明。对一件事情的态度可以直接影响到该事情的解决，基层领导干部能够对事件有一个明确的态度，有利于上下团结，齐心协力，在最短的时间内高效率地解决群众的问题，从而避免干部和办事人员之间缺乏联动的尴尬局面。

措施好。基层干部在处理问题的时候要特别注意具体问题具体分析，先要给老百姓讲道理讲法律法规，拉近双方之间的距离，赢得百姓信任。如果事情还是没有进展没有解决的话，就要采取必要的强制措施，但要把握好度的问题。

后续紧。事情进入到尾声阶段要时刻紧跟它的后续发展，切不可放松警惕、得过且过。作为基层干部一是要继续深入基层去了解事情的进一步发展，二是要随时向上级部门反映发展情况，确保在有效的时间内履行好上传下达的职责。

一时三岔 一世三岔

张雄今

三岔两个星期的实习即将进入尾声，我们也快要回学校了。在这里的十四天，我们也学到了很多的东西，在以后的工作中同样可以实实在在的用得上。

在三岔的这段时间，参加了三元坝村委会举行的中国共产党成立九十三周年大会，见到了很多有着几十年的党龄的老党员，尤其有一个党龄比共和国的年龄还大的老党员。他们既是共和国从成长到逐渐强大的见证者，也是国家发展的贡献者；下乡实地查探民情，了解每家每户的实际情况，询问他们的生活状况。老百姓的生活质量，真正检验着政府工作的效能和国家惠民政策的具体实施情况；帮助村委会的工作人员整理村民的信息档案，这是一件很细很复杂的工作，每个文件、每份材料都要分门别类地整理好，有条不紊地装进档案袋。这体现了认真细心地开展基层工作的重要性；到三岔小学去进行励志演讲活动，引导山村的孩子们树立成长的信心和理想。这些事情都是我们在学校无法做到的，也不可能做到的。这次实习真正体现理论与实践的结合。遗憾的是，这次实习时间很短，很多事情都是差不多适应了，可是刚刚上手就要结束了，没有机会去接触更多具体的工作，无法更进一步去体验和感受基层工作的难处。但无论怎么说，这次实习有很大的收获，给我带来更多的冲击和反思。通过实习，我认识到自己存在的问题和不足，促使我在以后的学习和工作中完善自我。这是最大的收获。

成才，先成人。成事，先做人。做人很多时候会体现在人际交往上。这次实习赤裸裸地把我们在人际交往方面的缺点暴露了。突然之间，我发现我不会说话了，不知道怎么和别人交流沟通了。无论是乡政府的工作人员还是村委会的同事，有时候都是简短的几句一问一答之后就无话可说了，陷入了一个比较尴尬的局面，感觉很不自在。同时，礼节方面的知识，我们是少之又少，以至于很多时候都很被动。也许是我们长时间待在学校里，人际交往的主体都是同学和老师，不用讲究那么多。更多时候也把自己完全当成学生，总觉得这些离我们很远，所以就懒得去学习和思考。这次实习给我提了一个醒：如果不改变人际交往方面存在的问题，不提高交往能力，不学习礼节等方面的知识，那么在即将毕业之后的工作中，将会面临很多阻碍和困难。

这次实习在一定程度上加速了个人角色的转变。十多年的读书生涯，我们习惯了依赖家长和老师，习惯了"养尊处优"的生活，习惯了能不思考就不思考的学习状态，更习惯了"学习之外，与我无关"的生活态度。实习过程中，我们不再是学生，而是实实在在的工作人员，是为人民服务的基层工作人员。在村里实习，每天都在处理与老百姓有关的事，都在思考与他们有关的事情，真是"时时要考虑，事事要考虑"。在我们看来，很多事都是鸡毛蒜皮、绿豆大点的事，但是在老百姓看来都是天大的事。为此，作为村干部，都必须处理好，帮他们把问题解决好。可谓事无巨细。这次实习一定程度上加速了我们从学生的角色向社会工作者的角色转变，从被服务者向服务者的转变。实习让我们变成一个敢作敢当的人，帮助我们尽快进入工作的角色，适应工作环境，更好地发挥自身的知识和才干，为社会尽一份力。

这次实习是一次预演，它检验了我们在未来的职业选择中是否适合当一名公务员。我们之中有很多人想考公务员，想成为一名光荣的政府工作者，而对公务员的真正生活与工作却知之甚少，没有结合自身的具体情况就一脑子扎进了公务员考试的队伍，可是一旦真的成为了公务员，却发现自己与公务员的工作生活格格不入，最后不得不退出这个行业。这对自身的资源是一种浪费，不仅没有合理的利用和开发自己，也会给自己的职业生涯带来很多弯路。这次实习的机会，让我们真正体会到了公务员的生活状态。基层的工作最艰苦，也最能锻炼人。我们每天做的事都是一些复杂而又琐碎的事，可是又不得不去做，因为它关乎老百姓的切身利益。通过做这些事情，一定程度上检验和考验了我们是否适合当一名公务员。如果适合，就坚定目标，好好努力地准备，争取在未来成为一名公务员；倘若不适合，那就趁早打算，去寻求适合自己的职业。

实习让我们理解了团队精神的深刻内涵。一个具有包容性、互补性的团队才能够融合团队的资源，发挥团队的力量，才具有凝聚力。加上老师，我们一共有十七人。在学校里都是老师和同学，算是都比较熟悉了，但是要说到能了解每个人，那就是假的了。这次实习，大家朝夕相处，对每个人的性格特点、为人处事、爱好等都有一个很深的了解，同时拉近了大家的关系。更重要的是我们是一个团队，代表的是学校和学院，承载着学院领导和老师的殷切期望，凡事都要以团队的利益为重，事事都要听老师的指挥，不可擅自出动。去超市买东西不能擅自一个人，进行励志演讲活动也离不开每个人的努力。大家出谋划策，精心准备每一个节目。我们每个人都遵守团队的纪律，以团队为重，不仅做好自己的本职工作，而且要为团队奉献自己的力量和才干。实习团队的气氛很活跃，关系很融洽，每天下班回来，开完会以后大家一起玩游戏，一起聊天，欢乐成片。实习活动让每个人展露了自己的才华、实力、文采。这在学校里是很难的。这算是我们对团队精神和团队力量的一个重要的发现和思考。

一时三岔，一世三岔，这或许是最好的总结。感恩三岔，带着这些认识和思考，我们将踏上人生的新征程。

一生三岔情

路　雪

作为从大山里走出来的孩子，我对三岔的山水，山水里养育出来的人，对山里的一切，都有着莫名的亲切感。三岔如一位老友，在对我召唤，而我如约而至，虽是初见，却从未觉得陌生，倒是这位老友，初次见面就羞答答地飘着淋漓的细雨，一诉衷肠。

如果说武汉是热情奔放的，那么三岔的清秀就如这里的山水，低调而内敛，静静地等待着，但是却总是有人能发现它的美。不需声张，细细品味。三岔的毓秀，就在曲曲折折的小巷弄里；三岔的灵动，藏在郁郁葱葱的山林中；三岔的缱绻，都温柔环绕在袅袅娉娉的小镇女子的身段中。而我，不小心闯入这里，与这里的安稳宁静撞个满怀，一不小心就醉了。

而我此次前来，却还不能沉醉。因为我不仅要来感受三岔，更要邀请三岔见证我的成长。身在象牙塔，对于纷繁的社会，我是好奇而期待的。我庆幸踏入社会的第一步，我的落脚点是三岔。因为这里的一草一木，都为我走入现实社会，增加了一分诗意。

都说一方水土养一方人，大山里的老乡总是纯朴而厚重，费孝通先生说，要研究中国，就不能离开"土"字，中国的农民是离不开乡土的。三岔的老乡，也带着泥土的芬芳，感受自然的美。忘不了，问题解决过后，老乡脸上纯朴的笑容；忘不了，七一大会时，老党员们认真聆听的眼神；忘不了，给老乡倒茶时，他们手心厚重的老茧。每一份工作都微小而繁琐，但却教会我小事不能小视。离开的时候才发现，我早已融入了这里，把这里的老乡，当作了自己的亲人。

孔夫子的时间如流水。而三岔的时间，就像磨盘里的黄豆，当细腻洁白的豆浆随着老乡转动的磨盘缓缓流出，时间也被粗糙的磨盘碾得粉碎。当三岔的风吹走夏季的炎热，我已被这里的乡情紧紧包裹，透过七月厚厚的雨云，老乡眼眸里的河流，让我舍不得寻找离开的渡口。总也理不清的回忆，弥漫着小镇街道的酒香，微醺之后不忍告别。

不管是否情愿，时间都在催促着我们迈步向前，成长的道路上都会充满崎岖和挑战。我们整装，启程，跋涉，落脚，停在哪里，就在哪里燃起激情。正是在满腔激情地应对挑战中，才能真正体现出生命存在的价值。面对浩瀚宇宙，生命渺小而脆弱，但是当生命注入激情，释放的能量足以撼动天地。

这不是一个完结的故事，我们相遇在三岔，相遇在夏天，这个故事写在耕作的老乡劳动的背脊上，铺开疲倦而充实的夜晚。我对三岔的痴迷，也将在这个离别的夜里，被深埋心底。

爱上三岔的日子

唐子坤

初见三岔，似曾相识。

清晨，我们下了火车，到了恩施，稍等片刻便乘上了开往三岔的车。在窄窄的弯弯的乡道中，三岔缓缓地向我展现了它的模样。

用什么词来形容我初见三岔的印象呢？

那些山，那些路，那些人或许是最贴切的表达。那山，一座接着一座，彼此依偎着，让人见着了会沉迷于它们高耸的身躯，绝美的面容里；那路，一辆车行驶而过，不宽不窄的，恰到好处的宽度，逶迤盘桓，散落山间；那些人，悠悠地走着，或肩上背着竹篓去田间劳作，或背着书包去上学，或只是随性而行，悠然自得。

之前被告知，三岔是一个海拔七八百米的地方，当时对此没有太多的感觉，只道是一个数据，一个名字而已。怎料此间云雾缭绕，久久不散，仅隐约可见人家错落山间，给人一种若隐若现，扑朔迷离之感。

在三岔的这些日子，有喜欢也有感激。

清晨，睡眼惺忪的我下了床，早早地便拉开了粉红色的窗帘，抬头，对面就是一座有着七八层楼高的小山。看看山上那间低矮的砖房，看看房子前面的山脚下种满的苞谷，也许是那户人家早早便出门了，或者还在睡梦中，总之我未曾看见过他们的身影，自不曾识得他们的面容。偶尔雾起大了，那户家人藏于其间，隐隐约约，似远实近，看不真切，恍如海市蜃楼。

每天出门，经过新街，看着来来往往的人儿，他们悠悠地走着，即使是碰上赶集的时候，他们也如散步于自家庭院般的悠然。这里，似乎没有紧凑感，没有所谓"高大上"的东西，可就是这么小小的地方，在不经意之间却透露着浓浓的人与人之间的那般情谊，浓浓的人情味，深深的信任感，而这正是灯火酒绿的城市所缺乏的，也是我们每个人所应反思的。随着城市化进程的推进，我们究竟丢失了什么，又如何去拾起彼时的真诚与信任？

八点半，工作的节奏就走起来了。在此之前，我对于计划生育的认识的层面一直停留它是一项基本的国策，除此之外一无所知。在后来的日子里，在跟着程主任学习的日子里，我接触了它，慢慢地了解了这个部门，也在具体的工作中浅显的感受了它。计生办工作不仅包括生育证等这些为人们熟知的办理，还涉及到出生人口信息、流动人口信息等收集、整理、核实，最后还要通过专门的系统将这些信息管理起来，服务于民众。有时候，看着来办证的人，心里会不由地感叹信息网络化所带来的好处以及它的魅力，同时感受任何工作都有其价值与与之相适应的工作艺术。也正是因为这次的实习，让我对于计生办这个部门多了一分认识，对工作也多了一分了解。

从刚到计生办的第一天起，令我印象很深的是那次参加汾水村的党的群众教育实践活动，本来我没有下乡的机会，但是主任创造条件让我有机会下到汾水村，下到了更为段炼人的地方。喜欢程主任的耐心与心细，喜欢何姐的热情，喜欢小吴姐的友好，喜欢蔡老师的尽职，还有喜欢小馆里的阿姨的手艺……

很多零零碎碎的事情拼凑出来，我对于办公室的主任、何姐、小吴姐以及蔡老师都有万分的感激，感谢他们帮助我了解三岔，认识了计生办工作，也让我得到了学习和段炼的机会。道不尽感激之情，道不尽我对于这里的喜爱，我只想用可爱来表达我对于这里所接触的人儿的感受，他们是一群可爱的人，他们给予我的情感记忆划一笔不可抹去的痕迹，更教会我如何更好地为人处事，如何更好地生活与工作。日子一天一天地走着，转眼间实习工作快要收尾需要说声再见的时候。三岔，你给我太多的喜爱与感动，我忘不了你，忘不了这里的山，这里的人。

走进三岔 遇见汾水
宗 巴

悠悠清江水，巍巍武陵山，秀丽恩施，秀丽三岔，迷人汾水，迷天下。

天空还下着细雨，望着车窗外，迷人的风景将我沉醉在这如画般的美景中，山路一弯弯，烟草叶一片片，一路我没有说任何话，只是静静的欣赏着美景。

车还在不停的行驶，走着走着看到了几户农家，主任的车停下来，原来已经到汾水了，因为村委会还在修建，所以村里办事都在烟草站里，这就是临时的村委会。

来汾水已经不是第一次了，就在这个六月我遇见了你，也爱上了这片土地。这里的空气很清新，雨后的村子很美丽，这里的山美人更美。每一次去汾水都会被当地人们的热情深深的感动，我感恩这里的一切。其实自己就是个普普通通的实习生，可以不用那么被在乎。可是汾水的人们却让我感受到了家一样的温暖，我知道自己已经开始慢慢融入到这个大家庭了。他们的纯朴、他们的热情、让我越来越不想离开，每每看到他们我都会有一种见到亲人的亲切感，餐桌上满满的农家菜，更让我回味无穷。听老党员讲述着属于他们的故事，觉得人生总要有那么几件事让自己放下一切去追逐、去实现。也许再也不能将梦想二字沉睡在心里，而要将它成为现实。

和主任一起下乡让我明白，在基层工作一定要学会怎样和村民交流，怎样做到全心全意为人民服务。说到这里我要感谢我的指导老师刘代彬主任和办公室的许兴飞主任，是他们让我从一个不敢与村民交流、遇事胆怯的我变成了一个善于交流，并且能够聊得开的人，也是他们让我遇见了汾水。刘主任是一个很优秀的领导，在他身上有学不完的智慧。第一次去汾水，他告诉我不要怕，想和村民怎么交流就怎么交流，不要那么紧张。再去汾水，有了历练，我没有当初的那种怯场了。在汾水村党的群众路线教育实践活动动员大会上，我和老党员们近距离聊天，从他们的过去谈到他们的现在。老党员们都竖起大拇指夸国家政策好，对党是一片痴心。他们的过去很艰苦，但是现在很幸福，都说社会主义好，生活也越来越美好。虽然一部分人家还比较贫穷，但有国家的好政策、有政府的关心，他们离小康生活也不远了。老党员们还教导我始终要做一个对社会有用的人，为社会服务，为百姓服务。

汾水给了我太多太多，去汾水的每一次都会让我再一次审视自己和思考自己的未来，也让我进走进了基层，感受了基层工作的重要性。国家的发展，社会的进步都应该是整体性的进步，而这个整体的重要部分就是基层。基层牢固了，国家和社会的发展就会健康有力。

这个夏天，这个六月走进了三岔，遇见了汾水。汾水为我上了人生旅程中最难忘的一堂课。这份记忆很珍贵，很美好。这里的一切是那么的让人难忘、让人不舍，但天下没有不散的宴席，有聚总会有散。伴随着细雨，我将离开汾水，离开三岔这个工作旅程的第一站。但我不会忘记这里的一切，感恩三岔给予的正能量，感恩学院给予这次难得的学习机会。我会带着这份正能量继续走下去。

红了莲花　绿了三岔

黄　萍

在一个撑起油纸伞的浪漫季节里，朝夕间，便将三岔美景尽收眼底。红了莲花，绿了三岔……

梦里梦外辗转反侧，有的是对未知的期盼，其中还夹杂着丝丝兴奋，这是未到三岔之前的忐忑心理。人生在世，对未知事物大底是迷茫的，但又无时无刻不被未知的魔力所吸引。一下火车，我们的筑梦小队便搭了当地的小中巴向此次实习实训的目的地——恩施市三岔乡驶去。清晨，盘旋的公路如东方巨龙，向远方舒展身姿。窗外，蒙蒙细雨如轻纱笼罩，远远望去，一片雾海翻腾。就这样驰骋着，两边绵绵青山起伏不断，翠油油的树枝向远方来客频频招手，以盛大的欢迎仪式迎接客人的到来。一晃眼，悠悠清江水映入眼帘，碧幽幽的河水差点闪了眼，只见河水带着点调皮劲，打着漩的向远方流去，远处点点炊烟袅袅升起，外加正在筹建的清江河运码头，可不就是"小桥流水人家"的意境吗？三岔于我的初印象便印证在了"青山绿水蔚蓝天"之中，徜徉在两岸之间，回荡在清江之上，融化在三岔云雾之中。初次见面，三岔便给了我如梦的惊喜，抚平了来之前心间对未知事物彷徨与迷茫的涟漪。

大街小巷，随处可见"青瓦、白墙、木门窗"的特色民居，与两边翠色相映，构成一道亮丽风景。每逢赶集，镇上比往日多了份热闹，晨曦未过，人们便背着惯常装货的镂空竹篓，穿梭于集市两旁，或驻足观望，或买上几样物件，脸上挂着淳朴幸福的笑容。"三才板"作为民间曲艺文化是三岔又一道民族特色的风景，是三岔民间文化的一扇"民族窗"。走进三才板传承性代表人杨洪顺老先生家中，入眼便是一座普通的农家木房。院外，一棵橙子树下，小狗正吠的欢畅；院内，几株叫不上名的花儿绽放的正盛；抬眼望去，堂屋内一侧摆满了印有党的方针政策的小册子，另一侧的木板上挂满了锦旗，正中，屋子看起来别有一番风味。年逾七旬的杨老，说起"三才板"，慷慨激昂，于是，一幅宏大的"三才板"历史画卷便映入脑海之中，驰骋于心灵之上。兴起处，杨老还给我们表演了"武松打虎""上坡采茶"，声音铿锵有力，动作惟妙惟肖。于是，心灵情不自禁的颤栗，顷刻间仿佛梦回历史，于歌中的情景，再现采茶女的娇羞。除去"青山 绿水 蔚蓝天"，三岔留给我最多的便是那悠远质朴的民族曲艺，这是我与三岔的相识、相知与相交。

小学操场，道不完韵味的藏族歌舞飘荡在心间，粗犷古老的郭庄，化为联系各民族的纽带，谱写出了"中国梦 民族情"的韵味。台上，团队成员慷慨激昂，娓娓道来那些只能在梦中追忆的小学时光，看着台下一张张青春洋溢的笑脸，再多的话语最终化为"你一定要坚持"；孩子们的世界是多彩的，闪耀着斑斓的色彩，齐跳郭庄之间，有幸以成人的姿态分享了孩子们的童真与乐趣，就这样跳着、闹着、笑着，灵魂早已融化在欢乐的海洋之中；看着孩子们欢快的神情，不禁回想当年的自己，也是一样的青春洋溢，也是一样的神采飞扬；而今，站在青春的分叉线上，人生再一次起航，向另一个精彩的世界迈进。

一晃眼，又到了离别时刻，短短半月所剩无几，初时的陌生早已消散，余下的只有淡淡惆怅。忽然间，想起了龙应台的《目送》，它的离别是父母看着孩子的背影渐行渐远，而将要离别的我，又何尝不是以孩子的情怀，倔强着不肯回头。

在三岔温柔的注视下，渐行渐远。别了，三岔！

雄关漫道真如铁　而今迈步从头越

许家烨

不知不觉中，我们把足迹甩给了过去，把目光投向了未来；
不知不觉中，我们把羞涩藏到了心底，把自信现给了他人；
不知不觉中，我们把迷茫扔在了身后，把梦想化作了动力。
有人说，基层工作就好像是一段悠长而又寂寥的雨巷，它带给我们的是潮湿的烦闷。但是在我看来，这悠长的雨巷正是对我们的考验。如果我们连这点寂寥都无法忍受，又如何面对将来真正挑起大梁的那一天？甚而，我认为我们不光要经过寂寥的雨巷，我们还要穿越布满荆棘的丛林，我们还要横渡波涛汹涌的大海……只有经历的考验多了，我们才会被磨练出钢铁般的意志，我们才会在未来的路上乘风破浪。

有人说，基层工作就好像精卫填海、愚公移山一样，是工序的重复堆砌。但是，我们过得很充实，很受益。我们忙忙碌碌，不仅是为了完成艰巨的任务，更是对工作艺术的琢磨；不仅是为了期待美好的未来，更是对生活的负责；不仅是为了突破重重的障碍，更是对自己的超越。我们的心中深藏着梦想的种子，我们的肩上承载着深重的责任与使命！

喜欢林语堂的这句话："梦想无论怎么模糊，总潜伏在我们心底，使我们的心境永远得不到宁静，直到这些梦想成为事实才止；像种子在地下一样，一定要萌芽滋长，伸出地面来，寻找阳光。"

我们相信，青春之路不迷茫，因为有坚持来护航；青春之路不寂寞，因为有梦想来相握。我们的青春年华应该怎样度过？有人放浪形骸，挥霍青春，他们收获的定是未来的失落。有人谨小慎微，固步自封，他们得到的必是将来的无所事事。我想我们应该不会甘于寂寞，我们的人生更不能一无所成，我们要用真心与坚持追逐梦想，我们要用辛勤与汗水谛造未来，我们要为自己的人生交一份满意的答卷。

青春的亮丽只会在坚持奋斗中绽放，所以我们要让梦想植根于汗水浇灌的土壤。点亮自己未来航道的塔灯，让它为我们的目标闪亮；迸发自己埋藏心间的思绪，让它为我们的愿望导航；燃烧自己充满活力的激情，让它为我们的人生喝彩。现在的我们还不够完美，但这不要紧，把眼光放得长远些，明确目标，坚定信念，找准努力的方向，就会有成功的希望。也许有一天，我们会蓦然发现：原来，山其实并不高，路其实并不远。

"雄关漫道真如铁，而今迈步从头越"，只有顽强奋斗的人才会在大浪淘沙中显出真我。让万里晴空因我们而变得更加澄澈，让年轻的我们在奋斗中实现自己的价值！

这一片希望的土地

叶 曼

当汽车在盘山公路上盘旋的时候，深深呼吸满山满谷的新鲜空气，感到精神抖擞，山坡上那浓密的树叶看得见在那树丛里还有偶尔闪光的露珠，就像在夜雾中耀眼的星星一样。清澈的空气使群山备感清晰。三岔的山，挺拔天地，垂范千古，启迪万物。

地处清江之畔的"中国民间艺术之乡"默默地滋润着一方希望的土地——她，柔情似水，她豪情似火，她就是占地 259.35 平方公里的武陵山区的三岔。

实习半月，虽如白驹过隙，但让我见证了三岔的春耕秋收，春花秋实。有了昨天的辛勤耕耘，才有了今天丰硕的成果。骄人的成绩可以激励人们继续奋进，但也可以导致人们固步自封。三岔人民深深懂得，"不满是向上的车轮"，有了永远不满足的精神，才会有永不懈怠的追求。"在党的十八大的号召下，为加快农村城镇化建设，三岔各党委政府立足于大背景，定位于大目标，根据科学发展观和构建和谐社会的需求，毅然决然地作出了实践的决定。目标一经确定，三岔人责无旁贷；蓝图既然画成，三岔人义无反顾。

在中国特色社会主义旗帜引领下，三岔人需要的是"而今迈步从头越"的眼光、胸襟和气魄。"城市，让生活更美好!"2010 年上海世博会为三岔的发展指明了方向，形成了巨大动力。让三岔的天更蓝、气更清、水更绿、居更佳、人更欢——这不仅仅是一句动人的口号，它更需要三岔人民付出千百倍的智慧、勇气和汗水。如今，全乡村级公路四通八达，总里程约 360 公里。在三岔各级干部的科学领导下，确立了统一领导、分级管理、层层落实、相互监督、责任考核的管理长效机制。以明确的创建目标凝聚人心，以完善的组织体系提高效率，以健全的工作制度提供保障，从而确保了三岔农村城镇化建设工作的全面展开和深入推进。

"世上无难事，只要肯攀登。"在三岔人民的努力下，三岔人民的美丽的梦正在日益成为现实，进入三岔人民视野，进入三岔人民的生活。看！各村各户，到处是勃发的生机，到处是崭新的希冀。三岔人民政府广场到处是和谐的律动，到处是春风的风韵。

"赤橙黄绿青蓝紫，谁持彩练当空舞?"——是热爱生活、热爱健康的三岔人民。

最美不过三岔人
邓雪松

印象三岔，最美不过"青瓦、白墙、民族窗"。

来三岔的第一天，我就被三岔一栋栋漂亮的房子所吸引。远远看上去就像是一幢幢独立的乡间别墅点缀在青山的葱葱浓绿中。一切都显得那么自然，那么祥和，那么让人爱不释舍。后来在这美丽的三岔生活工作了半个月，我才慢慢了解到，这里的房子之所以这么整齐划一，这么灵秀别致，是因为这是在社会主义新农村建设的大环境下重新建造或改造的。"青瓦、白墙、民族窗"，是这里的新农村建设的主题，也是三岔的一道风景。

"青瓦、白墙、民族窗"，不仅仅是风景，不仅仅是显于外的美丽，更是快乐的生活，是隐于内的三岔人民的幸福。自党的十六届五中全会上，党和政府正式通过《十一五规划纲要建议》以来，社会主义进农村建设便在全国各地轰轰烈烈的开展起来。三岔乡人民政府审时度势，以国家大政方针为基准，结合实际具体问题具体分析，因地制宜的在三岔进行社会主义新农村建设，最终打造三岔的经济繁荣、设施完善、环境优美、文明和谐的社会主义新农村。在这样的社会主义新农村里，人们的生活在各个方面都得到了大幅度的提升。在面貌一新的新农村，生活着幸福快乐的三岔人。在美丽繁荣的新农村，三岔人民正在国家大政方针的惠及下，用自己的双手建设更美好的明天。

印象三岔，最美不过"巍巍青山、风景如画"。

　　悠悠清江水，巍巍武陵山，秀丽恩施有秀丽的三岔。一座山，一涓水，都是三岔美丽的一幅江山锦绣画。在这片神奇的大地上，孕育了无数大自然的神奇与美妙。最爱那悠悠白云，最爱那潺潺流水。每一棵树，每一朵花都散发着属于大自然的最美的颜色与气息。青山白云、鸟语花香，我们在三岔见证了和谐的社会生态环境。天人一体、自然和谐，这不仅仅是一种令人向往的自然环境，更是一种生活态度和生活理念。

　　生活在三岔的人们，不仅深爱着他们自身，也深爱着他们脚下的这片土地。没有人去强求，没有人去引领，仅仅是一种习惯，一种在三岔人民心中"理所当然"的事情。灵秀的大自然孕育着灵动的人民，可爱的人民建造着更加美妙的生活家园。美丽三岔，美在涓涓清泉，美在青山如黛，美在人与自然的和谐。

　　印象三岔，最美不过那群可爱的三岔人。

　　刚来三岔的前几天，就被三岔人真诚的好客热情所触动，更为三岔乡浓浓的人文气息感到惊讶。不曾想到，在这个纷繁复杂的社会里，竟然还生活着这么一群淳朴的人民；不曾想到，一个普通的乡镇可以蕴藏着如此强健的生命活力。刚来三岔，正好赶上三岔乡举办的第二届"莲花杯"篮球比赛。不曾想到，一个小小的乡镇可以举办如此规模的文体比赛；不曾想到，一个小小的乡镇竟可以组建十八支参赛球队。人民的热情与激情，散发的活力与动力，浓浓的人文气息，浓浓的生命活力。

　　人们对体育文艺事业的热爱，就是对生活的热爱，对生命的热爱。那是一种激情，是一种态度，更是三岔人民身上散发的宝贵难寻的精神。三岔乡曾经多次被恩施市评选为先进单位和示范乡镇，这些荣誉的背后是三岔精神的推动，是三岔文明的铺垫。对生命的热爱，对生活的热衷，对自然和谐的追求……这都是三岔人民身上散发的色彩，是三岔宝贵的精神。

　　印象三岔，太多美丽的色彩，太多美丽的风景如画，太多美丽的人群和事物。美丽三岔，三岔是一个播种梦想的地方；美丽三岔，三岔是一个追逐梦想的地方；美丽三岔，三岔是一个实现梦想的地方。中国梦，三岔梦，人民梦，我的梦。来到三岔我看到了希望和曙光，我看到了方向和动力。中国梦并非梦之难，在三岔，我看见了它。

难以忘怀的青春岁月

张永江

2013 年 7 月 8 日早上 7 时许，恩施市三岔乡，太阳已经早早地爬上山头，连绵的山峰在朝阳的照耀下显得愈加挺拔，成片的树木在山风的吹拂下欢快地摇摆着枝叶。一辆久经山路的公交熟练地在山路上疾驰后终于来到了目的地——恩施市三岔乡政府门口。

十一名青年在两位老师的带领下踏上了三岔这片土地。八名女生、三名男生将在这里度过为期十五天的大学实习时间。在三名男生中有一个剪着碎发，身穿白色短袖和深色牛仔裤的青年，背着一个黑色小包，拉着一个黑色箱子走在队伍的后方。他的相貌只算平凡，眼里正闪耀着离开校园的兴奋和即将在此进行人生第一次实践的兴奋与期待。"这就是三岔啊，挺美的一个地方嘛"，喃喃自语地跟着队伍走进了给他们安排的宿舍。

他走进房间，扔下行李，"洗个澡，好好休息下，下午还要开个欢送第一批实习生和欢迎第二批实习生的会啊"。坐了一夜的火车，然后又立即乘坐公交车赶了一个多小时的山路，即使是每次回家都要坐十七、八个小时火车，但一夜没怎么休息的他也感觉有些疲惫。

下午 2 点过，烈日当空，三岔地处山区，海拔较高，气温比起武汉这些大城市可凉爽很多，但在这火红的太阳下还是有一丝丝的热意。大会上，在紧张地听完第一批师生对半个月的实习工作的总结后，作为第二批小组副组长的他在继老师和组长之后忐忑地作了发言，发言很短，"在接下来的十五天里，我们必定勤奋努力，不怕苦，不怕累，认真听，认真做，接好第一批的班，做好自己的工作，不负三岔人民的热情"。这是他的发言，他的承诺，他的态度。

又是一个大晴天，树木郁郁葱葱，时而传出阵阵虫鸣，翠绿的玉米叶子在烈日清风中显露着它们的锋芒。这是实习工作的第三天，他随着实习单位三岔口社区居委会的杨主任下乡去作黄精种植的面积统计。走过铺着石子的山间小路，听着旁边树林里的虫鸣，走过一道道田埂，当一片片玉米叶子划过脸庞，他仿佛回到了家，又回到了那个扛着锄头走过片片玉米地的时节，这种感觉让他十分亲切。在做完统计工作回社区的路上，他脑子里还在回忆着杨主任在和农户有说有笑中就完成了工作的情形，久久思考后问道："杨主任，向农户们推广黄精种植，一开始肯定有不少农户不愿意吧，这样的情况怎么解决啊？"问完后忐忑地看着杨主任，很怕因为问题的简单而被批评。杨主任只是微笑着回答说："这个你只要给他对比一下，种玉米一年赚多少钱，种黄精一年赚多少钱，让他们看见确实值得种，他们自然就愿意了。"听了之后他一时沉默，"马克思主义哲学方法论我在学校都有学过，怎么这时却不知道怎么解决了呢？"这一次的下乡统计工作让他切实感受到理论与实践不可分离，只有在实践中才能更好地领会理论的精髓。

黄昏，一个美丽的时刻，太阳已经西斜在山头，尽管这片土地将要这片土地与之别离，他仍全心全意地将自身的光辉洒在这片土地，让这片土地上的人，不管是长居于此，还是短暂停歇，都无一例外地感受到它的温暖。已经进入了实习的后期，此时，社区曾书记还在给他讲解如何做好一个基层干部以及怎样进行农村社区建设。"当了二十多年的农民。除了在外上学，我也在农村待了十七年了，可我却从没想过怎么当一个农村干部，也没去想过怎么进行农村建设。"此时的他特别期待曾书记的讲述了。曾书记用手指敲了下脑袋，说到："作为一个书记，其职责主要就是指正方向，定对大事，抓好干部，搞定保障"，然后又从团结基层干部和关心服务群众两个方面讲述怎么当一个干部。"至于农村社区建设嘛"，曾书记略微思考了下，流畅地说出"要从为什么要进行农村社区建设，其重点是什么，载体有哪些，给农村、农民的好处在哪里这几个方面来说"，接着又从这几个方面一一详细讲述。听完之后，他那还有稚气的脸上已布满震撼，"曾书记，您真厉害!"下意识地他说出这么一句。曾书记摆着手，"在来这之前，我也不会，是工作之后从每天所听、所见、所想中总结出来的，你以后也能这样，甚至比我更好。"从这时开始，一个在别人看来并不值得的想法在他心里产生并愈加坚定。

时间，默默地按着它的轨迹行走着，不以人的急切而提前，也不因人的思念而倒退。三岔，未来的事难以预料，我想回来，却不知道那是什么时候，甚至不知道是否能有再回来的机会，但你已经铭记在了我的脑海——我第一次实习实践的地方，我此生的第二故乡。印象中，有那个走到哪里都会带着自己，细心教导、照顾自己如兄长的曾书记；有如长辈般对自己敦敦教诲的杨主任、李主任，谭主任；有悉心照顾自己饮食，看见自己饭后一副满足模样后露出和蔼微笑的郭阿姨。如今，就要离去，他不知道还会不会再回来这片土地，但这片土地他已铭记。

7月22日下午，还是来时的那个小背包，还是那个黑色箱子，他离开了三岔。他就是这次中南民族大学马克思主义学院第二批来三岔实习实训的学生——张永江，来自四川的一个农村青年。

光阴的故事

董梅昊

从初遇到相知，再到相守，我深深地爱上了这片土地——三岔乡。

一碗鲜滑爽口的豆皮开启了我的三岔乡实习之旅。

说实话，在来之前还是有着隐隐的担心：这是一个从未去过的地方，这是一份从未干过的工作。但从踏上三岔乡这片可爱的土地开始，所有的疑虑都被打消。

初遇：撞见边城和一位年轻的书记

当我们的车缓缓前进，首先映入眼帘的是清晨薄雾环绕的葱郁群山。这儿是硒茶的盛产地，独有的喀斯特地貌更凸显此处植物的坚韧精神。赶集的人们身背上宽下窄的竹篓，走在这个不大不小的乡镇的每一条路上。晒好的烟草，胖胖紫紫的茄子，大大红红的西红柿，恍惚间，我们以为自己来到了沈从文先生笔下的那个干净淳朴的"边城"。

过早之后，就要开始一天的实习工作了。我和我的搭档王寿潭所在的单位，是三岔口社区。社区的主要负责人曾书记并不是我们想象中的中年人，相反，他是个能干的年轻人，比我们大不了几岁，并且毕业于同在武汉的中国地质大学，使得我们备感亲切。在热烈的欢迎会以后，我跟王寿潭一起找到这位书记，实现"顺利对接"，其实就是表达自己想要多多学习经验的意愿。

相知：明白三岔的泪与笑

之后的这么多天里，我们过得相当充实，同时，也学到了许多学校里学不到的东西。我们参与了例行工作会议，了解了活动筹备需要大量的人力物力；我们参与了"七一"表彰大会，见证了一批普通老百姓"入党梦"的实现。不得不提的是，在这次的表彰大会上，我们与杨洪顺老人第一次见面，他既是一名非物质文化遗产优秀代表传承人，又是一名坚定地践行党章党纲的"入党人"。从1974年开始，经过39年的漫长等待，杨老的入党梦终于在今年的"七一"实现，而我们更是有幸见证这一刻！同时，我自己也非常惭愧，身为班里的团支书，在大学三年里一直未能入党。我曾灰心过，也曾动摇过，但如今杨老的事迹给了我强大的精神动力：要成为一名坚定的共产党人，就必须平时严格要求自己有理想、有信仰、有抱负！

相守：感动，努力向上的人们

我们还去了三岔小学，看到孩子们的宿舍里十分干净整洁，甚至拖鞋摆放都在一条直线上。曾书记介绍说，这实行的是"军事化管理"。我深知从小养成好习惯的不容易以及重要性，同时也很佩服这些孩子们。我们还去了福利院，在来到三岔乡之前，我从未去过真正意义上的福利院，而这一次，我被深深触动了。这所福利院坐落在一个小山坡上，我们从大门开始沿路而上，但很快目光就被路两旁花坛里的茂盛植物所吸引：有大而饱满的金黄波斯菊，有红而奔放的玫瑰，有簇拥生长的大片太阳花等；我注意到每株植物下面都竖有一个小铁牌，上面是种花人的姓名还有栽种的时间。有些牌子已经很老旧了，连上面的字不太能看得清。也许种花人已经逝去，但植物依旧繁茂，像是在替主人说，我过得很好，我来过这个世上。

7 月伊始，就是热情似火的三岔乡"莲花杯"篮球赛开始的时候，我们实习生队伍再次见证了三岔乡人民的激情与活力。只见篮球场上个个身手矫健，汗水肆意挥洒；场下的男女老少个个都在喊加油。我相信再冷漠无情的人都会被这份超级的热情所感染。

尽管，我们的实习生涯接近尾声，但我相信这半个月的美好记忆将永远被我们铭记，因为这是第一个我们奉献青春和热血的地方。

我想说，我爱这片土地。

再见　三岔

王寿潭

许久的等待是为了和你的相遇，一夜未眠后我来到你面前。忘记疲劳，卸下行囊，拥向你的怀抱。大家在车里已然很累，但还是抵挡不住你满身葱郁的美。沿着盘山公路前行，一路上薄雾缭绕已似仙境，合着丝丝的细雨，你显得更加神秘。那一天的雨似你穿的霓裳，那满山的翠像是你光滑的肌肤，一路的美丽一路的新奇，让我们的心渴望得更强烈。三岔，你好！

还来不及好好的休息，也没来得及细细思考，便迫不及待地去触摸你，感受你。你的一切对我们来说不仅是新鲜的，还有为了走近你而备好的良久心情，为了懂你而罗列的许多疑问。我想找寻你对我笑的证据，可是最初的你是羞涩的，而我太急躁，我的心思只能随着我疲劳的身体入夜。

我要静下心来，慢慢地接近你，在你的面前毫无保留的展露自己，因为我想爱上你。就这样渐渐地我学会了和你打交道，也很快的和你融在了一起，我想我已经爱上了你。可是时间不仅让我们有故事，也决定了离别，即使久久不愿说出再见……

我开始怀念，在没离开之前就怀念。我不要不舍，因为所有的不舍都会舍弃，而唯有怀念可以加深你在我心中的厚度。不断的怀念让所有发生的一切变成一块记忆的烙印，深深地在我心底落下一辈子的痕迹。

我最终还是要和你说再见，再见都是不知何时再见，但即使是再也不见我还是要让你知道你在我心里有多好、多美。

再见，三岔。傍晚的风如你的温柔，即使没有霞光的映衬，也有你最柔软的美丽。你轻轻地吹拂着，掠过枝桠，在屋顶漫步。带走炊烟，轻轻地撩起人们的发梢。你的温柔呵护着这里的一切。

再见，三岔。你苍翠的皮肤下是一层层的岩石，那是你的身躯，里面住着一颗厚实而坚韧的心，默默地守护着三岔的一切。你用你强健的身躯承载着无数的重量却不离不弃，祖祖辈辈传下来坚强而质朴的性格是对你最好的致敬。

再见，三岔。躁动的蝉鸣，浪漫的山花，来来往往的人们，还有那屋檐上发呆的猫咪，这些都是你的孩子。你用你宽广的胸怀哺育着这里的一切，给他们自由，给他们希望，给他们梦想，包容他们的轻狂，理解他们的苦闷，给予他们前行的力量。你的孩子都是幸福的，所有的一切都被你爱着、护着，也包括我。

再见了，亲爱的三岔。我会怀念你的蓝天白云，那像透着明朗的朝气。我会怀念你连绵的山峰，那是不会断开的情谊。我会怀念你的吊脚楼，那是我们民族的财富。还有独特的窗花，透过你们，我看见了这里的美丽，爱上了这里的人们。三岔，和你的故事是我最知足的收获。

谢谢你，三岔。不仅因为你的山水，还因为你养育的人们，你滋润的土地，你带给我们的生活。真的要说再见了，收拾东西前，我想要再看看你，看看我最亲爱的你。把我最好的祝福留给你，卸下一片灵魂献给你，只愿你永世平安、幸福、美丽。

每当山风掠过，你在歌唱的时候，请记得那是我在远方想念你。三岔，再见！

第二节　实习感想

梅家墩大队主任助理　张克宇

　　我是张克宇，我所在的实习地点是半壁山梅家墩大队，实习期间的主要任务有：1. 协助李书记处理日常工作事务；2. 完成梅家墩大队的三留统计工作，并且将所有信息录入电脑存档；3. 慰问祝家庄百岁老人；4. 组织策划主持中学班会活动；5. 组织和主持梅家墩希望家园活动；6. 参加建党 94 周年基层党建表彰暨党风廉政大会并作会议记录；7. 建立梅家墩大队官方网站；8. 组织编排联谊晚会节目；9. 跟随中学老师进行家访；10. 参加防汛工作；

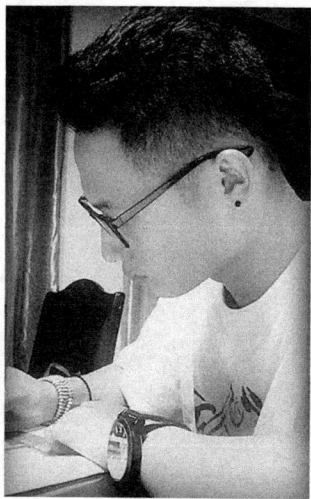

　　感想：1. 作为队长必须要有强大的组织能力、号召能力和协调能力，必须具备很强的团队意识，一切以集体为重；2. 时刻都要肩负责任意识，无论是在工作还是在生活中，都要有责任感；3. 我们实习中感受到了来自老百姓的关心和帮助，因此我们的工作一切以人民的利益为重，坚持为人民服务；4. 我们不仅要具备基本的理论知识，更重要的是要有实践能力，在实践中培养能说会写的能力；5. 学会总结反省与反思，在不断前进的同时不妨停下脚步，好好总结一下，每天保持一种反思的习惯；6. 学会感恩，实习是我们迈向人生工作岗位的第一步，我们感受到了半壁山领导们的关爱，以后一定保持一颗感恩的心来回馈大家。

盛家湾大队主任助理　兰伟霞

实习所做的事：1. 下驻盛家湾大队，走访完成三留问题调研；2. 与赵纯怡、张莉娅、张克宇一起访问百岁老人；3. 帮助财政所整理资料；4. 参加建党 94 周年基层党建表彰暨党风廉政大会；5. 在半壁山中学与队员一起举办别样青春八年级主题班会；6. 与雷莹莹一起完成留守老人问题的调研报告。

感想：实习虽然只有短短的半个月，经历了很多，也学到了很多。首先觉得最欣慰的事就是完成了自己所下驻的盛家湾大队的问卷走访任务。这次是实打实挨家挨户的询问基本情况。在盛家湾妇联主任的带领下，我在调研过程中慢慢学会如何去和群众交流，如何表达能让群众更加容易接受，获取自己想要的信息。对于平时腼腆不善于表达的自己是一次很好的历练。而且也深入了解到当前留守老人、妇女及儿童的生活所需和精神所需。另一件事便是和老师同学朝夕相处半个月，建立了深厚的友谊。在一件件任务中，大家的团队意识越来越强烈，工作越来越积极，也使得我自己学会如何更好地和别人相处以及共同完成工作。不仅自己收获巨大，更重要的是收获了难得的友谊。

农科所主任助理　赵纯怡

实习所做的事：

1. 与张莉娅结对对农科所以及祝家庄大队进行关于半璧山农场三留人员的信息统计和问调查。

2. 与张莉娅一起完成留守儿童的调查报告撰写。

3. 与张莉娅，兰伟霞，张克宇一起看望祝家庄百岁老人。

4. 与张莉娅一起完成财政所工作并写了半年总结以及强农惠农政策宣传工作。

5. 参加建党 94 周年基层党建表彰暨党风廉政大会。

6. 参加联谊晚会。

7. 参观西瓜地，体会农家生活。

8. 在当地中心中学，举办了别样青春八年级主题班会。

感想：

1. 短短 15 天带给我的更多的是自我的突破，第一次登台表演，第一次穿裙子，对我来说都是突破，都是对自己的挑战，而我，完成了一次又一次挑战。

2. 通过走访接触基层干部和老百姓，充分了解了群众最真实的诉求以及干部的工作方式，与我之前对基层的认识是完全不一样的，我看到的更多的是亲力亲为，更多的是亲民，是奉献的精神。

3. 完成财政所的工作告诉我什么是农业什么是农民。

4. 我明白了什么是团队精神，在实习中，我们 11 个人不断磨合，从各自为政到团结合作，让我感受到了团队的力量。

祝家庄大队主任助理　张莉娅

实习所做的事：

1. 完成对实习所在地祝家庄大队"三留人员"的基本信息统计；

2. 同队友一起在当地中心中学八年级，举办了"别样 青春"的主题班会活动；

3. 与赵纯怡、张克宇、兰伟霞一起看望祝家庄百岁老人。

4. 与赵纯怡结对对农科所及祝家庄大队进行关于半璧山农场三留人员的问卷调查；

5. 与赵纯怡一起完成留守儿童的问卷统计和调查报告的撰写

6. 与赵纯怡一起完成财政所工作并写了半年工作总结和强农惠农政策的宣传汇报；

7. 参加当地"建党 94 周年基层党建表彰暨党风廉政建设大会"

8. 参加联谊晚会；

9. 参观西瓜地，体会农家生活。

感想：

半个月的实习一晃而过，期间的种种经历依旧历历在目。首先，实习提高了我的人际交往能力和与人沟通交流的能力；其次，实习让我学到了许多东西，如交往礼仪、懂得感恩、学会主动、认真负责等，总之获益良多；再次，这次实习中半壁山农场的干部领导们令我印象深刻，改变了以往我对基层干部的传统印象；最后，实习中的集体生活以及联谊晚会的表演经历让我懂得了低调做人、高调做事。

马家垅大队主任助理　周梦媛

被分配到马家垅大队，被任命为主任助理，在我们的实习期间，最主要的任务就是配合农场的相关工作人员对半壁山农场的"三留"人员（留守儿童、留守妇女、留守老人）进行一个走访统计调查，其中包括交流访谈，填信息表、发放并回收调查问卷、最后汇总形成一篇实习报告。我主要的工作是跟着大队的妇女主任毛主任一道，对马家垅大队的"三留"人员进行挨家挨户的走访调查，发放并回收我们制作的调查问卷。在不下大队的时间里，相应的，还与同学们一道去富河堤上感受了农场领导下一线防汛的工作；到半壁山农场中学里旁听了一节七年级的语文课并与雷盈盈同学一道为五年级的同学上了一节习题课；趁周末与学校八年级的学生们一道开展了一个互动活动，玩了"撕名牌"的游戏；在七一建党节那天作为服务人员参加了农场的"纪念建党 94 周年基层党建表彰暨党风廉政建设大会"；在发放并回收完调查问卷后，后期对其进行问卷统计并撰写相关的调查报告；为了有个圆满的实习，为了能给半壁山农场的居民们留下更深刻的印象，丰富他们的业余文化生活，我们与农场在 7 月 6 日晚共同举办了一个小型的文艺汇演。

　　实习实训的目的就是让我们学生将课本上所学的理论知识运用到实践中去，从而达到"实践—认识—再实践"的过程，让我们对知识有一个更清晰、更准确的把握。在参观防汛的时候，看着农场一线领导顶着烈日在工作，打破了我以前对公务人员喝茶看报的认知，基层的公务人员确实在做实事；在学校里旁听和参观时，办学条件和各种设施确实很简陋、很艰苦，为扎根基层的老师点赞；在大队里进行走访的时候，妇女主任毛主任能清楚的知道每家每户的情况，从他们的交谈中能很明显的感受到干群关系的融洽，干部在百姓心中有着很高的认可度。

　　通过本次的实习实训，在自己的工作中，我见到了基层干部最真实的工作形态，改变了自己过去将其一棒子打死的认知；在做调查问卷的时候学到了做研究一定马虎不得，要实事求是；在学校上课的时候，学到了教授小学课程的核心要领；在与农场领导和民众打交道的过程中，学到了与人相处之道……一切的一切，书本上都没有现成的答案，都需要自己在实践过程中去感受，去领悟。

半壁山社区主任助理　梁宇

1. 三留问题调查。第一次，跟着主任走家串户，调查留守老人、留守儿童和留守妇女的基本情况，对相关情况进行了登记。第二次，做关于三留问题的问卷调查，和丁国真、唐莉莹、雷莹莹一起在半壁山农场的街道上发放关于留守妇女和留守老人的问卷。刚开始就我们三个在街道上发，由于前面有做一个摸底调查，所以知道哪些家是留守妇女，而哪些是留守老人，但出于不好直接走进居民家里，对于关门的一些人家，我们就没有敲门发放。后面，主任来看我们发的情况，带着我们一起发，直接走到居民家里面发放，了解到的情况也更加丰富。

2. 完善半壁山农场居民危房改造资料。资料分为新建户和维修户，我们主要是先把两种类型分开，再分别完善他们的申请表，最后在开会看是否通过他们的申请，七一表彰大会结束后，邀请了街道的 8 名党员开了一个小短会，让党员代表们决定是否通过他们的申请，再让代表们分别签字，按手印。

3. 富河大堤。集体去富河大堤，参观了半壁山农场的防汛工程建设，了解了基本的防汛知识。在此看到半壁山农场的领导们不辞辛苦，只为做好防汛工作。他们顶着炎炎烈日，纷纷开始劳作，争取在短时间内完成工作，以保障人民的安全。

4. 半壁山农场学校，听课和班级活动。第一天是在半壁山农场学校的七年级听课，是一节语文课，课上老师的讲课方式让我觉得很好，当时在心里想，没想到条件一般的半壁山学校，老师的授课能力居然很高，在老师有趣而不乏深度的讲课中，我们度过了愉快的下午，其实很想再来听一次的。第二天下午我们来到了八年级，以别样青春为主题，和他们一起开展了一个主题班会。刚开始羞涩的孩子，在活动中渐渐的放开了，开始说说笑笑，大家其乐融融的感觉很好。

5. 7月6日的联谊晚会。早上开始准备晚会的蔬菜服装，下午的布置会场，晚上的表演，一天的行程满满，可是心中的快乐也是满满的。

6. 七一表彰大会。第一次参加这种会议，体会到了严肃，庄严的会议现场，让人横生敬畏之心。

半壁山农场中心中学校长助理　雷莹莹

1. 参加巡防堤坝

感想：富河大堤是半壁山人民的生命防线，每到汛期，政府机关人员全面调动起来，进行加强巡堤查险工作。我们实习小队上堤感受气氛。走在堤上，可以看到堤坝上车来车往，每个人的手中都拿着镰刀，戴着草帽，弯腰不停地除草，汗水浸湿了他们的背部。此情此景，我想说，只要亲手认真守护自己的家园，相信即便是灾难来临，大家也能够众志成城，渡过难关，这是你们的精神。

2. 在半壁山农场中心中学听课

感想：今天，有幸成为了一名实习老师坐在教室后面听课。上课的老师形态优雅，声音温柔，在讲课的过程中举一反三，带动了课堂气氛，吸引学生积极主动参与课堂。因此，我想说，教师都是值得敬佩的，教学经验是不断积累的，想要成为一名合格的教师要不断锻炼自己，走在学生前面才能让学生有学习的价值。

3. 上台讲课

感想：理论与实践是有差距的，想要成为一名好的教师，不但要积累经验，更重要的是要充分掌握学生的学习心理与状态，根据学生的实际情况与需要，采用符合学生的教学方法，才能更好地提高课堂效率，让学生在欢乐的氛围中学习。

4. 班会主题活动

感想：我是接近尾声的时候才加入活动的，感觉同学们的热情十分高涨，似乎我们的表演队他们来说都是新鲜的，他们渴望了解外面世界和新思想。因此，我想说，一个人可以没有太多物质的滋润，但是，精神的灌溉是不可或缺的。而学生，要主动与外界交流，学校，要积极引入新的正面的思想，或者办图书馆，给学生提供学习课外知识的平台。

5. 留守老人问卷调查

感想：第一次做实践调查，学会了与陌生人交流。在调查过程中，感受到了留守老人的生活是偏单调的，缺乏来自子女的关心，要承担隔代教育，压力大，身体健康问题较为突出，因此，我想呼吁政府能够给予老人更多的关爱，尽己所能给老人一个温暖的晚年。

6. 家访

感想：看到了半壁山农场中心中学老师的辛苦，看到了学校的生源少，因此，我想说，想要改变现状，就要先改变自己，学校要完善自己的硬件设施和软件设施，政府要积极投入教育资金，为半壁山的孩子创造一个良好的教学环境。

7. 希望家园，看望留守儿童

感想：孩子是最纯真的，只要真心相待，就会收获他们付出的友情。在祝家庄进行希望家园的活动，对我来说，又是刷新了我对农村孩子的看法。农村的小孩和城市孩子一样活泼，但是，他们缺少与外界的交流，他们真正需要的是精神上的生活，他们需要在没有父母照顾的情况下，能够有一个精神的支柱。因此，我希望家园的活动能够继续坚持开展，为孩子送去欢声笑语。

8. 参观五爪咀网湖湿地

感想：美丽的风景是大自然给予人类的礼物。五爪咀要抓住机遇，大力发展生态旅游业，相信未来的日子会是美好的。

9. 文艺晚会

感想：准备文艺晚会的时间最多也只有五天，而我们却要排五个节目，任务艰巨，但我们确实完成了。因此，我想说，没有什么是做不到的，团队合作的力量是无穷的，劲往一处使，再难的任务也能完成。

五爪咀大队主任助理　董志

6月23日，实习团队抵达阳新半山农场。这天下午我们与半山管理区领导进行了亲切的座谈会。

短短的几个小时的交流，我们深深的感受到了当地领导的热情好客。我清楚地记得会场的气氛非常轻松愉悦，大家畅所欲言的交流着。尽管自己旅途十分的疲惫，不过对农场的陌生而新奇的环境，还是感到非常的兴奋。我期待着在这片土地上，挥下坚实的汗水，收获学校里体会不到的基层工作经验。我清楚地意识到：是的，就这样，实习真正的

开始了……

蹲点下乡，体验基层工作的酸甜苦辣。走家串户，调查"三留守人员"。

6月末7月初的农场，气温异常的高，头顶烈日，我们的下乡生活开始了。虽然头戴草帽，但是无法抵挡太阳的侵蚀，我的皮肤没几日变黑了不少。同行的女生们也晒黑不少，可是大家坚持着，走家串户，搞调查，发问卷，与基层群众打成一片。在这个过程中，虽然遇到了感冒发烧、语言不通、酷暑难耐等种种挑战，但是整个团队成员相互鼓励，精诚团结，很好地克服了这些困难，在艰苦的日子，我们学会了苦中作乐。

参加防洪防汛工作，收集防洪材料。

实习团队一行人到达农场不久后，由于近几日里连续降雨，使得富河水位上升，农场地区防汛任务紧张。负责街道办的两位同学配合主任开展防汛器材的收集。我与丁国真同学也参与到了其中，大家群策群力，最终在很短的时间内将相关器材收集完毕。这天晚上，尽管我们回到驻地较晚，身体疲劳极了，可是我们深深地感受到了为基层群众做实事的快乐，哪怕这件事很微不足道，可这份感觉是充实的，愉快的。

撰写"五爪咀村"的五年发展规划，为所在"蹲点单位"贡献自己的一份力量。

经过几天的调查走访，在对五爪咀村的村情民意有了一个基本的认识之后，五爪咀村的郭书记要求我写一份五爪咀村五年发展规划，作为我本次实习的"作业"。经过几日的奋笔疾书，一个粗具规模的五年规划写成了，在带队老师的意见和建议下，我又反复的修改了这份规划，最终形成一份完整的规划。在这次任务中我深切地体会到了两个方面的感悟：一方面，一份详尽科学的规划必须要反复推敲、论证，才能形成。只有经过这种打磨的规划才具备科学性。同时，规划必须秉承事实求是的原则，因地制宜的原则，切记"空谈""放卫星"。另一方面，在制定五年规划的过程中，要博采众长，集思广益，开拓思路，多听取不同的意见，这样规划才会更有针对性，全面性。也体现出做一件事必须要学会与他人合作，通过合作更有可能实现双赢。一份小小的五年规划制定，更是人与人之间团结协作的大学问。

参加"希望家园"活动，传递当代大学生"正能量"。

由湖北省共青团牵头、半壁山农场管理区团委组织实施的"希望家园，关爱留守儿童"活动在盛家湾、梅墩、祝家庄三个大队展开。我与团队成员唐莉莹被分配到盛家湾大队开展活动。这天上午9点活动准时开始，直到中午11：30活动才开展完。本次活动在盛家湾大队引起了强烈反响，留守儿童都踊跃参加活动，受到了群众的一致好评。活动后，我与搭档同学都精疲力尽了，嗓子已经沙哑了，可是和这群小朋友待在一起，感觉整个人仿佛回到了童年。孩子们的天真烂漫深深的打动了我们，看着他们在这样艰苦的环境中能够快乐的成长着，我感觉非常的欣慰，也希望相关部门能够加大对留守儿童的关注力度和关爱力度。

参加文艺晚会的排练和演出，为半壁山农场的父老乡亲献上一场文化晚宴。

这项活动从我们进驻农场的那天就提上了日程。坦白讲，在这个过程中我受到了更大的历练。起初，自己非常地抵触这个活动，因为在文体方面并没有什么特长，也缺乏锻炼，羞于在这样的舞台上表演。可是，团队是个整体，缺了谁都不完美，所以尽管内心有点挣扎，我还是跟下全部的排练活动。到了汇报演出的那天，在舞台上我鼓足勇气跳着、唱着。是的，舞跳得难看极了，声音也很差劲。这又如何？我迈出了坚实的一步，只有我自己晓得它有多么重要。不管接下来有多漫长的路要走，我相信我会越走越好，越走越坚实。

实习活动短暂而又充实，在这个过程中，我个人受到的历练其实远远无法用文字来表述。我相信我的人生中将会因为有这样一段历练而变得不同。

综治办主任助理　丁国真

在阳新半壁山农场近半月的实习实训期间，在半壁山农场领导的正确带领下，以及各大队支书和同学的积极努力下，我们的实习实训工作完成了预期目的，收获了很多经验。其中细节主要表现在以下几个方面：

1. 团队工作内在动力的认识。回首半月的工作，我深深的感受到了团结的力量，它既是一个团体攻坚克难的内在动力，也是一个团队文化的基石。尤其是在撰写调研报告的前前后后。在这次实习实训中，我意识到自己的团队工作是存在不足的，团队工作的意识不够强等等，我意识到个人主义在自己内心中的根深蒂固，虽然这并不是主要原因；在实习实训期间，与老师和同学们的相处中我渐渐感受到"团结"这种无形的魅力——感受到人情的温暖和善的本真。

2. 基层工作的宗旨和方式方法的认识。在半个月的实习实训中，我跟随农场领导到各个村庄进行了几次简短的调研，在此过程中，我学习到了基层工作的宗旨和方式方法，总结到基层工作的宗旨是心为民所系，了解他们所想，这是基层人员工作所具备的"软件"，同时我也认识到我们和民众的距离也在这里，在走街串巷的调研中，这种心理上的"差距"很明显；因此，之后我积极调整了谈话内容，转向他们日常生活的方面，并获得了客观上的有效性。

3. 党员在基层工作中的模范带头作用。在实习实训中，我们较为全面地了解到他们工作的"百态"。不管是在党员大会上，还是在防汛筑堤中，党员一直都是"被强调"和"被带头"的对象，仿佛时刻都有着声音提醒着他们是中国共产党党员，是人民的排头兵，在与几位党员交谈中，我了解到他们的这种模范意识并不完全是"被"出来的，而从加入共产党宣誓起，内心中早已形成了党员为人民的服务意识和带头模范作用，也就是在检验期就有了深刻的认识和觉悟。他们的这种精神令我叹服，我将他们视作我学习的好榜样。

在半个月的实习实训里，和基层干部们接触中，我改观了以往对基层干部的成见，他们的思想、工作作风和工作方法等等都是我所要坚持和加以学习的。"路漫漫其修远兮，吾将上下而求索"，在这求索之路上，这次实习实训给了我很大的启发。

计生办主任助理　李晓娇

这个假期我在黄石市阳新县半壁山农场进行了实习，我的收获很多。作为一名大三的学生，每一次的实习机会对我们都是非常重要的。我很珍惜这次去政府部门的实习机会。

在政府部门里面，作为一个实习生，要想得到政府工作人员的认同，就必须热情。待人接物都要热情，看到政府的工作人员，主动上前打招呼；提前来到办公室，打扫卫生和打开水；看到工作人员在忙的时候主动上前帮忙。

在实习期间，我见到政府的工作人员，不管认识的还是不认识的，不管是领导还是扫地的阿姨，都会主动打招呼。有一个管钥匙的阿姨，因为我每次见到她，都主动上前叫她阿姨，所以她给我帮了一些忙。有几次我比主任早来了，阿姨看我来了，还没开门都会帮我开门；还有时候主任提前走了，需要钥匙关门，还没到下班的时候，阿姨就会来帮我关门；政协开会一般都会有水果的，每次都有剩的，阿姨就会拿一些到我那里给我吃。因为我的热情不仅让我得到政府工作人员的好感，也给我的实习活动带来很多的便利。做为一个实习生，到了政府部门一定要虚心学习，因为要学的有很多很多。开始来到政协里面整天都是看文章，我就认为政府部门的工作太简单了，后来发现是错了，其实还有好多东西要学。

来到政府部门，作为一名实习生，一定要真诚的对待自己的领导，不要急功近利，这样才能赢得领导和工作人员的信任。每天我都会很早来到办公室，打扫清洁和打开水，等廖主任来后，帮廖主任把水杯倒上开水，问问廖主任今天有什么事做。我们部门比较闲，一有时间廖主任就会和我聊天，问我的学习、生活、工作。起初来到政府机构实习的时候，认为政府的工作是轻松的，只要坐在办公室里，看看报纸、喝喝茶，最多开开会、吃吃饭，但是看似简单的工作，要做好也是不容易的。

开会是政府部门的日常工作了，我在实习期间就参加了 3 次会议，虽然都只是做一些服务工作，但还是成长不少。第一次廖主任说要我参加会议，我还有点紧张，在学校也参加过会议，但是毕竟在政府开会是头一回。首先座位的问题，在政府开会，一定会按照领导等级高低，从对着门的上座向两边散开，我跟领导去会议室的时候，就要先搞清楚他应该坐在那里；其次是倒茶，一般会议会进行 2 个小时，每半个小时就要倒一圈，同时要注意领导们的茶杯，如果大部分的领导都喝的差不多了，也就要上去倒了。同时倒茶的顺序也是很讲究的，要从最高的领导开始倒，然后按等级高低依次倒；最后也是最重要的，做会议记录，他们开会都是用阳新话说的，起初我还有些听不懂，后来就还好了。做会议记录一定要学会抓住重点，如果每个人说的话都记住的话，就麻烦了，也不可能，我开始写的也是一点逻辑和思路都没有，经过几次锻炼后，就基本能抓住重点了。

在政府里面学习，还有一个主要的工作，就是公文写作，我在实习期间完成了 3 篇简报和一篇倡议书。原本以为都大学快毕业了，这政府的写作工作应该没问题的，可是到做的时候才发现，自己写的东西和政府部门要求的完全不合。我们在大学里，写文章一般都喜欢从自己的角度出发，谈自己的认识和看法，但是政府的文章一般都是要反映实际情况，比如说简报，就是要把一次座谈或者调研会的内容做一下总结，所以切忌加入自己的想法和思维；政府的文章对措辞相当严格，要求字斟句酌，不能有任何差错，因为要给领导看的。比如有一次写简报，给廖主任看，改了三次，还要交给赵主任看，又改了三次，一个简报写了将近一周；政府文章行政色彩很重，每次写简报，重要领导的讲话，就要写进去，其他的就不用了，而且比重、先后也要按行政级别来区分，有时候一个重要领导可能没说话，或者没有对此次会议有建设性意义的讲话，但也要把他的名字在简报中提一下。

假期实习对我的成长有着很大的帮助，作为马上要走出大学校园的大学生，需要的不是书本的知识，而是社会的磨练。这半个月作为我们这些大学生走出大学的第一课，不管是考研的、还是找工作的，都有长足的影响。了解了社会到底是怎么样的；知道了该怎么样与社会上的人交往。

财政所所长助理　刘文静

在财政所实习的日子，是日后回想起来仍觉得意义非凡的时光。收获的不仅仅有其他领域的知识，了解政府工作的流程，还把自己所学带到了财政所，真正的将理论与实践相结合。

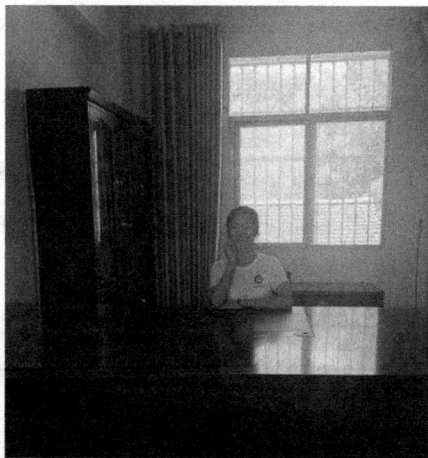

短短的实习时光里，团队里的每一个人都给大家展现了一个不一样的自己，也使我更加全面、立体的认识了其他成员。相比较学校生活，通过彼此的接触，我们收获到了不一样的友谊，无论是在例会上你一言我一语的讨论，还是有同伴生病时，大家急切的问候。我开始明白一个真正的团队的力量是以个人之力无法比拟的，是可以让大家走的更远、走得更好的力量。当然，还有我们敬爱的董老师和邓老师，一个顶天一个立地，无论是理论的指导还是实践的榜样，他们都是我人生路上的导航灯。最后我也很感谢财政所的全体人员对我的帮助，首先是金所长和肖所长，他们认真的给我介绍了财政所的各项工作、职能。并嘱咐大家要对我多加照顾。还有俩位年龄相仿的"前辈"：袁会计和周会计，从最初的陌生、拘谨到后来离别时的恋恋不舍，是他们用友好、开朗、热情、细心帮我融入了这个集体，学习新的知识，圆满完成实习实训任务。

实习已经告一段落，时间虽不长，但收获却不少。知识、能力、眼界、友谊，为日后的工作打下了坚实的基础，也给我的大学生活带来了不一样的色彩。人生的路依旧在继续，我会把实习的所见所得所想用于以后的生活，把知识用于实践、用收获到的力量注入自身，使自己也变成一个善意、热情、细心的人，可以做好自己工作的同时，也感染身边的人，帮助身边的人，我想，这就是这次实习带给我人生最大的改变。

梅家墩大队队长助理　沈小行

毕业实习是每个学生走向社会、走上工作岗位必不可少的一个重要环节，通过实习在实践中了解社会，让我学到了很多在课堂上根本就学不到的知识，受益匪浅，也打开了视野，增长了见识，为我以后进一步走向工作岗位打下坚实的基础。

还记得第一天来农场的场景，如今，我们的实习生活已经结束了，回顾过去的十几天，感触很深，收获颇多。在学校总以为自己学的不错，一旦接触到实际，才发现自己明白的是多么少，这一段时间所学到的经验和知识大多来自领导和办公室工作人员的教导，这是我一生中的一笔宝贵财富。同时这次实习也让我深刻了解到，在工作中和同事持续良好的关系是很重要的。

我们在半壁山农场度过了一段难忘的时光，认识了很多人，说走的时候我们都有些不舍。在刚开始的时候我们大家大多希望时间走的再快点，早点结束实习，当真正要走的时候却又变得矛盾，希望时间走得慢一点，再慢一点，因为我们还未做好告别的准备。但是天下无不散之筵席，最终我们还是要收拾行李，收拾心情，带着这份记忆回到属于我们的学校。只希望在今后的日子里还能有机会再跟大家一起来一场半壁山之行。

计划生育办公室主任助理 叶珏君

主要工作内容：1. 办公室文件的整理；2. 接待来访人员；3. 协助主任到农场各大队处理计生问题。

在半壁山农场实习的时间不是很长，但感觉留下了许多回忆。十几天时光里，我从宿舍走到办公室的路上，心态也从最初的忐忑逐渐转变为自信，我想，这是实习带给我的最大的收获，走进职场与办公，不再只是停留在理论文字层面，而是真正地实践。在工作中学会了跟着我的指导老师处理文件，写文件，增强了与他人沟通相处的能力，也开始知道如何更委婉地拒绝他人的部分请求。在生活中能更积极地融入集体，增强了团队合作的精神，也能独立地处理遇到的困难。

这次实习开阔了我的视野，让我对基层工作的认识从理论文字转变为实践和亲身所见所闻，让我长了许多见识，也终于把学习到的专业知识运用到工作中或带入其中进行思考。更多的是自己尝试从校园走向了社会，开始学会将自己的身份从学生转变成一名工作者，在实习中慢慢适应工作中需要处理的问题。

在实习中我的实习指导老师与带队老师都让我收获良多，成长不少，感谢老师在实习中对我的教导，更感谢半壁山这片土地带给我的美好回忆。

祝家庄大队队长助理 贺存兰

六月的半壁山农场骄阳似火，而我们碧水思新队的十五名队员，跟

283

着两位指导老师去湖北省黄石市阳新县的半壁山农场参加了为期 15 天的实习实训活动。可以说这一段实习实训的经历，为我大三生涯划上了一个圆满的句号，我曾经以为时间是一个不快不慢的东西，怎耐，时光如白驹过隙，转眼间大学已经过去了一大半，感觉就在一眨眼之间我的大学生涯就要结束了，而在大学阶段的后期，毕业实习是一个十分重要的过程，我认为最能把理论知识运用到实践中的过程就属毕业实习了，因为它是我们从学生走向社会的一个转折，是另一个生命历程的开始。

作为一个即将踏入社会的刚毕业的年轻人来说，什么也不懂，没有任何社会经验。更不能很好的将自己很快从学生的角色中转换过来，但是通过这次的毕业实习我学到了很多在学校学不到的知识，这必将成为我人生中一笔重要的财富，对我今后踏入新的岗位是多有裨益的。在此次实习实训过程中，我最大的收获就是学会了如何更好地与别人沟通，如何更好地去陈述自己的观点，如何说服别人认同自己的观点。相信这些宝贵的经验会成为我今后成功的最重要的基石。

它不仅使我在理论上对思想政治教育专业有了全新的认识，而且在实践能力上也得到了提高，真正地做到了学以致用。在此次理论与实践相结合的过程中，在前辈们悉心指导下，我从无数次的失败中吸取了宝贵的经验教训，且随着时间的推移，自己的意志也得到了磨练，恐惧心理也逐渐的消失了。

农科所所长助理　李玉冰

实习虽然只有短短的半个月，却收获许多。

半壁山是美丽的地方，山美水美人更美。这里的居民热情大方，善良淳朴。陈书记是特别亲和的一个人，我做表格遇到问题时，他都很耐心地指导我。书记平日里比较忙，工作也辛苦，总是耐心地帮群众解决问题。带我的陈队长是个很年轻的小伙子，比我大不了多少，略微有些腼腆。但是人特别好，给了我很多指导和帮助。妇联主任是最年轻的一位了，比较幽默风趣，缓解了我的紧张不安。能和他们一起工作是我的幸运，很感谢他们给我带来的一切。在他们身上，我学到认真细心的工作态度，也知道灵活应变的工作方法。

我们的实习队伍是一个十五人大队伍，也是我第一次和这么多人一起学习一起生活，每天一起开会，互相学习互相倾听互相讨论。团结就是力量，众人拾柴火焰高。团队的力量让我们的实习精彩万分。团队精神需要学习，既要会倾听，与他人合作，又要发出自己的声音，为团队尽心尽力。在壁水思新实习小分队这个友爱的队伍里面，大家互相帮助，开展了不少活动，还逛了半壁山好多地方。一起去看太平天国遗址，去锁钥楼底下跳广场舞，看湖北第二大湖网湖，去爬山……感谢半壁山给我这样的机会。最后，附上老师的一句话，我们一直在路上，一直在成长。

王爪咀大队队长助理　王紫琪

今天是第四天，有点麻烦的第四天。

上午协助大队会计入户，对每个村民家里的机动车和非机动车都进行了登记。在完成这项任务的途中我发现了几点问题。

一是和我一起执行这项任务的会计不会跟老百姓说登记这是为了什么，或者说其实他也不清楚。二是在进行有关安全感问卷调查的时候，大家是觉得五爪咀大队比较安全，也不会发生什么大型治安问题。但是，却对其中提到的"平安村"等活动丝毫不知，一来是因为他们也确实没有关注和听说，再来他们言语中也透露着他们觉得这事并不是他们的事。那这是不是从侧面反应了执行部门在进行相关工作时给下级交代工作时并没有明确目的，其唯一的目的就是为了让下级完成工作，可能前线执行部门也在这种环境下就也只懂执行。或者从另外一个角度说很多是给老百姓解释那么多也没有起到什么作用，因为他们可能也很难懂。这问题以我的见识也不知道怎么去解决，只觉得如何一个做法合适于那个环境，并且也能完成任务那也是可以的，至少不差。当然如果能改进就好，但我觉得我的想法可能还是太过于理想主义。想要基层干部很优质的服务，那么微薄的工资是重大阻碍，而现在基层干部工资真的较少，看了一下文件记载，可能最高才1500。工作完成后，也得到了队长的肯定和关心。

我的总体感悟是生活不能太理想主义，做事情完成任务时也是要有为什么，这个为什么不能仅仅限于任务本身。生活总会带来惊喜，人和人之间是可以互相给予温暖。尽量选择自己喜欢合适的职业和职业行为习惯，在有选择的时候遵从本心，无选择时候改变自己，毕竟人还是要活下去，并且要有进取心的活下去。当然多参加实践，可能并不是能学到什么实实在在技能，但长了见识，毕竟眼光和阅历是个很宝贵的东西。

盛家湾大队队长助理　王可人

通过这次实习我认识了自己很多缺点和不足，第一就是缺乏工作经验。因为自己缺乏经验，所以很多事情不能分清楚主次；第二是工作态度不积极，在工作中仅仅能够完成布置的工作，在没有工作任务时不能主动要求布置工作，不能主动学习；第三是工作时仍然需要追求完美，在工作中不允许丝毫的马虎，严谨认真时刻要牢记。同时，在这短短的十五天中，更加了解身边的可爱同学和老师，这是最开心的，希望未来的我们都能够勇敢前进，不忘初心。

党政办主任助理　张广萍

很多时候一个人的成长取决于他所付出的精力和他渴望的回报。要以最快速度和最饱满的热情投入工作，而工作所带给我的也远不是技巧那么简单。在这里我看到了基层干部的努力和艰辛，学到了与人为和的能力和态度，感受着老师同学的关心和团结，留下了远远不止十五天的情感和思考……这次的实习既让我深刻了团队思想，也让我意识到拥有独立工作能力的重要性。团队的力量可以让我们走得更远，我可以在这次实习是活动中切实的感觉到我们这个团队的凝聚力在加强，大家心往一处想，力往一处使，这才是最人意义。我也在反思，很多时候，有的事情不是不能做，而是不想做，我把自己的态度问题归因为能力问题这是不对的。人只有在不断的突破自我和敢于反省中成长起来，但是努力了总会有收获，有思考，有感悟，才会有更多直面困难的勇气。而这些，都是这个愈加坚固的团队所带给我的。同时，工作中最需要思考的是无论什么时候，都要培养自己独立工作的能力，人总要独挡一面，谁也不可能一直帮你指导你，如果自己不能独自工作不仅会给组织工作带来干扰和麻烦，同样的也不利于个人发展和成长。所以这是个教训，也是一个成长的反思。

文广中心主任助理　赵文彬

在半壁山农场实习的这 15 天的时光真的很令人难忘。在这 15 天里，我经历了从最初的期待、好奇到后来的习惯半壁山的生活、融入半壁山这个地方这一大段过程，这一过程里发生的所有事情都成为了我生活和工作时的不可或缺的一部分。在半壁山农场实习的这十几天，我在工作中锻炼了自己，磨练了自己的细心和耐心，学会了在枯燥的工作中学习经验而不是去抱怨，更知道了学习的理论知识是怎样与实践相结合的，让我对所学的理论知识有了更深刻的理解。

另外，我在实习的期间还领略到了当地的自然风光。在办公室主任的带领下，我参观了他们的网湖湿地以及一个 2000 多亩的荷花池。在当地这种美景下，我既感受到了大自然的鬼斧神工，亦感受到了人类的主观能动性。

在这短短的十五天，我深深的感受到了当地人文风光以及自然风光的优美。最后希望半壁山会越来越好。

主体办主任助理　李庚霓

我们在大学里学的不是知识，而是一种叫做自学的能力。这次实习后才深刻体会这句话的含义。除了计算机操作外，课本上学的理论知识能够实际用到的很少。刚开始去的时候，还真有点不习惯。每个部门都有一套自己的语言系统，多亏了主任和同事们的耐心帮助，让我这次的部门实习学习了很多东西，最重要的就是使我在待人接物、处理好人际关系这方面有了很大的进步。同时在这次实践中使我深深体会到我们必须在工作中勤于动手慢慢琢磨，不断学习不断积累。遇到不懂的地方，自己先想办法解决，实在不行再虚心请教他人，没有自学能力的人迟早要被社会所淘汰。作为一个实习生，即使是观察，在旁看，也是我们认识社会、实践生活的一种方式。事无大小之分，我们应该从小事做起，一步一个脚印，逐步积累起经验，要知道，在大学里学的不是知识，而是一种叫做自学的能力。

在这次实习中，我对政府的工作流程有了一个初步的了解，其实我在里面我更学会如何去与领导打交道，如何去学习，何如培养发现问题的能力，如何去思考。在主体办为期半个月的实习似乎过于短暂，正如我们所接触的对象一样，民间组织、各社会团体是联系政府和社会的桥梁和纽带，这短短的实习期是我们将理论和实际连接的纽带，为我们以后走出校门，进入社会提供了很好的锻炼机会。实习中，总觉得要做好政府工作，实在太不容易了，事多而杂，"办人民满意的政府"，打造服务型政府这类目标给政府工作人员提出了很高的要求，群众的口味多样化是政府人员必须时刻以学习为己任，解决好群众各方面问题的同时还要做好上级安排的各项工作。看似清闲，实则繁杂的政府工作只有切身体会方才知晓。

马家垅大队队长助理　李玉珍

在这次实习中参观了许多地方，如：我们去了半壁山古战场遗址，看着炮台、军火库以及千人冢等感受当时战争的惨烈；参观了烈士墓；参观了防空洞等，让我对革命烈士顽强、对祖国的热爱、对自由民主平等精神肃然起敬，也让我觉得身处和平年代，应居安思危，不断学习科学文化知识，提高自身政治素养、文化素养，在实践中提高实践能力。我觉得不管是居民与基层的领导干部、上下级、职位、地位高低，还是教师与家长，都应该在平等的基础上，与同事、下级、上级、来访者共事，友好相处，营造积极和谐融洽的氛围，提高工作效率，提高为人民服务的意识、能力。任何人都不应该受到歧视、冷落。此外，我们无论从事任何职业，都应该热爱它，坚持不懈、勤劳、任劳任怨，坚持终生学习，在实践中，努力工作，把事做完做好。常怀感恩之心，做一个有理想，有情怀的人。金无足赤，人无完人。世界上没有十全十美的东西，任何事物都有它的长处和短处。在工作、学习、生活中，可能会犯一些错误，我们要时常反省自己，时常"照镜子"，正正身。及时纠正不良的倾向，勇于承认错误，改正自己的错误。最后，要有团结意识，集体意识，一切以大局为重，不要因为个人利益，损害社会整体利益和集体利益。身在岗位上，心也应该放在合适的位置，明确自己的职责，不偷奸耍滑，不以权谋私，自觉为他人服务，为他人、集体做自己的贡献。

综治办主任助理　黎　婷

在半壁山实习的十五天，我觉得每一天都非常有意义，每一天都学习到了新知识。在综治办实习的这段时间，我了解了综治办的工作人员日常工作是怎样的，接触了很多基层工作人员，了解了他们的基础情况，知晓他们的日常工作。并且在实习中把我们学的专业知识融入了现实，也在交往中体验了和学校不一样的交往状况，锻炼了自己的人际交往能力。而且在半壁山的这段时间我熟悉掌握了一些办公用具的使用和工作方案、总结等常用工作书写模板的结构，这在以后的工作生活中都是很必要的，我们有这个机会在半壁山农场体验学习是非常幸运的。我也很珍惜这个机会，在这段时间里学习到了很多东西，也在指导老师那里知道了很多东西，对于今后的路也没有那么迷茫了。和这些拥有着几十年工作经验的老者交谈是非常开心及有用的。我们要把这段时间所学到的东西运用到日常生活中，这样才不会浪费这段时间的学习。

社区居委会主任助理　覃　霜

回顾这近一个月短暂而又充实的实习，我认为对我走向社会起到了一个桥梁的作用、过渡的作用，是人生的一段主要的经历，也是一个重要步骤，对将来走向工作岗位也有着很大帮助，当然，这也只是我了解社会的一个开始。另外，在实习中，我还能体会到，与别人的沟通能力与表达自己想法的能力也很重要，这是我们大家比较缺乏的，我认为这是我们大家将要努力提高的一个方面。我也感受到了与人文明交往和一些做人处世的基本原则，好的习惯也要在实际生活中不断培养。这一段时间所学到的经验和知识大多来自领导和同事们的教导，这是我一生中的一笔宝贵财富。做事先做人，要明白做人的道理。如何与人相处是现代社会的做人的一个最基本的问题。对于自己这样一个步入大学即将面临走向社会的人来说，需要学习的东西很多。还有，干一行爱一行，爱一行做好一行。很多时候我们的工作可能没有想象中那么高大上，只是繁琐的小事，但也不要眼高手低，不积跬步无以至千里，不积小流无以成江海。正所谓，态度决定一切，如果我们有一个好的学习态度与认真做事情的心态，我们可以解决很多不必要的麻烦。我们大家都没有认识到这一点，也都忽视了这一点。同时，向他人虚心求教，遵守组织纪律和单位规章制度，与人文明交往等一些做人处世的基本原则都要在实际生活中认真的贯彻，这次实习给我留下了深刻的印象，我学习和收获到很多，在今后的学习和工作中我会继续努力，做好新时代的青年。

农业办主任助理　杜雨阳

时间过得真快，一转眼间半个月的实习时间就过了。在这段时间里，我学到了很多在学校学不到的东西，也认识到了自己很多的不足，感觉受益匪浅，以下是我在实习期间对工作的总结以及一些自己的心得体会。

作为一名刚刚接触专业知识的大学生来说，如果在学习专业课之前直接就接触深奥的专业知识是不科学的，为此，学校带领我们进行了这次实习活动，让我们从实践中对这门自己即将从事的专业获得一个感性认识，为今后专业课的学习打下坚实的基础。实践是大学生活的第二课堂，是知识常新和发展的源泉，是检验真理的试金石，也是大学生锻炼成长的有效途径。一个人的知识和潜力只有在实践中才能发挥作用，才能得到丰富、完善和发展。大学生成长，就要勤于实践，将所学的理论知识与实践相结合，在实践中继续学习，不断总结，逐步完善，有所创

新，并在实践中提高自己由知识、潜力、智慧等因素融合成的综合素质，为自己事业的成功打下良好的基础。

半壁山中学校长助理邓以陌

在半壁山学习实习期间，我真的觉得半壁山中学的老师真的做到了教书育人这四个字，尽师德的责任。有的时候环境的限制及现实条件的残酷真的让人很无奈，很多年轻一代的教师都不会选择来边远的地区教学，以至于乡村教育一直都处于劣势的形势中不得好转。我之前一直以为是政府不重视这边的教育，后来才发现是教师不愿意留在这边，面对这种情况也不知道该如何解决，我至今也没有一个想法。因为我未来也想当一名老师，但是我也从未想过说未来我要就业了我会选择去乡村及边远地区教学。因此我们也不能抱怨说他人为什么不能高尚一点，我觉得无法说出口，因为自己做不到。我其实很想知道那些愿意且呆在那的老师他们的心理过程，可不可以通过他们的感染和带动也传播这种思想，带动更多的人致力于建设乡村教育。教育不仅仅只是教学这个简单的一个教学环节，而是一个终身发展学习过程，总的来说就是一个终身教育的体系，在这个体系中，有时间的不断延续性，每一个人每时每刻都应处于学习的状态中，无界限年龄，无阶层分别，每个人都有权利都有资格接受教育。我觉得这边的条件特别好，未来的发展计划也好，但是现在缺少的是实施这些计划的人才，但是现在又面临着这样的窘境，就是自身培育的人才没有，外面的人才又不肯来这里。我觉得当地政府可以颁布一些措施教育并留住他们，虽然说带有一定的强制性，但也是自己的选择。但是另一问题就是这个时间周期太长，人才的培育跟不上时代发展的变化，以至于形成这样一种进退两难的情况。虽然未来可能存在不少问题，但是仅仅实习期间，半壁山里的老师给我感受和影响是非常深刻。这让我对于做一名老师应具备怎样的品格有了一个全新的认识。

党建部门：王明振

在这段实习的时间里，我学到了很多在平时学不到的东西，也认识到了自己很多的不足，感觉受益匪浅。社区的党建部门需要宣传和执行党的路线方针政策，宣传和执行党中央、上级党组织和本组织的决议，团结、组织干部和群众，完成社区各项任务。讨论决定本社区建设、管理中的重要问题。领导社区居民自治组织，支持和保证其依法充分行使职权，完善公开办事制度，推进社区居民自治，领导社区群众组织，支持和保证其依照各自的章程开展工作。联系群众、服务群众、宣传群众、教育群众，反映群众的意见和要求，化解社会矛盾，维护社会稳定。组织党员和群众参加社区建设。加强社区党组织自身建设，做好党员的教育管理和发展党员工作。

在这些天的实习中也有了自己的一点感悟：首先，群众的事情无小事，作为一名居委会的工作人员，以人民为中心既是工作职责，更是自身义务。社区居民来居委会处理事情，事情处理得好，态度好，工作主动，居民以后有事情就会想到你，就会认可你，认可你的部门，服务的公信力就是这样一点一点建立起来的。其次，学会合作，学会有效沟通，现代社会是一个讲求合作的时代，自己单独一个人很难完成工作，因此在工作或者处理问题的时候应该要有整体思维，以一个团队的视角去考虑问题，有效沟通能够减少工作失误，提高工作效率，有效的沟通对于我自己今后的发展很有必要。最后，做工作，处理问题态度应该积极向上一些，只有自己积极地去承担一些责任，处理一些工作，才有机会学到更多东西，此外，没有什么问题是解决不了的，遇到问题要积极的想办法去解决，不应该抱怨和逃避。

社会事务、文明创建部门：马淑珍

此次实习我被分到了社会事务、文明创建、惠民基金办，这是一个很综合的部门，分管的事务也比较多、比较杂。

　　2019 年 6 月 24 日，我们迎来了大学的第一次也是最后一次实习，内心对于此次未知的"经历"充满了期待。在与锦绣龙城党支部书记杜书记与居委会其他工作人员的见面会上，对杜书记的发言内容记忆深刻，了解了书记本人的党员工作经历以及基层工作的难处，也对之后的工作顺利继续进行打好了基础。第一天实习交接工作快速且有序，我们几个实习生很快在居委会各位工作人员的带领下进入工作状态，两位指导老师安置我们后离开了，那感觉就像家长送孩子到学校离开时一样，好在较快的工作节奏使我们迅速调整自己，以最饱满的状态开始工作。

　　实习第一天最有挑战的事是下午因"一标三实"工作上门核对信息，激动并且紧张，原以为这是很轻松的事，在真正体验之后，才有了最真切的感受。我们同各位老师上门工作时，很多居民都不配合，需要花很多时间解释，并且出示很多证明才能被居民相信，即使是知晓是为何统计，在物业登记过信息居民也会抱怨居委会的工作做得不够到位，坚持认为自己是在居委会登记过信息的，这给工作人员带来了很大的不便，我们共走了十八层楼，七十二户居民，但收获并不是很大。通过短暂的下午的感受，深深体会到基层工作人员的不易，也为自己曾经误会基层人员的态度深感抱歉。

　　我的带队老师是社区居委会副主任谈娟，作为领导她工作任务重，工作量大，对自己十分严格，对于我也是要求更加严格，在向我介绍岗位工作内容时，就感受到严厉，因此在内心悄悄地为自己提醒：务必要时刻严格要求自己。整个上午我熟悉了工作环境与最近的工作任务，运用计算机基础操作协助谈主任整理制作表格，工作虽简单但也因此为自己的第一次时间而快乐。

接下来实习中，也有幸同队友们协助居委会举办的"七一"建党节的文化活动中。看着会场人越来越多十分紧张，担心由于我们的工作影响到晚会的质量。晚会过程中，负责维持现场秩序的我们被无法受控制的小朋友们弄得"哭笑不得"，三个小时后，晚会顺利结束，疲惫的同时也感慨晚会的成功，此次晚会从居民观看人数就可以看出其发挥的作用，节目形式新颖，内容丰富且紧跟时代潮流，真正满足了居民的文化需求，党的 98 岁生日也让我深刻地体会到了为何我国要发展人民大众喜闻乐见的大众文化，这样的文化才是被居民接受和认可的，有利于社区的文化建设，也有利于我国人民对于文化需求的满足，我国应当结合实际，一切从国情出发，以人民为中心，建设与发展与人民相适应的文化。

作为实习生，在社区做这些事是第一次，但对于社区的工作人员来说是经常要做的事，我们体会到了工作人员工作的不易，切身体会到以后自己的工作应该从怎么面对自己的岗位，也明确自己的工作态度与责任，给我的就业观上了一课。

实习不仅仅是考察实践能力，也是在培养人际交往和社会观察能力。在这里实习的第四天，和指导我们工作的各位居委会的工作人员们开始熟络起来，他们成为了我们工作上的老师，生活上的益友。我们一同上门工作，谈姐和陈聪姐跑得比我们还多，比我们累，但他们从来没有抱怨，以身作则，认真的敲每一家门，用最好的态度问每一个住户，给我们实习生做榜样，他们比我们还累但会觉得我们更累，为我们买水果买饮料，怕我们辛苦。这也是我在实习中学到的内容，他们带给我们的这种感受，如果有机会，未来在我所从事的岗位上，我会把这种好的态度传递给更多的人。通过观察社区居委会工作人之间或者与我们的交往态度与方式以及所产生的结果，深刻的明白了人际交往是一门学问。

人之所以是人，是因为具备人所独有思想，情感等。人离不开情感，生活中的任何事都离不开感情，可能在若干年后我不会记得自己在这个社区学到了什么，但我一定会记得这里的可爱这群人，会在朋友圈里关注他们的动态，这是人最普通的情感，也是我最看重的这段时光的情感。

实习是我们每个人实习生的一小段时间的经历，它可能不会短期给我们带来很大的改变，但这段经历以及相遇的这些人，共同做过的事将会成为我最珍贵的记忆。

社会事务部门：李金旭

在经历了两周多的社区工作后，我深刻体会到我们党具有集中力量办好大事的能力。不断推进的脱贫攻坚和乡村振兴都是这个事实的有力证明，不过推进国家治理体系和治理能力现代化，光办好大事还不够，还需要办好小事。

何为小事，上厕所、丢垃圾、坐公交等，都是小事；上学，就医、养老等也多是小事。群众最关心关心痛感最强烈的，往往正是看似不起眼的小事。习近平总书记指出，我们要坚持把人民群众的小事当作自己的大事，从人民群众关心的事情做起，从让人民群众满意的事情做起，带领人民不断创造美好生活。

当前办好小事显得越发迫切，社会发展进入新阶段，人们的普遍温饱大问题解决了之后，自然越来越重视生活细节和生活品质，基层治理的重点，随之转移更多的关注小事、解决小事。民若有所呼，我必有所应。在新时代，我们不仅要有办大事的能力和决心，也要有办小事的定力和耐心，让人民群众共享国家改革发展的丰硕成果，过上更加幸福的小日子。

劳动与社会保障部门：卢梦圆

社区保障工作内容看似简单，做起来却难度不小。鉴于社区内人员情况多样，工作人员需要有极大的耐心，认真学习相关政策，并能用群众喜闻乐见的方式进行宣传贯彻，还需要极其细心地对社区情况进行统计整理，才能更好地完成社区劳动保障工作内容。

这十几天来我跟着部门的指导老师了解了很多有关医保和社保的知识。根据不同原则有各种不同分类，比如针对生育登记和津贴就有男女之分，男职工还有相应的护理假。关于异地社保问题，武汉市人力资源和社会保障局东湖新技术开发区分局也开通了联网异地办理，为居民提供了极大的便利。这些详细的文件材料都会下发给居委会，而居委会也需要宣传相关政策，这样才能让更多的居民知道并享受待遇。我刚到部门的第一天部门的老师就给了我一打材料，让我先自己学习，掌握相关的基本知识，但其实直接看材料是很难记住的，随着实习每天面对不同居民的问题，这样经验的累积，到后期的时候，我对一些常见的社保和医保问题已经牢记于心，每当有居民咨询相关问题时我也能主动帮忙回答问题。除此之外，居委会也会复印多份材料将这些放到服务台处进行宣传也便于居民了解政策的变更。

不管是居民的新生儿保险还是养老保险，都是极为谨慎的工作。尤其是输入信息方面，一定要一丝不苟地查看材料，身份证号码及其姓名等内容输入必须准确无误，若有误差就会直接影响到下一步工作，影响到老百姓的领取问题。我实习的时候在办理新生儿医保时就差点弄错，新生儿医保如果父母双方有一方享有武汉市医保的，新生儿当年的医保费用是可以免缴的，但当时有一位家长是属于湖北省医保，这种省直和市直还是有区别的，我不小心弄成了免缴，上级没有通过，申请返回来又进行了改正。所以，干工作不得半点马虎，容不得丁点差错，一定要做到精益求精！

除了本部门的相关工作，实习期间我们的主要任务就是"一标三实"工作，"一标"是指街、路、巷、乡镇村组，房屋门牌及楼栋户号的标准地址；"三实"是指标准地址下的"实有人口、实有房屋、实有单位"，这是推动公安工作信息化建设的重要举措，也是公安工作为创新社会管理提供的新路径之一。着力服务于公安实战、打击违法犯罪和全面夯实社区基础警务。但是很多居民不理解相关政策，反思一下可能是社区宣传不够到位，只是拉了"一标三实"的横幅，却没有详细解释清楚相关政策，而且本来应该由公安进行的工作交给居委会有些不合埋。很多居民因为居委会没有合法权利不肯提供相关信息，态度恶劣，与居委会形成了敌视的局面，居委会作为居民自治组织，应该激发起大家的自主性和自觉性，而不是被动地进行管理。这项工作也让我在实习期间遇到了很多不同的人，有的老爷爷非常热情，跟着我们介绍了一层楼住户的信息，有的工作人员的处事方式也让我惊讶，虽然才短短的两周实习，但无论是理论基础知识方面和人生阅历都得到了扩充，在与人不断沟通的过程中，在工作的摩擦与矛盾中，我的交流能力和抗压能力都得到了提升，以后在处事方面也会更有经验，收获还是比较丰富的。

民政部门：白玛

来到龙城社区实习让我切实感受到社区工作是一个很重要的基层工作，直接关系到老百姓的方方面面。社区主要是为本社区内的居民服务，满足社区居民的正当要求，提高本社区居民的幸福感，社区工作很不容易，需要关注的工作很多。

实习期间我被分配到了民政部门，有安安姐带着我。我所在民政部门的主要工作就是高龄津贴申报审批和发放工作，高龄津贴申报有一下条件，我们必须据实发放和停止高龄津贴，杜绝高龄津贴错发错领，确保政府实事圆满落实。我们部门要积极推行高龄津贴信息化管理系统，及时掌握享受高龄津贴的高龄老人的增减情况。每月月底要主动和公安、民政部门联系核实本辖区享受高龄津贴的高龄老人的生存状况，建立健全本辖区高龄老人的迁入、迁出、死亡、新增等动态管理机制。领取高龄津贴的老年人因户口外迁和去世的，从次月起停发高龄津贴。总之相关高龄津贴申报工作比较繁琐，但也必须认真仔细地去完成它。这个政策对于健全老年人福利制度、保障养老服务资金、提升老年人生活质量，具有十分重要的意义。

除了高龄津贴工作以外，办理残疾证也是我们部门的一项工作，中华人民共和国残疾人证（以下简称残疾人证）是认定残疾人及其残疾类别、残疾等级的合法凭证，是残疾人依法享有国家和地方政府优惠政策的重要依据。国家为了保证残疾人也可以正常生活出台了很多优待政策，要想真正帮助残疾人还要靠全社会都来关爱残疾人，从身边每一件小事做起，让他们真正感到和谐社会的温暖。还有就是办理老年证和征兵等都是我们民政部门的工作内容。这些工作属于服务工作，态度方面一定要有良好的形象。民政服务一般面对的是本区域之内的家庭，因此会有些繁琐，但是无论怎么样，我们是为群众服务的，所以我们对待每一位来办事的居民都应该热情地接待，耐心地讲解，要有奉献精神，真诚、耐心地对待每一个人，每一件事。要把居民的事当成自己的事来办，他们生气了，我们不能不耐烦，要耐心、仔细地向他们讲解直到他们明白为止，满意为止。即使是一件小事也要及时地去处理，要时刻把他们放在心上。一定要严格遵守工作的准则，把工作落到实处！

除了我们部门的这些工作以外，我们社区居委会在这段时间还有一项工作就是"一标三实"的人员信息采集工作，"一标三实"就是标准地址，实有人口，实有房屋，实有单位的一个信息采集工作。还有就是有些居民会不太理解"一标三实"信息采集有啥用，但是它作为一项重要的民生工程"一标三实"信息采集与广大群众的切身利益息息相关。政府部门可以通过"一标三实"数据信息分析，合理统筹各个区域的教育、医疗等公共资源，让有限的资源最大化的满足每个市民的需求。

我们每个实习生跟着带自己的工作人员组成一组，挨家挨户地上门采集信息，无人在家的通过电话进行核实，在进行整理后上交。但是在采集信息的过程中还是会碰到一些小问题，比如有些居民显得紧张，或者担心自己信息泄露不太愿意配合的问题，但是我们要耐心地跟居民沟通，只要我们去耐心地沟通，大多数居民还是会配合我们的工作，还会跟我们说声"辛苦了"，就会觉得挺开心的，不管怎样我觉得这段时间对我来说是有难忘的，我在这里收获了很多。

总的来说，我通过这次实习，感受到了自己的成长！

网络部门：次片

我所在部门的工作主要是管网络和统计的。网络：辖区内人口信息摸底工作，建网格、建立人口信息册，最终实现基本群体，特殊群体，流动群体三项详实信息入库工作。统计：核实辖区内单位、个体运营情况进行统计，并进行系统入库。协助经济普查、人口普查等相关工作。

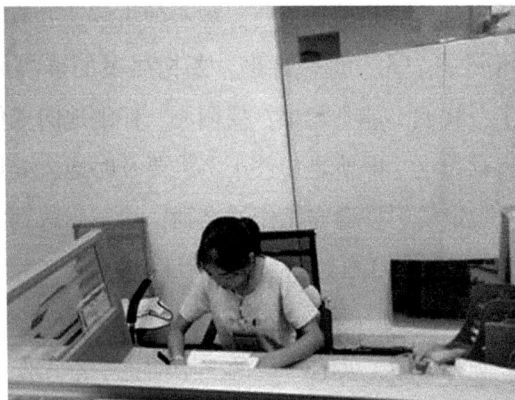

这两周我们所做的"一标三实"信息采集也是自己部门分内的事情，还有我们部门在进行关于摸清人口底数加快推进社会事业发展的专项工作。

虽然我们这次一直在做"一标三实"的工作，但其中我们都学到了很多，我们之前一直在学校里，很少会接触到这些，我们每天上门跟居民接触、核对信息等都会遇到新面孔，新的突发情况，遇到不配合的内心会有挫败感，因为我们一直在学校，平时很少会与社会的这些工作有接触，等自己亲身体验的时候，才会发现自己很多事情做不好，也觉得人与人之间的沟通方法不像我们平常想的那样简单，平常我们可能是随便聊聊啥的，但是通过这次实习才发现其实人与人之间沟通的方式方法很重要，也懂得很多道理，这次算是对我人生的一段锻炼。

计生办：孙婷

本次龙城社区实习，我被分到了计生服务办。

一开始被分到计生办，我心里是带着忐忑，疑惑的，甚至迷茫的，我不知道这个部门是干什么的，会做一些什么事，为什么社区会有这个部门。

经过十几天的实习，我认识到，社区的计生服务办其实是一个很重要的部门，它们的工作范围广，涉及事务多，其服务对象主要是辖区内的妇女群众尤其是育龄妇女。

初到计生办的第一天，我就参与了一项育龄妇女"免费生殖健康检查"工作，此次工作旨为维护育龄妇女身心健康，进一步做好人口计生优质服务工作，是国家对18—49岁的育龄妇女免费提供的生殖健康检查服务。此次活动，我们主要采取了在社区内悬挂横幅、在社区人口集中区发放宣传单、在社区业主群发放通知等方式，使广大育龄妇女能够知道这个政策，并积极参与享受福利，而我主要是负责发放宣传单。此次活动持续 5 天，在社区卫生医院进行，在这期间，参与检查的妇女群众高达 260 余人，我和其他工作人员耐心为他们讲解检查前后相关的注意事项，替他们开具检查凭证，在活动结束后，还要整理好这次前来检查的人员的基本信息。通过此次活动，我切实感觉到了计生工作的意义，是真正在为广大妇女群众办实事。

综治办：韩茗瑞

来到龙城社区实习是一次让人感受很深的经历，我们开了一个简短的会议后把每个同学分配到了不同的部门，由不同部门的负责人带领我们接触一些事务，学习和体会社区生活中相关工作，我被分到了综合治理办，开始了此次的实习生涯。

我所在的综治办的主要工作有：管理、指导辖区单位、社区居委会的社会治安综合治理工作，负责上传下达上级文件，及时宣传贯彻执行有关社会治安治理的法律法规和政策，并落实各项方针政策；检查、指导辖区社会治安防控体系建设工作，预防刑事案件和职工违法违纪；接待社区内企事业单位、个人有关涉及社会稳定、治安防范、生产安全、消防安全等方面的咨询，视情解答、指导和协调等。

在实习中也有很多感受，社区是城市管理的最基层单位，是保持社会稳定的基础，没有社区的稳定，也就没有社会的稳定。龙城社区是中国千千万万普通社区中的一个，虽然渺小，却也有着共性的和个性的管理模式、方式，在这里，能体会到老百姓最日常的生活，发现他们需要什么，哪些事情是和他们息息相关的。每个社区的治理虽如沧海一粟看似不起眼，但如果没有社区的稳定运行和管理，群众就没有安全感，其他建设也就无从谈起了。再说综治办，有人戏称为"打杂办"，办的事情多而杂，但是一些关于消防、食品卫生安全、治安防范、娱乐场所管理，外来人员管理，哪一项不是重中之重呢，这些和老百姓的生活安全直接相关，能最直接地给他们带来安全感。综治办的主要工作，就是从小事抓起，把矛盾化解在基层，维护社区秩序的稳定。

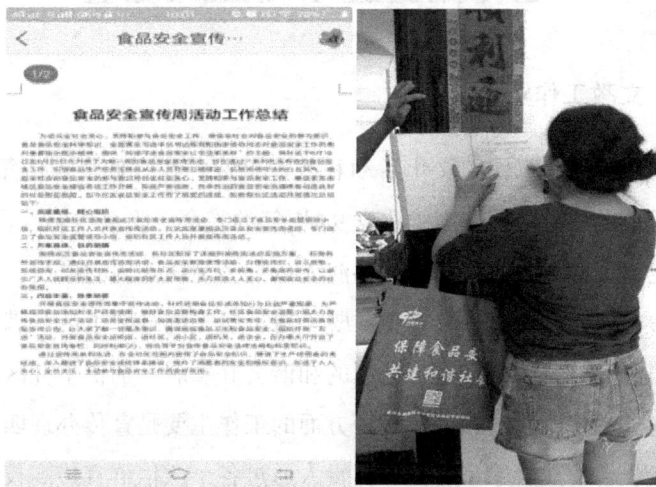

工作情况和活动报告的记录

文教卫：蒙庚衍

本次到龙城社区居委会实习，我被安排到了文教卫工作岗位，字如其名，文教卫主要负责辖区内文化、教育、卫生方面的事务，主要分为文教工作和爱卫工作。文教卫工作触及的都是社区内的民生问题，十分的繁琐复杂，事无巨细都与社区民众密切相关。文教卫的具体工作如下：

一、文教工作

在社区内开展惠民的文化活动和教育事业。在我们实习的第二天，就开展了一次迎接中国共产党建党 98 周年的晚会。晚会内容丰富多彩，民族文化和现代时尚紧密结合，参演人员大多是辖区内的居民，这让更多的人参与到大众文化的传播中，既丰富了居民的日常生活、满足了人民娱乐消遣的需要，也推进了社区的和谐美好发展、加快了社区文化的建设、促进文化事业的繁荣。教育方面的工作主要是宣传办理四大高校图书证，联合物业管家、各网格负责人通过各个微信群宣传高校图书证办理条件须知。对前来办理的申请人，严格按照办理要求办理，收取相关资料，纸质与电子档同步。并对申请成功的人员及时通知领取核对入馆借阅管理规定的叮嘱。其次，摸查"无证无照"培训机构。对本辖区内商业和居民楼进行一一走访摸查并登记相关信息。收集相关证件的复印件，督促无证和证件信息不符机构抓紧办理相关证件。对每个办学机构的消防措施登记督导，信息采集做到实时更新和上报。

二、爱卫工作

爱卫工作主要是对辖区内街道和居民楼附近的环境卫生进行治理。大搞爱国卫生，每日一小扫，一周一大扫，不留卫生死角。每周组织社区志愿者、物业志愿者、青少年空间志愿者做好每周的周末卫生大扫除。每天对社区的卫生环境进行巡视，发现问题及时跟相关部门沟通整改；去除四害孳生环境。加强社区巡查，对社区的四害孳生环境早发现早整治，提高通知做好宣传工作；联合辖区城管治理门前三包突发问题，对居民反映的社区毁坏绿植，硬化地面，违建乱搭等问题及时进行处理。

爱卫工作看似简单，其实不然，它不仅仅涉及卫生，还体现到了社区现在的民情。在日常的社区卫生视查中看出社区的环境卫生建设有待提高，从中接触到不同的人群，人民的生活质量和人文素养参差不齐。要想建设一个文明先进的社区、创造整洁的社区环境，主要任务不仅仅在于社区管理人员，更在于生活在社区内的民众。在实习过程中感觉民众对社区事务参与度不高。一些民众对社区的要求不予配合，破坏规章制度。这些都是值得在社区建设过程中反思的问题。人是社区的主体，社区存在问题就要从民众角度出发去建设去治理，只有把人素养提高了，生活质量提高了，社区才能建设得更好。

第十章 效果与评价

第一节 实习效果与基地评价

一、实习效果

教学效果不断提升，教学品牌逐渐形成，学生思维、表达、组织能力明显提高。学生积极参与创新创业计划、"三下乡"社会实践活动和学院暑期调研等项目，毕业生毕业率与学位授予率均为100%，历届硕士研究生录取率位于30%~50%，名列全校前列。近五年来，学院获得学校就业工作先进单位称号。根据近几年学校和学院对用人单位和毕业生的问卷调查结果来看，我院毕业生工作适应和发展情况良好，用人单位对毕业生整体评价较高。

工作认同度较高。毕业生对所从事工作的发展前景认为"好"或"很好"的，占76.9%，对目前从事的工作表示"很适应"或"适应"的占100%。

工作满意度较高。依据"工作环境""生活条件""工资待遇""福利保险""管理机制"和"发展前景"，对以上因素表示很满意或者满意的占83.9%，表明近几届毕业生主观适应状况较好，工作认同度较高。

用人单位满意度较高。96.15%的用人单位对我院毕业生的工作表现感到很满意或满意，其中评价为"很满意"的占比相对较高，为59.09%，用人单位对我院毕业生工作态度和综合工作能力给予了较高评价，认为我院毕业生实干与执行能力、人际沟通能力、专业能力较强。

马克思主义学院思想政治教育本科专业学生历年考研就业情况

（2008—2020 年）

年级	人数	就业率	考研报考率	考研录取率	公务员事业单位报考率	公务员事业单位录取率
2016	71		67.6%	41.52%		
2015	65	97.5%	35.9%	29.7%		
2014	65	98.8%	58.4%	49.2%		
2013	70	97.1%	31.4%	21.4%	71.4%	11.4%
2012	78	93.6%	40%	30.7%	37.3%	1.3%
2011	62	93.5%	28%	19.4%	50.0%	8.1%
2010	56	92.8%	48.6%	39.3%	37.5%	1.8%
2009	35	91.4%	31.3%	28.6%	51.4%	2.9%（1 人）
2008	45	91.1%	49.1%	40.0%	46.7%	15.5%（7 人）

2013—2017 年连续五年被评为中南民族大学毕业生就业工作先进单位。

二、基地评价

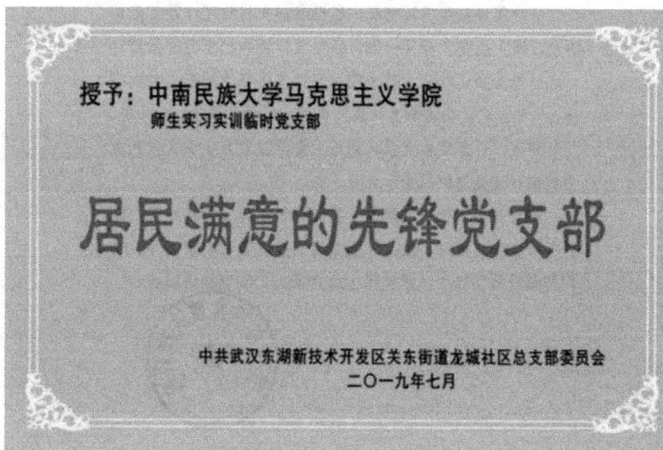

授予：中南民族大学马克思主义学院
师生实习实训临时党支部

居民满意的先锋党支部

中共武汉东湖新技术开发区关东街道龙城社区总支部委员会
二〇一九年七月

居民满意的"双进双服务"党支部
中共江岸区百步亭花园社区委员会
二〇一九年六月

关于中南民族大学马克思主义学院
学生实习实训效果的反馈意见

中南民族大学马克思主义学院：

　　自 2013 年至 2019 年七年间，中南民族大学马克思主义学院在每年 6-7 月间安排近 20 名学生，在两名学院老师的带领下来我镇开展为期十五天左右的实习实训。这些学生主要在镇党政办、组织办、纪检办、信访办、扶贫办、综治办、易迁办、综合文化服务中心和村（居）委会等岗位工作。镇党委分派一名党委委员（副镇长）负责此项工作，各部门指定有责任心和丰富工作经验的同志担任相关岗位同学的指导老师。实习实训学生在指导老师的带领下全面熟悉党的路线方针政策和基层实际情况，积极参加乡村治理，经常走访群众，深入脱贫攻坚第一线，表现出良好的思想道德素质和扎实的专业知识技能。整个实习实训工作目的明确，计划得当，组织严密，实施有力，成效卓著，深受各单位、村（居）委的好评。中南民族大学马克思主义学院实习实训工作已成为我镇一道亮丽的风景和名片。

　　希望贵院师生一如既往支持我单位工作，始终与我们保持良好的合作关系，继续开展富有成效的实习实训工作。我们将做好马克思主义学院师生的娘家人，竭诚提供服务。

恩施市三岔镇人民政府
二〇一九年七月

关于中南民族大学马克思主义学院学生实习实训效果的反馈

马克思主义学院 2016 级学生在锦绣龙城居委会的实习接近尾声，半个月来，在大家的共同努力下，学生们顺利完成实习任务，在工作能力、人际交流与沟通等各方面都取得质的飞跃。

一、实习生的成就

在锦绣龙城实习的学生们理论知识强，实践能力强，理论与实践结合的效果较好，知情达意，热情积极、无私奉献，工作能力，人际交流与沟通等有了很大的提升，获得了社区工作人员与指导老师的一致好评。学生们的到来为社区增添新面孔、添加新鲜活力、减轻繁重的工作的同时提供新的想法与社区问题治理的新对策；同学们能吃苦耐劳，工作 责任心强，注重团队合作，善于取长补短，虚心好学，具有一定的开拓和创新精神，接受新事物较快、不断地探索，有自己的思路和设想，为社区更好发展贡献了自己的力量。

二、实习过程简述

实习期间，贵院各位同学取得了很大的进步，完成了任务较重的"一标三实"工作、协助"迎七一建党 98 周年文艺汇演"工作、志愿服务"周末大扫除"、协助"妇女三查"工作以及实习生各自部门相关事务。

从最初"一标三实"等工作必须有工作人员的陪同才能进行，经过我们工作人员的悉心教导与同学们的吃苦好学，经过短暂的适应，同学们对于各项工作十分熟悉，能够独立的完成布置的各项任务；与我们的社区的工作人员建立了深厚的情谊，大家一起努力，携手共进，为建设美好社区而努力。

此次实习工作量较重，任务难度大但同学们能吃苦、肯干事，从不抱怨，通过同学们的努力与我们的积极配合，解决了工作中遇到的各项难题。部门鉴定实习期间，态度端正，工作认真，注重理论和实践相结合，将大学所学的课堂知识能有效运用于实际工作中，实习时能创造性、建设性地并能独立开展工作。

三、实习管理

同学们被分配给不同的社区工作人员，在大家的共同努力下开展工作，先后完成各项工作。明确的部门分配与集中性工作的开展，为学生们全面综合发展提供了较好的保证。

姓名	部门	主要负责人
王明振	党建	杨凤琴
马淑珍	社会事务、文明创建	谈娟
李金旭	惠民基金	陈聪
卢梦园	劳动保障	艾霞
白玛	民政服务	杜安安
次片	网格	陈芳
孙婷	计生办	汪凡、吴三清
韩茗瑞	综合治理	陈佳
蒙庆衍	文教卫	胡琴

（上表为实习生部门分配）

四、实习效果

同学们通过参与城市社区工作，完成不同的工作任务，用他们的理论知识与对于社会现实的洞察力，对社区治理提出了可行性建议，实践能力、工作处理能力、人际交流与沟通等有了很大的提升，对社区工作做出了很大的贡献，为我们近期工作提供了很大的帮助。

中共武汉东湖新技术开发区关东街道锦绣龙城社区党总支委员会

武汉东湖新技术开发区关东街道锦绣龙城社区居委会

2019 年 7 月 9 日

给马克思主义学院的一封感谢信

尊敬的马克思主义学院的领导、老师：

你们好！

贵院学生为期半个月的实习已接近尾声，在此诚挚感谢贵院为我们提供学生为社区工作增添新鲜活力，减轻我们繁重的工作任务；也感谢实习的九位同学这段时间以来的努力工作，辛勤付出。

半个月以来，同学们被分配给不同的社区工作人员，在大家的共同努力下开展工作，先后完成了"一标三实"人员信息采集、协助举办"迎七一建党 98 周年文艺汇演"、志愿服务"社区周六大扫除"等工作。此次实习，工作量较重，任务难度大，但同学们能吃苦、肯干事，从不抱怨，通过同学们的努力与我们的积极配合，解决了工作中遇到的各项难题。

实习期间，贵院各位同学取得了很大的进步，从最初"一标三实"等工作必须有工作人员的陪同才能进行，经过我们工作人员的悉心教导与同学们的吃苦好学，经过短暂的适应，同学们对于各项工作十分熟悉，能够独立的完成布置的各项任务；与我们的社区的工作人员建立了深厚的情谊，大家一起努力，携手共进，为建设美好社区而努力。

同学们通过参与城市社区工作，完成不同的工作任务，用他们的理论知识与对于社会现实的洞察力，对社区治理提出了可行性建议，对社区工作做出了很大的贡献，为我们近期工作提供了很大的帮助。真挚感谢学院为我们提供实习人员，也感谢同学们的辛勤付出，锦绣龙城居委会的大门永远为勇于奉献的同学们敞开，期待我们更好的未来。

武汉东湖新技术开发区关东街道锦绣社区居民委员会
2019 年 7 月 9 日

关于中南民族大学马克思主义学院实习实训工作的反馈

中南民族大学：

2014 年 3 月，中南民族大学马克思主义学院在阳新县半壁山管理区（农场）建立了大学生实习实训基地。自 2014 年以来，学生每年 6 月至 7 月在管理区（农场）进行为期 15 天以上的实习实训，至今已开展了六届实习实训活动，接待师生共计 100 余人。

几年来，半壁山管理区（农场）与马克思主义学院高度重视大学生实习实训基地建设，双方坚持合作共建、互利共赢的原则，围绕乡村发展振兴、岗位跟随见习、社会实践调研、基层为民服务、乡镇干部培训、基层治理创新等内容精心组织和安排实习实训活动，实习工作组织得当，实习过程管理科学，实习实训期间，每一位同学能够服从工作安排，严格遵守各项规章制度，积极参加社会实践活动，做到了理论联系实际、学以致用，充分地将所学的知识灵活运用到实际工作中。几年中，马克思主义学院师生深入田间大队、社区、机关等相关单位开展了实习实训工作，创造了新青年下乡和大学生人才培养的新路径，服务了半壁山管理区各项经济社会事业的发展，实习实训学生的综合素质能力明显提升，大学生实习实训基地建设成效显著，得到了半壁山管理区（农场）各级单位干部群众的一致好评。

希望与贵单位深化合作，更好地促进双方的共同发展，打造新时代校地合作的新典范！

附：2019 年半壁山实习实训活动学生名单

钱明庆（白族）	马雪婷（回族）	蓝逸洲（畲族）	孟冠南（仡佬族）
杨松林（苗族）	许思雪（汉族）	王悦（回族）	尚晶晶（苗族）
莫思若（壮族）	王希璐（汉族）	甘宇（汉族）	索朗卓玛（藏族）
马巧燕（回族）	李倩（汉族）	龙凤舞（侗族）	冉柳婷（土家族）

阳新县半壁山管理区（农场）
2019 年 7 月 10 日

312

关于中南民族大学马克思主义学院学生实习效果的反馈

中南民族大学：

　　兹有贵校马克思主义学院思想政治教育专业二十名同学，于2019年6月24日至2019年7月10日在武汉市江岸区百步亭社区各居委会及相关部门开展为期十五天的实习实训工作。

　　实习期间，全体成员态度端正、吃苦耐劳，完成了"七一"主题党日宣讲活动、"七一"升旗仪式、妇女"两癌"筛查工作、"清洁家园"活动、暑期"青教"夏令营、"我和祖国共成长"读书节、青年志愿者服务活动、入商户核实执照、日常接待等工作。在居民满意的"双进双服务"先锋党支部的评选活动中，贵校马克思主义学院思想政治教育教研部党支部获此荣誉。

　　在岗期间，各位同学认真负责，严格遵守我单位的各项规章制度，尊敬单位工作人员，服从组织各项安排；马克思主义学院对本次实习工作组织得当，实习过程管理科学。综上所述，此次实习效果显著，成果丰硕，得到了百步亭社区各单位的一致好评！

　　特此证明！

　　附成员名单

何志清　叶秋红　张王格　吴　晓　宛珂昕　郭茜雅

罗应友　海一帆　法绍娜　吴晓林　徐怀泽　张　润

刘凌旭　莎其拉　李明威　高志岸　吕小慧　侯力嘉

王　珊　李师慧

武汉市江岸区百步亭花园社区
管理委员会办公室
2019年7月10日

第二节　媒体报道与教师手记

一、媒体报道

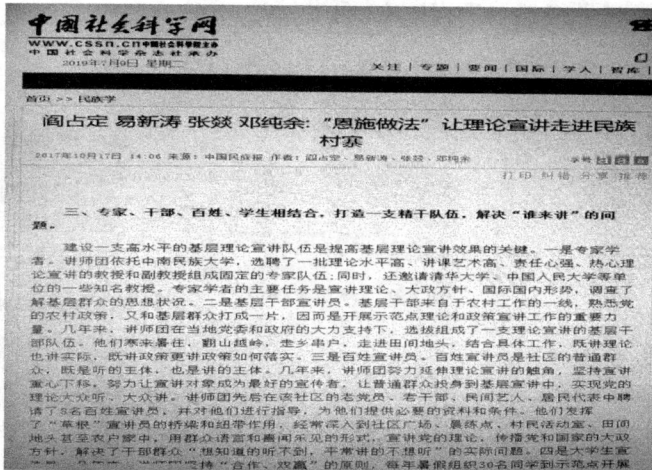

百步亭社区：深入开展"双进双服务"活动

打通服务治理服务群众"最后一百米"

武汉市硚口区工商办公室党支部、绿化美容中心党支部、育才家园小学党支部等社区名机关党组志愿者进社区，开展慰问者捐活动

在百步亭社区党群服务中心税务窗口，税务工作人员通过自助打印机帮小微企业打印个人所得税实缴证明

同济医院的在职党员志愿者进社区义诊

武汉市育才家园小学党支部带领师生与百步亭社区居民群众、携手绘制10米军运主题画卷

中共武汉市江岸区百步亭花园社区委员会命名：

居民满意的"双进双服务"先锋党支部名单

宣传指导 培育百姓身边的先锋模范

主动服务 架起干群沟通连心桥

结对帮扶 全心全意为居民排忧解难

服务"零距离" 居民家门口享"税收红利"

健康义诊 专业医疗服务获点赞

植绿护绿 携手打造"花园式"社区

力量下沉 走家串户守护一方平安

结对共建 大手牵小手扮靓美丽家园

中国移动 3　13B/s　69%　17:52

今日阳新-阳新宣传网

切实推动贫困户早日脱贫出列

版面导航：1 2 3 4 5 6 7 8

本版新闻

1 我县精准扶贫驻村第一书记培训班开班 切实推动贫困户早日脱贫出列

2 县民政局到龙港大桥村指导精准扶贫工作 要求驻村工作队做到“三个到位”

3 半壁山（农场）管理区举行旅游规划建设专家论证会 扩大知名度 打造全域旅游

4 全县财政会议召开 推动财政可持续发展

5 一场脱贫攻坚 探讨交流会

6 我县生态创建再创佳绩 五村获“市级生态村”称号

半壁山（农场）管理区举行旅游规划建设专家论证会 扩大知名度 打造全域旅游

2018-03-19 21:43

本报讯（通讯员 费明坤）为促进半壁山古战场3A景区提档升级，扩大知名度，打造全域旅游，17日，半壁山（农场）管理区举行旅游规划建设专家论证会。会议邀请了省内旅游界、学术界知名专家学者叶云、李英铨、叶志虎、鲁戈昭、任浩、杨金洲、阎占定、董杰等参加。

当天上午，各位专家学者参观了半壁山生态景区——网湖湿地五爪咀观鸟站、上赛湖万亩田园风光，半壁山古战场3A景区以及邮电部五七干校纪念馆旧址，对半壁山底蕴深厚的历史文化产生浓厚兴趣和绚丽多彩的自然风光赞不绝口。

下午，各专家学者与半壁山管理区党委班子成员、各基层干部会聚一堂，召开旅游规划论证会。与会专家学者肯定了半壁山（农场）管理区近几年在全域旅游规划、3A景区创建以及基础设施建设的工作成绩，同时就如何打响半壁山全域旅游这张名片，提出了许多新观点和新设想，并结合半壁山实际，从规划形势分析、总体布局、资源整合、文化融入、旅游服务及特色设计，提出了具体要求和指导建议。

半壁山（农场）管理区党委书记毛卫平代表半壁山人民对与会专家学者的传经送宝表示感谢，并号召全场干群今后要以此次研讨旅游理念为指导，寻找全域旅游营销与市场对接，找准市场引爆点，擦亮半壁山3A景区这张名片，将旅游资源与社会效益有效结合，让老百姓受益，以优质服务吸引更多游客来休闲观光。

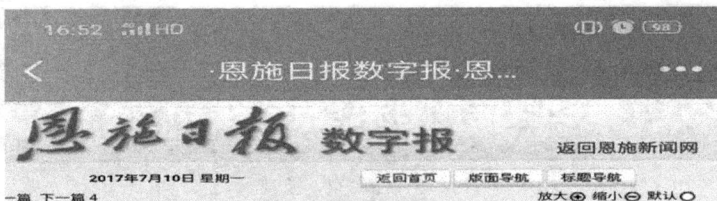

16:52

·恩施日报数字报·恩...

恩施日报 数字报

返回恩施新闻网

2017年7月10日 星期一

返回首页　版面导航　标题导航

一篇　下一篇 4

放大⊕ 缩小⊖ 默认○

中南民大大学生"微讲团"与百姓面对面

本报讯（记者沈宏臣 通讯员蔡秀钢、谢青蝶）7月1日，中南民族大学马克思主义学院"青桐·大学生微讲团"在恩施市三岔镇三岔口社区"理论热面对面示范点"与党员干部群众交流文旅、农旅融合发展话题。

6月22日起，中南民族大学马克思主义学院"青桐·大学生微讲团"19名学生进村入户，走进田间地头，实地了解群众生产发展和致富需求，并将前期调研成果转化成讲课内容，通过点对点、面对面等模式，宣讲"六个精准，五个一批"扶贫政策。

三岔口社区于2012年被确定为全省15个"理论热点面对面示范点"之一，由中南民族大学驻点对口建设。该示范点已连续4年被评为"优秀示范点"。

一篇　下一篇 4

放大⊕ 缩小⊖ 默认○

理论周刊·论坛

07

"恩施做法"让理论宣讲走进民族村寨

二、教师手记

躬身践行助发展　实践育人引航程
——基地建设的回望与前瞻

思想政治教育要为千百万学子点亮理想的灯，照亮前行的路，必须注重实践育人。社会实践教育既有学校教育的属性，又有社会教育的属性，需要全社会的通力合作来实现。实践育人是思想政治教育的基本方法，党和国家始终要求加强学生思想政治教育实践基地建设，出台了一系列相关的文件和制度。就专业建设而言，2011年，教育部在"本科教学工程"中启动了大学生校外实践教育基地建设工作，提出了立项建设1000个校外社会实践基地的具体要求，强调以一批高质量的实践基地为载体，促进学校和行业、企事业单位、科研院所、政法机关联合培养人才新机制的形成，强化实践教学环节，推动人才培养模式的改革，不断提升学生的创新精神、实践能力、社会责任感和就业竞争力。自2012年三岔镇大学生社会实践基地成立以来，结合"理论热点面对面示范点"工作，基地开展了丰富多彩的社会实践教学活动，极大地推进了大学生社会实践基地建设。示范点连续五年获得全省优秀，实践基地建设得到了地方干部群众和学生的高度认可。实践证明，无论是从增强思想政治教育的实效性还是扩大学校的办学格局而言，无论是思想政治教育专业还是其他的任何学科和专业，推进校外实践基地建设，强化政府主导、学生主体、社会支持，巩固校地共建实践基地运作模式，促进实践教学的项目化运作和常态化运行，都是深化高校专业建设与人才培养的重要任务。

1. 九年来三岔镇实践基地建设的主要做法和基本经验

九年来，三岔镇大学生社会实践基地建设始终坚持坚持合作共赢的原则，努力探索多元化的校地协同实践育人模式。基地建设过程中能够充分把握学院和地方发展的相互需要，通过吸纳地方党政干部、社会群众、乡贤等教育主体，聚合乡村文明、传统文化、城镇建设、基层党建、社区治理、产业发展等形成的教育教学资源，围绕人才培养、智力支持、理论宣讲、社会调研、岗位实习、支部共建、志愿服务、社会参观、精准扶贫、基层社会治理、文化传承、乡村振兴等开展现场教学和专题调研，创新了校地合作育人的运行体制与管理机制，真正地解决了队伍、政策、经费、制度、环境等制约实践基地建设的关键问题，形成了资源共享、常来常往、深度合作的基地育人平台和组织保障机制，有力地推进了学院思想政治教育专业建设与实践教学改革，形成了学校与地方"二元驱动"的协同育人模式。

我们的办法和经验主要有：

一是提高对新青年下乡开展大学生社会实践活动必要性的认识。开展大学生社会实践活动，应围绕中心服务大局，以服务新时代新农村建设为己任。新农村建设中，大学生通过社会实践活动可以成为乡村振兴战略的宣传者、践行者和生力军。以乡村振兴战略为指导，以新青年下乡为纽带，不断建立和完善服务新农村建设的大学生社会实践活动的机制体系，既是遵循马克思主义的认识论、实践论，坚持将中国的高等教育办在大地上的社会要求，更是贯彻和落实乡村振兴战略，促进大学生的全面发展，促进农村、农业和农民发展的时代要求。

二是增强实习带队教师和学生的"双主体"地位。实践基地建设过程中，我们始终坚持专业教师带队指导，实现专业教师"带课题、带团队"的统一，坚持学生主体地位，要求学生"带任务、带项目"，将"大创实践训练项目""暑期三下乡活动""毕业论文""理论宣讲""课题调研""公益活动"等目标任务融入到基地实践教学过程中来。基地建设过程中，由地方政府结合工作需要安排一对一的实习指导老师，安排学生岗位见习。这些举措促进了师生之间、同学之间、校地之间的深度合作、长期合作，增强了学生实践参与的主体性，实现了理论教学与实践教学、教学研究与科学研究的相互促进，增强了实践基地建设的社会效益，实现了学院、学生、老师和地方干部群众的合作共赢。

三是建立网络教学平台，实现线上线下教学、校内校外实践教学的统一。我们率先在学校层面使用了"校友邦"为技术支撑的网络实践教学平台。学生可以在相关的网络平台撰写实践心得、实习日志，了解实践教学的相关信息。此外，我们精心挑选不同民族的学生，组成有特色、有力量的大学生实践团队和理论微讲团，利用 QQ、微信、微博等自媒体工具，探索以"微对象——微内容——微方法——微载体——微管理——微传播"为特色的"微"实践教学模式，建立了由专家大讲堂、乡贤报告会、实践汇报会、指导老师恳谈会、支部"三会一课"、干群议事会等现场教学与生产劳动、社会参观、实践体验、志愿服务、社会调研等形式所构成的立体化基地实践教学体系，建立了线上线上、校内校外的实践育人共同体，通过网络社区共同体一起参与实践育人活动，见证和分享团队的成绩。

四是坚持校地协同实践育人的"六大融合"与"二元驱动"。几年来，我们立足"大思政"的战略思维，坚持将实践育人贯穿于教育教学全过程，坚持理想信念引领与过硬本领练就相融合、主渠道与主阵地教育相融合、专业教育与思想政治教育相融合、常态化项目与基地化平台建设相融合、学校教学资源与社会服务资源相融合、广覆盖与重点关注相融合，广泛拓展实践育人途径，让学生通过躬身践行，真正实现学思结合、知行合一。几年来，学院与三岔镇党委根据实践基地建设的协议，进一步完善了实习导师制度、实习生管理制度，统整组织、活动、项目和平台"四要素"，建立了相对稳定的实践课程体系和教学活动方案，开发了"三农"大讲堂、基层党建、集休劳动、乡村微旅游、临时党支部等丰富的实践体验教学项目，积累了思想政治教育现场教学的成功经验。

五是建立"观、听、访、演、帮、思"的实践教学链。思想政治教育实践教学是通过实践教学的方式引导学生对教学内容进行加工处理并转化为稳定的价值取向和理想信念的实现过程。探索思想政治教育实践教学的改进之道，必须遵循思想政治工作规律、教书育人规律、学生成长规律，借鉴和吸收教育学、心理学、社会学、政治学、脑科学等相关领域的研究成果。思想政治教育实践基地教学尽管不能取代课堂的理论学习，但是掌握理论，提高课堂教学效果的重要支撑。几年来，我们充分利用了三岔镇、半壁山农场等实践基地提供的各种教学资源，积极地组织开展了现场教学、理论宣讲、为民服务、社会调研等活动，构建了"观、听、访、演、帮、思"的实践教学链，形成了师生深入开展社会实践的心理动力机制，达到了深化思想政治理论学习和深入了解基层社会的目的。

六是创立大学生微讲团这一"理论热点面对面"的有效途径。微讲团适应了大学生微时代微生活的现实需要，能够集中大学生的集体智慧，发挥大学生群体的主动性、积极性、创造性，将学生们学习到的理论知识、调研获取的信息材料、研究提出的思想观点直接地转化到理论宣讲过程中，增强大学生对理论联系实际、坚持群众路线、为人民服务等思想路线和实践方法的认识。几年来，我们先后成立了青桐微讲团、理论先锋队、星火微讲团等大学生理论宣讲小分队，深入实践基地开展理论宣讲活动，发挥了大学生作为理论宣讲重要力量主体的作用。

2. 进一步加强校外实践基地建设的目标要求与具体措施

强化思想政治教育基地实践教学，强化实践育人过程的整体性设计，让理论教育鲜活化，让基地教学常态化，让实践行动系统化、让实践机制长效化，是校外实践育人基地建设进一步深化和发展的方向。

今后一个时期，我们将进一步贯彻和落实新时代高校思想政治教育改革创新的精神，全力加强和全面推进基地实践育人，直面当前基地实践育人过程中要素配备不够齐全、教学设计不够精细、运作管理不够规范等方面存在的突出问题，进一步建设和完善思想政治教育专业实践教学体系，遵循校地合作、协同育人的规律性要求，围绕健全实践要素、打造实践品牌，构建"观听——乐读——论辩——思悟——践行——慎独"一体化的实践教学模式，改革思想政治教育专业实践教学的考核评价方式，建立思想政治教育教师、辅导员、党政领导干部、其他人员多元主体共同参与的实践育人格局，建立学生思想政治素质形成和变化的成长档案，实现实践结果与实践过程相结合的评价方式的转变。

具体的措施主要包括四个方面：

一是坚持战略顶层布局与自主新陈代谢相结合的原则，扩大实践基地教学的类型、方式、范围。今后一个时期将进一步建设和壮大指导教师队伍，建立优势资源相互联动的全员育人体系，优化自主、长效的人才培养闭环，进一步将实践基地教学嵌入学院人才培养模式，精准提升实践基地育人的功能和效益，大力发挥基地建设与实践育人的示范效应，加强校地双边之间的工作互促和评价互动，结合思想政治教育专业的人才培养需要，适当考虑地方产业与学院专业建设相对接的实践教学问题，按照集中与分散、课内课外、校内校外、网上网下、集中与相结合的方式进一步拓展实践基地教学的类型，挖掘学校和实践基地的教育教学资源，探索现场教学、理论教学与实践教学相结合、校地实践协同育人、课程调研团队教学、社区实践教学等实践育人的方法与途径，通过大力构建多层面立体化的实践育人体系，进一步巩固校地协同育人的长效机制，推动我院思想政治教育专业人才培养模式的改革与创新。

二是按照"去精英化、去集中化、去一统化、去形式化"的要求，大力开展现场教学与乡村实践教学特色项目建设。继续结合学校的办学特点、学科特点、学生特点，以理论热点面对面示范点建设为支撑汇聚校内外的实践教学资源，拓展实践基地的教学活动空间，坚持以项目化管理方式面向学院学生招募实践项目团队，到实践基地定期和不定期地开展实践教学，扩大实践育人的覆盖面，完善实践育人的层次性。在时间上坚持分散实践与集中实践相结合，形成课余经常性实践、周末重点性实践、寒暑假集中性实践等三个层级的实践安排；在内容安排上，形成低年级重点开展体验式的文化教育型实践、高年级重点开展专业就业准备型和创新创业型实践、专业探究型实践等三级阶梯的实践育人项目和活动内容。同时重视结合学生的群体性特征，计划、有主题地开展分类实践，精心培育"生态恩施""乡贤文化与现代文明""杨柳溪农业产业观光园考察""三岔微旅游""土家女儿会""土豆花儿节""清江大旅游"等基地实践育人文化和品牌项目。

三是强化基地育人模式的创新性构建，满足学生、学院和地方干群共同发展的多元需求。长效机制是推动校地、校企可持续合作的根本。基地的建设与发展还需要进一步创新和延伸"基地"内涵，把一切有利于引领学生思想成长和能力提升的组织、活动、单位视为"基地"，根据基地分类定位，整合当地的农业、工业、商业、服务业等不同领域、不同部门拥有的社会资源，丰富大学生社会实践基地育人的载体，绘制好校外实践基地建设与发展规划的"战略图"，加大对实践优秀团队、优秀学生、优秀指导老师、优秀实践项目的宣传和推广，建设成大学生实践基地育人的"储料库"和"样板间"，探索实践教学基地共建共享机制，推进思想政治教育与专业课相协同的教学改革，建立多样化、复合型的实践平台，改进和加强现场教学，实现实践基地育人由短期性、集中性、不确定性向常态常新常在的方式转变，不断增强实践基地育人的吸引力和实效性。

四是推进实践基地建设的课程化、项目化、品牌化、网络化研究，加大基地建设成果的宣传、推广工作。以课程化、项目化、品牌化、网络化为目标导向，加快整理九年来基地建设在人才培养、理论宣讲、社会服务、社会调研等方面取得的成果，汇集基地教学资源，编制基地实践教学大纲，纳入专业建设方案，形成系统、科学、规范的实践教学体系。进一步衔接基地现场教学、社会实践调研与专业课建设、政治理论课教学之间的关系，推进大学生创新创业训练、毕业论文写作、"互联网+"活动、"挑战杯"赛事、"三下乡"活动与基地实践教学之间的衔接，整合和利用省委讲师团、市委宣传部以及校团委、学工、各学院开展校外实践教学的资源，以全省理论热点面对面示范点建设为抓手和契机，创造全员育人、全方位育人的良好氛围和制度保障。继续申报校级、省级、国家级大学生社会实践创新项目，加快建设基地建设网络化管理系统，依托优秀实习毕业生、优秀指导老师建设网络教学资源，开展基地虚拟实践教学，推进基地实践育人的项目化运行和品牌化建设。

新时代大学生理论宣讲团建设漫笔

　　漫笔就是随口而说、随心而写的文字。实际上，能够写成漫笔的文字，才是有感而发，才是有坚持、有收获的体现。教育者，以天地为业。这是实践育人的最高境界。"学者贵于行之，而不贵于知之"。几年来，作为思想政治教育专业学生岗位实习的带队老师，作为三岔口社区理论宣讲示范点的专家组成员，牺牲了好多暑假休息和平时工作的时间，有因为不能左右属于自己的时间而产生的失望，也有因实习工作得到地方干部群众的认可而带来的喜悦，更有因为实习工作难以分身而影响了个人家庭生活和职业发展的惆怅。但一想到，六年的带队实习已然将三岔演绎为人生岁月中的又一个故乡。会有多少人记得匆匆来过的你，会有多少人走进常常久久的回忆。心中的一些顾虑就慢慢打消了，一些由于失望和失衡而产生的不愉快也就随风而逝了。这一次随性而谈的漫笔，还是想说说专业实习过程中成立大学生微讲团开展理论宣讲活动所产生的感受和认识。

　　先要说说成立大学生微讲团的起意及其意义。2016 年，将参加专业实习的学生组建为大学生青桐微讲团，是我在上《网络思想政治教育》课程时的一次临时起意。可喜的是，微讲团到三岔口社区和三岔镇开展理论宣讲活动之后，得到了老师、学生、地方政府和老百姓的一致认可。这之后，作为实习指导老师，我开始第一次接触和关注大学生理论宣讲相关的实践状况，阅读了一些关于大学生理论宣讲相关的文章和宣传材料。这件事让自己发现了开展专业实习实践指导工作中存在的不足。那就是，没有在实践育人的准备环节做好做足功夫，对大学生实践育人的重视程度还不够到位。倘若没有这次临时起意，便不会发现大学生理论宣讲的重要性，也不会关注到党和国家对开展大学生理论宣讲工作的重视，更不会了解到当前团学改革工作中的这一重要创举。

　　开展大学生理论宣讲活动，有着完备的政策支持、优良的传统和良好的组织基础。中共中央、国务院《关于加强和改进新形势下高校思想政治工作的意见》（中发［2016］31号）指出：要实施大学生马克思主义自主学习行动计划，更好地发挥理论学习骨干的引领作用和学生理论社团的带动作用，加强青年马克思主义者培养。当年，中国共产党正是靠着成功的思想政治工作和思想政治宣传，赢得了人心，赢得了天下，创造出天下第一的思想政治教育品牌或者说意识形态建设工程。过去，共产党人李大钊、瞿秋白、毛泽东通过大学生社团广泛地传播了马克思主义。如今，高校大学生社团蓬勃发展，它们成为了新时代中国特色社会主义理论传播的重要力量。大学生微讲团的成功创意及其带来的收获再次告诉自己，思想政治教育教师的实践性思维太关键、太重要了。光有理论是解决不了问题的。因为理论和实践犹如孪生的姐妹，但它们之间始终是纠缠胶着的先后存在关系。这一次实践行动的收获告诉自己，今后要进一步关注实践教学论的研究，加强教育行动研究。就学校的特色和办学定位而言，做好教学与科研的结合，既要关注哲学社会科学的前沿和动态，把握党和国家繁荣和发展哲学社会科学的时代需要，更要结合少数民族大学生的思想行为问题，围绕民族团结教育与铸牢中华民族共同体意识，扎扎实实地开展校本实践和相关的教科研工作。

　　再来谈谈当前大学生理论宣讲团的重要意义。大学生理论宣讲团是向人民群众传播党的理论方针路线政策的学生社团。大学生理论宣讲活动是新时期马克思主义理论专业大学生社会实践的重要形式。自中国共产党成立以来，理论与实践相结合一直是我们党区别于其他政党的优良作风。任何时候，我们都不要认为也不能认为，政治理论宣讲就是意识形态大专家的事情。恰恰相反，意识形态大专家如果脱离了群众、疏离了日常生活，那么故纸堆里的文化和话语表达是不能让抽象的思想理论入脑、入心、入行的。当年的新安旅行团，开展行走教育，实践知行合一；当年的西南联大，把教育办在大地上，培养了那么多杰出人才。抬头看天，伏案读书，这是大学生当有的生活方式、学习方式和实践模式。几年来，大学生理论宣讲团发挥了宣传理论政策，开展意识形态工作的重要作用。大学生通过理论宣讲团这种组织形式走进了机关、社区、学校、农村、田野，踏遍的不只是千山万水，领略的不只是鲜花和掌声，更有那万千世象、国计民生。理论宣讲团的活动方式能够真正创新思想政治教育实践教学，开辟第二课堂，丰富大学生的课余生活，赋予他们成长的青春舞台，坚定他们的理想信念，舒展他们的快意人生，促进他们的全面发展。大学生深入到田间地头、百姓家中，倾听群众呼声、了解社情民意，不仅仅巩固了所学的理论知识，丰富了自己的社会阅历，更重要的是顶着天线，接了地气，学会了如何将"中国梦""美好生活""四个全面""五大发展理念""习近平系列重要讲话精神"融入到日常生活的话语体系之中。有人说，学习是大学生的首要任务。但是实践也是学习，而且是更重要的学习。对于即将走入社会的大学生来说，光有学习能力是不够的，出色的人际交往能力、组织协调能力、口语表达能力，不是依靠老师在课堂里培养出来的，而要到广阔天地中去含英咀华，锻炼成长。

　　党的十九大召开以后，为了响应"全面推动习近平新时代中国特色社会主义思想进教材、进课堂、进头脑"的号召，各地高校纷纷建立了大学生理论宣讲团。正像研究者认为的，新时代大学生理论宣讲团具有鲜明的时代性、方向性、实践性。它是深入贯彻落实十九大精神，推动大学生马克思主义自主学习、自主教育的组织。大学生理论宣讲团改变了单向灌输的传播方式，发挥了青年马克思主义者的带动作用，让许多学生实现了对思想政治理论的被动接受向主动学习、自觉学习的转变。这种变化和要求真切地反映了习近平总书记指出的，思想政治教育是高校的关键课程。前两天，阅读《意识形态的崇高客体》一书，偶遇齐泽克说到的"精神是根骨头"。这是一个蛮有趣的表达。它让我们认识到精神、思想、意识形态真正地就是一个人、一个国家的骨头。骨头贱了，人就会变得不值钱，就患上了习近平总书记所说的"肌无力"，就不会有强大的生命力。同样，只有当老百姓的头脑里有思想了，老百姓认同了党和国家的方针政策了，国家的意识形态阵地才不会坍塌，一个国家和民族的精神机体才能健康茁壮地发育，国家和民族才会有团结一致、昂扬向上的强大力量。

还得聊聊加强大学生理论宣讲活动的意见。面向社会大众，走近基层群众，开展理论宣讲，不是一件简简单单的事情，而是一件花心思、巧用力、打硬仗的苦差事。你要"学好理论，研究理论，宣传理论，服务社会"，你要在宣讲中贴近实际、贴近生活、贴近基层，你要学会积极地宣传党的方针路线、传达会议精神、传播先进文化、宣传榜样人物。这可都是繁重而艰巨的任务。你要使得原本看起来深奥的思想理论、干巴巴的政策文本变得贴近生活、贴近实际，你要满足群众需求，让自己满意，让老百姓高兴，这都得下苦功夫、花大力气。教师都做不一定能做好的事，你学生要得做好，当然难呀。可正是因为难，才有参与的价值，才有实践的意义，才能培养出有思想、有远见、有担当的时代青年，才能使你成为一个实践大道理，追求真善美的一个卓越超群的人。这就是，铁杵磨成针，功夫不负有心人。参加理论宣讲，平时要注重理论学习，搜集材料，学习调查研究，学会人际交往，勇于挑战困难，勇于激情工作。平时要做到家事国事天下事事事关心，要战胜不良情绪、不良习气和恶俗势力的影响，坚持发正能量，守候责任，不忘初心，正确认识党和国家之间的关系，用正确的理论武装头脑，不受落后腐朽思想的侵蚀，敢于与落后分子和敌对分子作斗争，坚决维护社会的和谐、稳定与发展。

总之，新时代大学生理论宣讲活动继承了青年服务社会的优良传统，在马克思主义理论大众化、时代化的进程中发挥了好的作用，为新时代理论下乡和青年马克思主义的培养创造了好的办法。但是，凡事要坚持两点论，联系到大学生理论宣讲的内容和形式、次数和频率、质量和效果，想到大学生参与的程度、范围、能力以及地方干部群众的参与度、认可度，必须在看到大学生理论宣讲团活动在取得成绩的同时，也要看到大学生理论宣讲团建设与发展中存在的宣讲员素质和能力有待提高、宣讲的覆盖面有待提升、宣讲的内容和方式有待改进、宣讲团的组织管理需要加强等一系列问题。面对这些问题，各级党委政府、社会各界、高校师生都要进一步提高思想认识，从增进协同育人、加强队伍建设、发挥学生作用、提供条件保障等方面努力推进新时代大学生理论宣讲活动的长效开展。

理论宣讲要上接天线、下接地气。大学生理论宣讲活动还要有用情用心的老师们去做好些事，还有好远的路要走。夯实功底，完善理论宣讲队伍；健全机制，增强理论宣讲效果；更新理念，创新理论宣讲形式；多方联动，打造理论宣讲阵地。……想要更好地认识到大学生理论宣讲这一实践活动形式的妙处，一个思想政治教育教师要抓紧做好三件事。一是快些开展实践行动的心理准备吧。二是快些看看别人的想法和做法，获得一些知识准备吧。① 三是绝知此事要躬行，快去行动吧。莫忘新时代思想政治教育教师要政治强、情怀深、思维新、视野广、自律严、人格正。

一切仿佛因缘际会。早些年，我曾写过一份名为《依托大学生社团，加强思想政治教育课程资源建设》的经验材料，获得了省级思想政治教育实践创新项目二等奖。今天，大学生微讲团，成了我从事实践育人工作的助力器。微讲团在师生间犹如一种星火，两份光芒，想来它会淬炼成钢，让我的学生更加出彩！

啰里啰嗦，拉拉杂杂，就此打住！第一次这样写东西，是为漫笔，时有快意。

---

① 高正礼. 依托社团引领大学生自主学习马克思主义——以安徽师范大学学生社团理论宣讲为例高校辅导员学刊[J]. 高校辅导员学刊，2017(5)；董莹莹. 大学生理论宣讲活动现状及对策——以安徽师范大学为例[J]. 高校辅导员学刊，2017年第 5 期；黄沐雨，刘楠. 新时代大学生思想政治理论宣讲团建设的实证研究——以天津大学学生思想政治宣讲团为例[J]. 西北成人教育学院学报，2018(5).

广阔天地，大有作为：
农村实践基地育人的意义

我是农村人，读了大学，为的是鲤鱼跳龙门。农村实习、农村锻炼，是不是当年的知识青年下乡，有意义吗？我是城里人，我要到农村吗？消灭城乡差距，是马克思这位伟大导师的青春大梦还是狂人呓语？是毫无可能的幻想、幻象，还是中国人正在实现的宏图伟业？广阔天地，大有作为？是领袖毛泽东当年的大冒险，还是毛主席说的真心话？

足见，读书人得发现农村社会实践基地育人的深刻意义。因为这是个真问题、大问题、好问题。是个思想政治教育的真问题、大问题、好问题。是大学生学会大格局、大思考的大问题。也是理解和认识农村大学生实践基地育人的一个元问题。那就让师生一起来追问吧。

大学生们来了，要发现农村对自己的需要，认识到大学生社会实践与新农村建设的契合性。党的十六届五中全会作出推进社会主义新农村建设的重大决策，指出要加快发展农村社会事业、培养新型农民，重要措施之一就是繁荣农村文化事业。《中共中央国务院关于推进社会主义新农村建设的若干意见》（中发［2006］1号）提出要"积极开展多种形式的群众喜闻乐见、寓教于乐的文体活动，保护和发展有地方和民族特色的优秀传统文化，创新农村文化生活的载体和手段，引导文化工作者深入乡村，满足农民群众多层次、多方面的精神文化需求"，强调要建立文化科技卫生"三下乡"长效机制，通过加强新农村文化建设来构建和谐社会，以及动员包括大学生在内的社会力量支持农村文化建设。2018年我国制定的乡村振兴战略再次表明，乡村振兴的价值，绝不仅仅停留在国计民生、经济发展的层面，而具有深刻的文化变革意义、社会变迁意义。促进农村新文化的形成，促进大学生实践教育的发展，二者相衔接的根本点就是文化。大学生，文化人。大学生下乡，激活了农村文化市场。他们成为了农村反贫困的精神力量，成了农村新文化、新风貌的代言人。他们的微不足道的奉献，是一道光，是一团火……播种的是希望，燃烧的是激情，成就的是伟业……

大学生们来了，要发现自己对农村的需要，认识到理解农民、农村、农业对于自己理解人生、社会、时代的建设重要性。大学生与农民之间的互动，有利于提高高校学生和农民的思想道德素质、科学文化素质。来到农村社会实践，开展生产劳动、为民服务、理论宣讲、环境保护、社会调研，有助于认识社情民意，提高能力，促进发展。尤其是，知道农民苦、农业穷的社会历史根源，有助于进一步认识农民、农业、农村的未来，认识到培养新型农民、建设美丽乡村的时代意义。同时，有助于感受到农村的发展与美好生活不是梦想，而是取决于我国经济产业结构的调整和农业自身的发展。农民的话语权如果提升了，农业的竞争力如果增强了，农村的优势和魅力就彰显出来啦，消灭城乡差别就实现了。这里的逻辑，不显自明。农民是一种职业。从前的农民在市场体系中没有地位，源于没有文化、没有资本、没有话语权。可现在，无论是在富裕的农村还是贫穷落后的农村，职业农民都已经一个个地在生长着。到那里，你确实发现了已然改变面朝黄土背朝天的生活模式的现代农民！见到了农村致富能手、农村乡贤、田野别墅，你确实会相信，我骄傲，我自豪，我是新时代的农民，将会成为一些新时代大学生的人生坐标！现在不来，不等于将来不来，现在不好，不等于永远不好！生活和社会的辩证法是完全一致的。

总之，在党中央贯彻乡村振兴战略的时代背景之下，发现农村大学生社会实践基地育人的时代意义，继往开来，将大学生社会实践活动与乡村振兴统一起来，探讨大学生参与乡村振兴的实现方式和长效机制，建立大学生、高校、政府和社会力量协同参与机制，丰富农村社会实践育人基地的类型，提升大学生农村社会实践基地育人项目的成效，将大学生社会实践育人置于农村社会服务的场景中开展研究，这既是新时代大学生思想政治教育理论和实践创新的一个重要方向，也是高等教育在社会化进程中执行乡村振兴战略的时代使命。

这里有社会主义新农村、有中国特色社会主义、有共产主义理想、有美好生活！有发现，才有创造，才有未来！

正如我国研究农村问题的权威专家陈锡文说过，读懂中国农业、农村和农民，是读懂中国历史和文化的起点，也是理解当代中国经济社会现状的逻辑原点。①

读懂乡村，才能读懂中国！

农村大学生社会实践育人基地，

一本徐徐张开的大书，等你，大学生！

---

① 陈锡文．读懂中国农业农村农民[M]．北京：外文出版社，2018.

附　录

附录1　中南民族大学马克思主义学院本科生实习管理办法

总　　则

第一条　本科生毕业实习是我院教学体系的重要组成部分，是提高学生社会实践能力、独立工作能力和创新能力的重要途径。为保证该项工作取得实际效果，规范我院本科生实习管理，进一步提高教学质量，特制定本办法。本办法适用于学院学生毕业实习和岗前实习。

第二条　学生实习的目的是拓宽学生知识面，培养学生的分析和解决实际问题的能力，应在实现教学目标的前提下，尽可能同毕业论文和课题调研等工作相互配合，相互促进。

第三条　学院本科生毕业实习实行校、院两级管理。学生的实习活动应在校教务部门统一规定要求下完成毕业实习工作；学院具体负责毕业实习的组织管理和实施工作。

一、组织管理

第四条　学院成立实习领导小组，指导和协调学生的实习工作。专业教研室具体负责毕业实习的组织管理和实施。实习领导小组由分管教学副院长担任组长，学生工作副书记担任副组长，成员由思想政治教育教研室主任、支部书记、教学秘书、相关年级辅导员组成。

第五条　毕业实习的组织管理和实施的主要任务是：

1. 制订实习教学大纲；

2. 制订本院年度实习工作计划及相关人员分组名单；

3. 联系、落实实习场所并负责校外实习基地建设；

4. 指导和检查实习工作质量。检查实习各环节的完成情况，及时协助解决实习中出现的问题；

5. 负责收集、汇总实习的各类教学文件（包括实习计划和总结、实习报告、实习成绩等）；

6. 做好实习总结，评定实习成绩并上报学校。

二、毕业实习安排

第六条 学院学生的毕业实习统一安排在第六学期第十六周至十九周，毕业实习实行集中实习和分散实习相结合，以集中实习为主的原则。在实习基地无法容纳所有学生实习前提下，允许少量学生申请分散实习。

第七条 集中实习是指多名学生同时在指定单位或区域（学院与地方共建的实习实训基地）实习，专业课老师随队指导。分散实习是指学生根据个人情况，申请参加已确定可接收实习的单位进行实习。

（一）集中毕业实习纪律

第八条 毕业实习是教学的重要环节。参加集中实习和分散实习的学生，均应自觉遵守学校的校规校纪和实习单位的有关规章制度，维护实习教学秩序和社会安定。

第九条 在集中实习中，学生实习应服从学院统一安排，不得无故变更或不参加毕业实习，如确因特殊情况不能参加实习者，须事先报学院实习工作领导小组审批。实习过程中，应严格遵守作息制度，未经同意，不得擅自离队。实习带队指导老师是学生实习和学院管理的纽带环节，对学生的整个过程负有指导和安全管理责任，不得擅自离岗。学生实习遵照教师的要求，服从教师和实习单位人员的管理，尊重实习单位指导人员及相关工作人员的指导，虚心学习，熟悉本专业工作人员的工作职责和工作程序，初步获得从事实际工作和科学研究的能力。

(二)分散毕业实习纪律

第十条 分散实习的学生须与学生父母保持密切联系，填写统一格式的分散实习安全承诺书，保证相关实习期间的安全管理责任。

三、毕业生求职或岗前实习纪律

第十一条 毕业生均应在第七学期寒假填写统一格式的毕业日程安排表(含论文写作、离校求职或岗前实习)，毕业日程安排表须由父母签字，第八学期返校交给年级辅导员。

第十二条 所有毕业生在第八学期注册时间均应按时返校注册。注册后1个月为毕业论文写作时间。中途参加岗位面试及实习离校须征得论文指导老师同意后，报辅导员审批方可离校，不得以各种理由推迟返校或擅自离校，若有违反以相关管理制度进行严肃处理。

毕业实习成绩评定

第十三条 实习成绩的评定具体由专业教研室按照校实习相关要求进行评定。

第十四条 对于在实习过程中有以下行为者，毕业实习成绩计不及格。

1. 实习缺席累计超过规定实习时间达1/3以上；

2. 无故不按时上交毕业实习报告和实习作业的；

3. 实习中严重违反相关纪律经查证属实。

毕业实习经费

第十五条 实习经费由学院统筹安排。经费的报销必须使用正规票据，符合财务规定。

第十六条 本管理办法自公布之日起施行。

第十七条　马克思主义学院实习领导小组负责对该办法进行解释和适时调整。

马克思主义学院
二〇一四年七月九日

附录 2　在实习实训动员上的发言

尊敬的各位领导，老师，同学们：

下午好！

自 2013 年进行集中毕业实习以来，我院本科生实习实训工作在学校学院党委行政的正确领导和高度重视下，主动出击，积极谋划，取得了较好的育人效果，带来了良好的社会声誉。实习实训基地已然成为学生实习实训点、理论宣传点、社会服务点、社情民意观察点、专家学者研究点民族团结进步教育"六点合一"的阵地，学生的专业能力、实践能力、创新能力不断提升，为民族地区社会经济发展培养"能说、能写、能干"的人才逐步成为我院思想政治教育专业建设的鲜明特色。为了顺利圆满完成实习任务，作为一名连续带了五届毕业生实习、将要带第六届毕业实习的教师，临行前还是想对同学们讲讲一些心里话，我把它归结起来称为《实习宝典"2468"》。

明确两个认识

经过六年的实习实训反馈和观察，发现部分同学实习目的不明确、实习准备不充分、实习过程不投入、实习效果不理想，甚至还有部分同学把实习看成旅游观光、放飞自我，享受美食、谈情说爱的休闲时光。在这里，我想与同学们分享两点认识：

一是毕业实习是检验专业素养的"试金石"。我们经过了大学三年的理论学习与专业训练，基本上是身在校园、心在校园、学在校园，绝大部分同学走出社会进行实践锻炼的机会少。校内环境与真实的社会有所差异，其职业技能都有很强的情境性，必须在真实的环境中去操作、体验才能完全掌握。俗话说：是骡子是马，拉出来溜溜。毕业实习是检阅我们时刻了！为此，必须通过在校外实训来强化实际操作能力，方能在激烈的就业竞争中冲出重围(今年全国就业大学生超过 1000 万)。实际动手能力强，适应岗位快、综合素质好的毕业生已成为竞争胜出的法宝，而这些离不开扎实的毕业实习的历练。因此，大家要充分珍惜这一机会，在实习单位充分展示自己的综合素质，取得实习单位干群的认可，从而为就业奠定良好基础。

二是毕业实习是从容迈向社会，步入成熟人生的"缓冲带"。同学们即将踏上社会，将来会面临诸多的问题。要生存、要发展，就要认识社会、适应社会，而毕业实习为大家提供了一个检验专业学习成果、认识、适应社会的良好平台。我们这里有社区型、政府型、农场型、学校型等实习基地，都是同学们认识基层，了解社会的好渠道。在这些平台当中，你可以思考、你可以谋划，甚至重新选择你的职业发展方向，而一旦正式进入社会，这种改进、适应的成本就会非常高昂。因此，大家应充分利用这一机会，磨炼自己，积累社会经验，为未来更好适应社会做好思想与行动准备。

掌握四个方法

同学们怎样顺利愉快度过毕业实习这段时间？我觉得工作方法很重要。具体来讲就是 4 个关键词，八个字：

眼尖——法国雕塑家罗丹曾经说过：生活中并不是缺少美，而是缺少发现美的眼睛。要学会察言观色，要有敏感性，要看得见别人看不见的东西。

耳灵——耳听八方，把收集到的信息及时准确反馈给同学和带队老师，以便适时做出工作应对与调整。

脑勤——开动脑筋，积极思考，不做一个不动脑子的人。在工作中，要树立"没有最好，只有更好"的理念，对大事小事都力求做的最好。

手快——快而不乱，在工作中主动多承担，甘于从小事做起，从杂事干起，对任何工作不挑剔，"一屋不扫，何以扫天下"。

树立六个意识

一是安全意识。出门在外，安全第一。同学们在外实习，学校、家长、实习基地最牵挂最担心的就是大家的安全。人身安全、财产安全、工作安全，吃的安全，住的安全，行的安全。任何时候，任何地方，任何事情，都要注意安全，尽量减少不安全的隐患，每一位同学都要高度重视！实习期间，在三岔实习的，不得在三叉路口闲逛，打雷下雨尽量不远出；在农场实习的不得到江、河、湖中游泳；在龙城社区实习的，由于社情较为复杂，避免与社区居民发生争执。

二是纪律意识。严守实习纪律，一切行动听指挥。同学们要自觉服从学校和实习单位的双重管理，遇到情况要及时报告，不要擅作行动；离开实习基地和单位要请假；与实习单位有关人员不要发生不应有的矛盾；与大学生身份不符的事情不做。这里尤其强调，女生要衣装得体，举止合礼；男生不得在实习单位抽烟、酗酒。

三是学习意识。实习是到基层向群众去学习的。大家要有吃苦的精神，耐劳的精神。要以主人翁的姿态参与到实习工作中去，倍加认真、倍加努力、倍加刻苦，多看、多听、多想、多问、多学。每位同学都要充分准备，认真对待，能够无悔和无愧于这段生如夏花的人生经历。

四是团队意识。团结就是力量。每名实习学生要尽快融入实习单位，反客为主；每支实习小队就是一个团队，抱薪取火。实习队长要"有理想、有本领、有担当"，实习队员要"有奉献、有集体、有干劲"。实习学生党员要"有政治、有大局、有情怀"。同学们之间只要团结一致，互帮互助，就能圆满完成实习任务。

五是形象意识。在实习基地，我们每一个人代表的是中南民族大学马克思主义学院，大家的一言一行都代表着学校、学院的形象。大家出门在外要注意言行举止，为人处世要热情大方，时时、处处、事事都要有集体荣誉感，都要表现出我们的良好素质，要代表好、维护好、发展好往届学长学姐为我们所创下的良好口碑。

六是感恩意识。说心里话，尤其是集中实习的同学，能有这样的实习机会，是学院的领导老师们跑出来的，倾注了他们的精力；是往届的老师和同学干出来的，挥洒了他们的汗水；能有这样的实习机会，是与实习基地领导、群众的大力关怀与支持分不开的，要时刻记住实习基地领导群众给予我们的工作、学习、生活的便利。饮水思泉，常怀感恩之心。在人生的道路上，面对他人的微笑与友善，感恩常驻就是最好的表达！

做好八个坚持

学生

一是坚持每日开一个工作感想交流会，每人都发言；

二是坚持每人每日写一篇工作日志；

三是坚持撰写新闻报道与调研报告；

四是坚持遇事多汇报；

老师

五是坚持每日不定时不定点巡查；

六是坚持与实习单位指导教师加强交流；

七是坚持积极主动与学生、其他带队老师沟通；

八是坚持为学生做好管理服务工作；

同学们，伟大的人民教育家陶行知先生曾提出"生活即教育""社会即学校""教学做合一"的思想。在今天，在我们这样一所学院，这样一个专业，显得更加重要。社会实践是我们学习知识的广阔舞台，到基层去，到人民群众当中去，同学们定能学有所成！你们身上肩负的是社会的责任，是学校和家庭的重托，是全院师生的期望。希望在这 15 天的实习生活中，以高昂的姿态，饱满的热情投入到即将展开的实习中去，争做"知行合一"的实践者和先行者，为自己的大学生活留下美好的记忆！为学院重点马克思主义学院的建设交上一份满意的答卷！

祝实习圆满成功！

谢谢大家！

另外，实习结束回校应提交下列资料：

1.《中南民族大学毕业实习鉴定表》(一式两份)

2. 手写实习报告(电子版)1 份。要求有统一的规范格式。

3. 各团队展示材料 1 册(提交电子版)(工作篇、生活篇、情谊篇、采风篇等四个篇章)(包括实习方案、实习感想、实习新闻报道、实习活动照片、调研报告等)的收集、整理、存档工作。

附录 3　实习基地共建协议书

甲方(全称)：中南民族大学马克思主义学院
乙方(全称)：

为切实提高我校各民族大学生的专业素质和综合能力，培养适应我国现代化建设和民族地区经济社会发展需要的复合型、创新型人才，甲、乙双方经友好协商，本着平等自愿、友好合作、互利互惠的原则，就双方合作共建教学实习实训基地事宜，达成以下协议：

一、合作方式

(一)甲方在乙方设立教学实践基地，参加对象为甲方思想政治教育专业的在校学生。

(二)经双方同意，在乙方单位悬挂"中南民族大学马克思主义学院实习实训基地"牌匾。双方均同意在对外发布信息中，各方都有权使用共建实习实训基地的名称。

二、双方的权利与义务

(一)甲方的权利与义务

1. 从协议签订之日起，根据协议内容，甲方依据中南民族大学马克思主义学院本科生教学计划，每年选派一定数量、指定年级和专业的本科生到实习实训基地实习，具体实习人数和实习时间由甲乙双方商定。

2. 甲方及时与乙方联系，落实实习实训类型及实习任务的具体安排。

3. 实习实训期间选派带队教师全程对学生进行指导、监督，与乙方实习负责人共同管理。

4. 甲方成立实习实训指导小组，负责组织学生到实习实训基地进行教学实习和社会实践活动，加强实习生政治思想教育和安全教育，发现问题及时解决，协调乙方和实习生之间的关系。

5. 实习期间，实习费用由甲乙双方协议确定。

6. 甲方学生在乙方实习期间，严格遵守乙方的各项规章制度，不得影响乙方的正常生产和工作。若发现有不遵守乙方规章制度或违纪违法行为，乙方将根据有关规定予以处罚，严重的还可以取消其实习资格，所造成的损失由甲方负责。

7. 甲方对实习实训基地选派的指导老师颁发聘书。

8. 根据乙方的用人需要，优先并择优推荐毕业生。

(二)乙方的权利与义务

1. 乙方有权与学生签订保密协议，要求学生严格遵守保密协议。

2. 乙方有权根据具体需要，及时安排与调整学生的实习岗位。

3. 根据实习协议的要求，乙方有权要求实习学生在实习期间服从乙方管理。乙方有权并有责任将学生的违章违纪行为向甲方通报。

4. 实习期间，乙方与实习学生不具有劳动合同关系，不提供各种福利、社会保险、医疗及其他待遇。但乙方有义务提供适于甲方学生实习的场所和必要措施，为甲方参加实习实训的教师、学生的生活提供力所能及的帮助。

5. 与甲方带队教师共同做好学生实习期间的安全教育和组织管理等工作，对甲方学生在实习实训活动中遭遇的紧急情况，应给予必要的帮助，尽协助的义务。

6. 负责按照甲方提出的实习实训需求制定实习实训计划和方案，认真组织教学，保证实习实训效果，并在实习结束时对学生的表现做出鉴定。

(三)双方共同职责

1. 甲乙双方应依照有关规定,采取有效措施,确保学生实践期间师生食宿、学习和交通安全。

2. 甲、乙双方不得使用本协议,或以实习实训基地名义从事与教学实践无关的其他活动。任何一方有违反国家法律、损害国家利益、损害对方及相关客户权益的行为,对方有权中止本协议。

三、其他事项

(一)每次实实习实训,甲、乙双方可针对本协议未涉及的内容如实践费用、实践时间、人数等事宜签订具体实践合同。

(二)本协议自双方签字之日起生效,有效期为___三___年,协议到期前一个月经双方协商可续签。

(三)甲乙双方可就实践期间具体问题签订补充协议。

(四)本协议一式两份,双方各执一份,具有同等效力。

(五)未尽事宜,由双方本着真诚友好的原则,协商处理。

甲方(盖章)   乙方(盖章)

甲方代表(签字)   乙方代表(签字)
　　年　　月　　日   年　　月　　日

附录4 马克思主义学院思政本科专业学生实习安全责任书

本人由于毕业实习原因，申请离校到_____单位_____进行(集中/分散)毕业实习，离校时间为_____年_____月_____日至_____年_____月_____日，并承诺如下：

1. 本人将严格履行学院离校审批程序，经学院相关部门审核批准后才离校；

2. 按规定时间到实习单位实习，如需调换实习单位，需及时通知本人带队老师或校内指导老师；

3. 集中实习学生在实习基地必须听从带队老师的管理与安排，有事外出必须请假。分散实习学生到岗两天内报告本人校内指导老师，并留下本人可及时联系的通讯方式，保证每周至少一次通过电话、QQ、短信等方式与本人校内指导老师保持联系；

4. 自觉遵守国家法律法规，遵守实习单位和学校的规章制度，不做有损实习单位形象和学校声誉的事情，不参与一切违法犯罪活动；

5. 提高安全防范意识，因违章操作造成本人及单位人员发生人身事故或给用人单位的造成财产损失，由学生本人和单位协商解决；

6. 校外实习或途中，要特别注意人身安全，若出现交通安全等意外事故，本人承担全部责任；

7. 学生实习结束，应按规定时间返校。如有其他原因不能返校的，需及时通知本人辅导员或校内指导老师说明情况，在征得同意的情况下才能延期返校，并办理相关手续。如学生本人擅自延期返校，期间发生的安全事故或人身伤害、财产损失事故，学校不承担任何责任；

8. 学生实习期间，在校内外发生违法犯罪、扰乱社会治安行为的事件，本人承担全部责任；

9. 学生实习期间，在学校管理职责范围外，因学生本人或他人行为造成的安全事故或人身伤害、财产损失事故的，学校不承担任何责任；

本人将严格履行以上承诺，如有违反，愿意承担相应的责任，并按学校相关规定接受处理。

学院：_____学号：_____ 班级：_____

学生签字：_____ 联系电话：_____

家长签字：_____ 联系电话：_____

院部签字(盖章)：

____年____月____日

后　记

本书是在中南民族大学马克思主义学院思想政治教育本科专业实习实践的基础上概括、总结、凝练而来的成果。

全书由董杰、邓纯余总体设计、规划和写作，内容主要包括实践教学理论研究、学生实习实训点、理论宣讲点、社情民意观测点、为民服务点、专家学者研究点和民族团结进步教育示范点"六点合一"的育人综合体介绍、实习实践效果与评价等三大部分构成，基本上反映了中南民族大学马克思主义学院思想政治教育本科专业自 2013 年以来的实习实践概况及其特色。

本书撰写过程中，得到了马克思主义学院思想政治教育教研部朱磊、米霞、覃小林、张春枝、王依依、揭佳新、曾红宇、王维、李春燕、孙明福全体老师的帮助。思想政治教育专业本科学生对本书的资料收集和整理做了大量工作。思想政治教育专业研究生王宠、周从敏、马天宇、李青雨等对本书内容文字作了仔细校对。本书的出版得到了马克思主义学院院长杨金洲教授、院党委书记魏大江的大力支持。感谢恩施市三岔镇人民政府、阳新县半壁山管理区、武汉市江岸区百步亭社区、东湖高新区关东街锦绣龙城社区、武汉市商业供销学校等校外实习实践基地长期以来的关心与支持！

本书能得以付梓面世，武汉大学出版社责任编辑黄金涛先生付出了艰辛的劳动。

　　由于学力未逮，书中缺憾在所难免，恭请学界前辈和同仁雅正。文中引用了众多学者专家的研究成果，注释如有纰露，恳请谅解！

董　杰

二〇二一年十月于武昌南湖